《李侗传》编委会

李侗传

南平市政协文化文史和学习委员会
政协南平市延平区委员会　　　编
南平市李侗文化研究会

◎罗小平　著

海峡出版发行集团 | 海峡文艺出版社

图书在版编目(CIP)数据

李侗传/罗小平著;南平市政协文化文史和学习委员
会,政协南平市延平区委员会,南平市李侗文化研究会编.
—福州:海峡文艺出版社,2023.12
　ISBN 978-7-5550-3472-8

Ⅰ.①李… Ⅱ.①罗…②南…③政…④南… Ⅲ.①
李侗—传记 Ⅳ.①B244.99

中国国家版本馆 CIP 数据核字(2023)第 177693 号

李侗传

南平市政协文化文史和学习委员会
政 协 南 平 市 延 平 区 委 员 会　编　　罗小平　著
南 平 市 李 侗 文 化 研 究 会

出 版 人　林　滨
责任编辑　莫　茜
出版发行　海峡文艺出版社
经　　销　福建新华发行(集团)有限责任公司
社　　址　福州市东水路 76 号 14 层
发 行 部　0591—87536797
印　　刷　福建东南彩色印刷有限公司
厂　　址　福州市金山浦上工业区冠浦路 144 号
开　　本　720 毫米×1010 毫米　1/16
字　　数　230 千字
印　　张　17.5
版　　次　2023 年 12 月第 1 版
印　　次　2023 年 12 月第 1 次印刷
书　　号　ISBN 978-7-5550-3472-8
定　　价　58.00 元

如发现印装质量问题,请寄承印厂调换

序

方彦寿

我一直以为，为李侗写传，是一件很难甚至是不太可能完成的事。理由很简单，有关李侗生平事迹的史料实在太少了！史上有关李侗的生平传记，最长最详细的，非朱熹撰写的《延平先生李公行状》莫属，然而也不过区区二三千字。其他史料，如《宋史·李侗传》，历代地方志书如《延平府志》《南平县志》中的相关传记，其实都是朱熹所撰《行状》的节略或改写而已。李侗和许多先哲一样"述而不作"，诚如朱熹所言"李先生不著书，不作文，颓然若一田夫野老"，这种隐居乡间的生活，使其传世的著作除了朱熹整理的《延平问答》，以及李氏后人在《延平问答》基础上增编的《李延平集》之外，要从文献方面对李侗进行更广泛、更深入的了解就显得十分困难。如果把这种困难所呈现的状况用一句话来表述的话，那就是在李侗的生平事迹方面，历史给我们留下了太多的隐隐约约、若隐若现的省略号……

正因为有如上认识，当友人罗小平把一册洋洋洒洒约 20 万字的《李侗传》送达我的案前，且希望我能为此书写上几句时，我不禁感到震惊！有史以来第一部描述理学先贤李侗的传记作品，难道就这样不显山不露水地问世了？

面对这本书，我最想知道，小平兄是如何突破历史文献的局限，把那一串串隐隐约约、若隐若现的省略号（正如他在全书开篇《楔子》中所列的那些省略号一样），由虚变实，从而使李侗从历史的深处向我们缓缓走来。他的人生轨迹，从时断时续到全面复原；他的形象，从模糊变得清晰，从而使进入孔庙受到万民仰望的先儒李侗，从一尊享受世代崇祀的木主，重新成为一个有血有肉的鲜活的形象，站立在我们面前。

带着这重重疑问，跟随着罗小平的笔触，我开始了答疑解惑的阅读之旅。读罢全书，我有如下体会：

一、有学者认为，要正确地认识和评价李侗，必须钻进历史的时空隧道，把李侗放在850年前及其身后所发生的有关事件中，一步一个脚印地去研究李侗，从而正确地认识李侗。从这本传记中，我们能感悟到的，作者正是秉持着这样一种"钻进历史时空隧道"的精神，从而一步一步地接近、还原历史的真相。

于是，在这样的一种精神和方法的指引下，我们看到了许多被前人忽略的场景和事件。诸如地处闽江南岸剑浦崇仁里樟岚村的自然景观；欣逢游、杨立雪之年，一出生就与圣人之学产生瓜葛的李侗；少年时桀骜难驯的富家子；为师归葬山路遇险，鞭炮驱虎；兼具二程表弟、门人两重身份的侯师圣优游剑浦，讲述心学家邵雍的趣闻；西林寺中，与惟可禅师不占上风的儒佛之辩；州学任学正，纠正学风、关爱弟子；沙县洞天岩，为罗氏宗亲讲观物察理、天理人欲；剑津渡口，回答路人关于"心与理一和理与心一"等等，都写得活灵活现，妙趣横生。尤其是对李侗从学罗从彦之后，改变了不爱读书、不爱劳作、嬉戏游玩的习性。这在以往的史书中，处于为圣贤讳的目的，通常仅是只言片语轻轻带过，绝不作展开，而罗小平却一反常态，对此作了一番细致入微的描写：李侗从学罗从彦之前也是一个寻常甚至是有些不良习性的乡村青少年，是罗从彦通过义理这一剂圣人洗心的良药，帮助李侗修身、养心，帮助李侗学会应事接物，从而改变了李侗的性子，使其成为一个"求道甚锐"，能收敛身心、默坐澄心和体认天理的青年学者；一个能耕读传家、感化乡里的乡绅；一个能开设草堂教授弟子，培养出理学集大成朱熹这样的名儒；一个身在乡野，伤时忧国，心系天下安危的爱国者；一个昭明天理、忧国忧民、仪型社会、师范后世的理学先贤。罗小平此举意在告诉读者，有不学而能的圣人，但为数极少，更多的是学而能的圣人。李侗就是一个典型的例子。

二、为一位理学圣贤立传，免不了会涉及许多枯燥的理学词汇和概念，为避免将人物传记写成哲学讲义，在还原历史场景和事件真相的同时，作者尤为重视用文学的语言，而不是学术的语言来解读或描述相关的场景和细节。如用通俗易懂的语言解释"天命""夜气""理一分殊""参赞化育""理在万物之先"等词语。如"物我"一般解释是物我一体，但没接触过理学的读者难以理解，作者把它分为物、理、心三个方面。物和物之理是客体，心是主观，物我一体就是心与物和物之理为一，强调的是心的主导作用。此外，作者还给"道"或"理"下了一个具有哲理性的定义。这是作者研究理学的成果，也是作品得以成功的重要原因。

朱熹撰写李侗《行状》，称其"颓然若一田夫野老"。因此，如何写好李侗的乡居生活，还原其"田夫野老"的真实人生，在本书中显得很重要。作者将笔触聚焦在作为一个理学家和教育家，李侗是如何在乡间学习、钻研、践履和传播日用常行之道的。于是，作者将两宋时期以南剑州一带，特别是剑浦乡村的风俗民情作为背景资料，对此作了细致的描写和铺陈。作品侧重表现李侗如何为人之子，如何为人之夫，如何为人之弟，如何为人之徒，如何为人之父，如何为人之师。作者也像李侗一样"出没"于乡野，他生于闽北、长于闽北，长期的生活积累，对闽北的风俗民情、山川景物、历史掌故烂熟于心。同时，他又有长期研究闽台文化和朱子理学的功底，故而不时有精彩的片段或细节随手拈来，与人物形象的塑造浑然一体。比如，作者根据李侗大龄青年婚姻和求学的史实，构思出看似离奇却又合理的故事：媒人上吴家正式提亲，带回一张"道学之正传"纸条，但不知是何学问。李侗的母亲饶氏对媒人说："你这么资深的媒子"，不知"道学之正传"是何学问？"看来也是不合格啊"！李涣为儿子李侗取药，带回一张写着"膺服义理"的"处方"，饶氏读成了"饮服义理"。李侗找吴方庆打听其妹妹的情况，吴方庆问他在罗从彦门下读书"乐趣横生"？李侗说"有些乐趣，但不敢说横生"。传记中还有许多日用常行效法天地之道的事象。如安济村民渡舟遇难，李侗说天用乌云雷声闪电等物象"命令"万物都要躲起来，但安济村民却勇往直前。剑浦岸边的虚脚楼水毁，李侗说：从形上角度说，"杞人忧天"有理，因为天就是理。虽然这些事象未必就是宋代的场景，但万物千古，山火灾害多有。在创作过中，作者尤其重视文字的提炼，且语言诙谐、富含哲理。如"人吃饭之所以会撑死，是因为吞不下最后一口饭；山体之所以滑坡，是因为装不下最后一滴雨"，意在强调要克制私欲；

"天地公平，给了每个人都有你、我、他的一人一世界"，意在说明天地至公至善，给每个人生生的机会；"李侗家的天河坊，也是一山一世界，一丘一舞台"，意在说明"物物自具其理"；"人最悲哀的莫过于弄丢了自己的性命"，意在强调人类要适应自然，而不是自然适应人类等等。

三、在理学发展史上，李侗是一位很重要的人物。他上承杨时、罗从彦的道南学统，下开朱熹的闽学一脉，在理学由洛入闽的传承中，起到了重要的作用。罗小平自然把李侗与朱熹交往作为重点，主要表现在两个方面：一是教育朱熹"多读圣贤言语"、在日用上下功夫，帮助朱熹完成了逃禅归儒的转变。二是帮助朱熹解决了许多重大的学术问题。北宋周敦颐的《太极图说》首次从宇宙论的角度论述社会人生和道德心性，但这么重要且极富原创性的理论，长期以来却无人喝彩，包括二程、游酢、杨时等对此都视而不见，只有李侗用二程的理来解释周子的太极，认为太极是"至理之原"，贯穿于天地万物和社会人生。即所谓万物一太极，一物各具一太极。这个说法对朱熹的影响巨大，成为朱熹构筑的理学体系中贯通天人的本体论的理论根源。又如理一分殊思想。李侗传授给朱熹，是为了帮助他区分儒学和佛学的不同，以此纠正朱熹以"天下之理一而已"来调和儒释的错误，引导朱熹要在"分殊"中体认"理一"，就是从具体的事物中理会得各自的"一理"，如此才能把握"本贯"于万物之中的"理一"，这和朱熹后来形成的"今日格一物，明日格一物"以达"豁然贯通"的"格物致知"认识论是一脉相承的。以上这些，在本书中都有不同程度的反映。

当然，作者除了难以回避李侗与朱熹书信往来哲学讲义之外，重点放在构思李侗传授理学的场景，通过生活日用，通过眼前万物，在读书理解消化之后，用通俗的语言进行解说。比如周敦颐说"动而生阳，动极而静，静而生阴，静极复动。一动一静，互为其根。分阴分阳，两仪立焉。阳变阴合，而生水火木金土。五气顺布，四时行焉。五行一阴阳也，阴阳一太极也，太极本无极也"。作者没有把这段话搬到书内，而是说："阴阳非道，阴阳相推才是道；动静非道，动静相磨才是道；五行非道，五行相荡才是道。八卦也是如此，八卦相重可至万卦，只有八卦相错才是道，才能化生万物。"或者说："独阳不是道，独阴不是道；独静不是道，独动不是道，只有阴阳、动静互为其根才是道。"显然，这些都是作者苦读理学著作的成果。

李、朱师生交往前后11年，在李侗的一生中占有极其重要的地位，这一时期的史料最丰富，学界研究的成果也最多。或者说，李、朱的师生关系最透明，没有上文所说的那些"省略号"。因此，虽然人们称李侗为"朱子之师"，但重点却放在李侗出生、上学、成家、从师、授徒和逝世这一人生轨迹上。这样的处理，应该是小平兄经过深思熟虑后的有意为之。从本书主角是李侗而不是朱熹来看，我以为还是比较明智和妥当的。因为朱熹说李侗"道德纯备，学术通明"是贯穿李侗一生的事迹。

值得一提的是，李侗传记既涉及濂、洛、关、闽诸学，也牵涉中华文化的源头——春秋战国诸子百家，以及儒家与杨墨、道佛之别。书中不仅梳理了儒家谱系和道统源流，指出道统自尧舜之后到李侗时期，经过孔子、二程、杨时三个阶段，而且澄清了长期以来学界对"吾道南矣"的误读，李侗传记中的"我们儒家的圣人之道向南传播了"，就是作者研究这四个字的重要成果。

"吾道南矣"典故源自元丰四年（1081），杨时与游酢在颍昌（今河南许昌）向程颢求学返闽，程颢目送默语"吾道南矣"，但学界多解释是程颢说我的学说将向南传播了。作者研读理学著作，发现许多理学家、史学家，甚至官员都说过"吾道"，于是产生怀疑。2015 年前后，作者撰写《"吾道南矣"本义辨析》，从"吾党""吾乡"等多方面进行分析，指出这个"吾"不是指个人，而是指"我们"，由此得出结论："吾道南矣"是程颢站在儒家的立场上说，我们儒家的圣人之道向南传播了。圣人之道是圣人学说，不是程颢个人的学说。2021 年，作者应将乐县《千年杨时》征稿，又作《杨时：圣学南传的使者》，文中引用陆九渊"李白杜甫陶渊明皆有志于吾道"，由此证明作者的观点是正确的。朱熹说："读书无疑者须教有疑，有疑者却要无疑。"为解开一个谜团，钻研了七八年，可见作者学术之严谨。更重要的是作者创作李侗传记，没有忘记传主道德实践的目的，作者说李侗在汪应辰府堂讲学时说，理学的政治观是国家富强、百姓富裕、社会安定。作者还说，人们在李侗墓前读到汪应辰的《延平李先生墓志铭》时，称赞李侗传播文化、传递文明、引领风尚。这是全书的要义所在。

据说，有人称罗小平的李侗传记是理学人物的范本，甚至专家学者在评审这部书稿后给出"文字流畅，文笔出彩"的评价。但笔者认为，对这部书的评价话语权在读者，特别是未接触过理学的读者。只有读得懂，读得有趣，对人生德业有所启发才是一部好书。

是为序。

壬寅新春书于乌石山之麓

目　录

楔　子

他气度宽广，洒脱豪放，跟人家喝酒，一喝就豪饮几十杯……

他爱骑马，喝醉了也敢骑，一跑就是二三十里不回头……

他白天敢醉驾，晚上也敢烂醉之后骑马二三里回家，人们戏称他是南剑州醉驾第一人……

他就是"南剑三先生"之一的李侗。

李侗与众不同。24 岁之前，在人们眼里，他性情傲慢，是一个桀骜不驯的青年；他出身宦官之家，是一个纨绔子弟，连他自己都承认不肖。

但是，他变了。让他转变的原因是什么？文化。

23 岁那年，他听说同郡的罗从彦跟杨时读书之后，得到了道学真传。于是，他给罗从彦写信，诚恳地请求收他为学生。

儒家道统从孟子之后中断像一根丝线，北方的周敦颐、二程（程颢、程颐）、张载、邵雍创立理学，以理释心，接续了道统。罗从彦也是接续道统的人物之一。儒家多了一个能传承道统的青年，是儒门之幸，罗从彦接纳了。

李侗又与众不同。

他跟着罗从彦静坐，收敛身心……

他隐居樟岚，默坐澄心，体认天理，一静就是 40 多年……

他把理学当成是可以充饥的粮食和可以御寒的衣裳……

他耕读传家，像田夫野叟，以心观物，以心观理……

他身先士卒，用身教感化乡里，化一方善良……

他开设草堂，教授弟子，培养出理学集大成的朱熹……

他身在乡野，伤时忧国，心系天下安危……

李侗还是李侗，但心性不同，道德不同，行为更不同。

朝廷知道有一种力量叫软实力，它能春风化雨、滋养身心；它能化恶为善，化刚为柔……李侗不仅文化自觉，而且行为自觉、文明自觉。鉴于李侗崇尚义理、整齐风俗，李侗去世后朝廷把他放入中国最高文化殿堂——孔庙从祀，让人们缅怀他的道德、学习他的精神，清康熙帝甚至为他赐"静中气象"祠额。

这就是李侗，一个昭明天理的李侗，一个忧国忧民的李侗，一个仪型社会、师范后世的李侗。

避兵乱镡州安家　立雪年朝奉得子

福建北部的建溪从崇阳溪、南浦溪、松溪下来之后，穿流于崇山峻岭之间，流水所到之处，或为弯曲，或为沙滩，岸边丛生野草，或乱石穿空。大凡有乡村的地方，都有女人在河里漂洗。那天上午时分，建州（今福建省建瓯市）下游50里地的南瓦口（今福建省建瓯市南雅镇）岸边，一堆女人一边忙着手里的活，一边七嘴八舌拉着家常。这时，一个女人抬起手来梳理鬓发，一眼望去，只见百丈开外的对岸山道上，两匹骏马向下游的镡州（今福建省南平市延平区）奔驰而去。

那是五代开运二年（945）七月的一天。

骑马的人是李氏父子，父亲李俸，儿子李钦。因为南唐大兵来了。李俸原来是王延政帐下的建州镇州司马。王延政（俗谓三十郎）是闽王王延曦的弟弟，但二人倾轧杀夺，王延政为避杀身之祸，于后晋天福八年（943）北上逃到建州，自立为帝，国号殷，改元天德。李俸不清楚王延政与王延曦的政权有多少区别，但以往的经验告诉他，两军交战认的是主人，无论你是否有过错，只要你是败者，就有可能人头落地。南唐兵来的时候，李俸早已退养在家，但担心有过效忠王延政的经历殃及家人，于是父子慌忙起身南逃。知道些许战术的李俸知道，南唐兵从福州北上到建州要经过镡州，越惊险的地方可能越安全，所以他把镡州作为避乱的首选之地，但必须在南唐兵途经镡

3

州之前入城才有胜算。

李俸父子二人到镡州城郊后，折向一条小道入山，丢掉了马匹，徒步登上懵懂洋，从后山绕道来到来舟，而后顺着西溪而下，蛰伏在镡州郊外的天河坊搭起木棚居住。但是，南唐兵清剿了建州之后，回过头来在镡州清查王延政的部属，李俸父子见势不妙，离开县城往闽江下游十几里地的地方漂移，消失在茫茫的大山之中……

好长一段时间，经常有两个货郎担徘徊在樟岚，年长的叫大山，年轻的叫小山。他们的拨浪鼓让樟岚的孩童精神焕发了好一阵。之后，两个货郎担也没了踪影……

15 年后的北宋 960 年，天下易主，镡州也改成剑州。宋太平兴国四年（979），因四川有剑州，福建的剑州在前面加了一个"南"字，称南剑州，辖剑浦、将乐、尤溪、沙县、顺昌五县。治所在剑浦。

距离剑浦县城约 20 里的崇仁里樟岚村（今福建省南平市延平区炉下镇下岚村樟岚自然村），地处闽江南岸，村子是一个狭长的山垄，长约 10 里。山垄间最前面的是樟岚，往南进山还有吴丹、洋头、罗坑等村。

樟岚村有几十户人家，其中有一户人家叫李俸。原来，当年的两个货郎担就是李俸、李钦父子，他们担心南唐兵找上门来，化名大山、小山。因为他们的拨浪鼓摇得精彩，而且还有行伍列阵花样，博得人们的喜欢。之后，他们在樟岚隐居下来，直到天下太平才公开身份。

李俸、李钦在樟岚开基后，社会日趋安定，父子二人在此繁衍生息。他们勤于农耕，并且出入以马车作为交通工具，但农耕只是满足衣食住行，他们还有精神的需求，那就是读书传家。很快，李钦到樟岚后生了一子，叫李幹，字正臣。天圣二年（1024），李幹中了进士，任漳州通判军州事，以屯田郎中致仕，赠紫金光禄大夫。其后，李幹生四子经、绎、纁、纬，其中李绎、李纁、李纬都是进士，被誉为"父子四进士"，成了名儒世家：李经，号莲峰，大理寺丞，后来肇基榕城，生三子洪、泗、滢；李绎，赐宣德郎，生三子涛、滂、澈；李纬，字思经，历登仕郎、秘书省、校书，升崇信节度使推官，生一子深；李纁，字毓秀，特奏名进士，官汀州通判军州事、朝散大夫，赠中奉大夫，生三子灌、泳、涣；李泳，字潜夫，元祐三年（1088）进士，承议郎。李涣则是李侗的父亲。

樟岚的小盆地南北走向，东西两面是绵延不绝的群山，盆地的中央涧水穿流，又把盆地一分为二。盆地中央突出一个小屿，像一艘舟船。小屿古木参天，涧水在"船头"打了一个转顺流而下。李涣家就在樟岚山麓。

秋风染过的群山，果实累累。那天，李涣的妻子饶氏对着柿子树上的两个小儿嚷道："别再野了，你父亲回来了。"两个小儿忙得正欢，哪里听得见母亲的叫唤，只见大的男孩嘴里咬着一个柿子，又转过身来，顺手摘下头顶上的一颗柿子抛给母亲，说："母亲，接着。"还没等饶氏反应过来，柿子已经重重地砸在了肚皮上。饶氏摸了摸肚子，正要开口，两个小儿已经窜到面前。小男孩塞给母亲一个柿子说："嚅，给父亲的。"饶氏接过柿子，举起右掌，在大男孩头上拍了一下，斥道："肚子里的弟弟被你砸痛了，还笑？"

大男孩问："干吗老生弟弟啊？"

饶氏说："天定的，母亲也不知道是弟弟还是妹妹。不过，多一个总多一个帮手，种田要力气啊！"

饶氏也出身大户人家，她在李家善良淑贤，朝廷赠封她为恭人，人们也尊称她为饶恭人。她的两个孩子大的叫李份，字丹文，行三十六；小的叫李优，字退翁，行二十九。

宋哲宗元祐八年（1093）农历八月十八日，饶氏又一朝分娩，还是一个男婴。孩子出生第三天，李涣请产婆为婴儿洗澡，叫"三朝洗儿"；外婆家给外甥赠衣裳、肚兜、尿布等，所以也称"三朝礼"。

李涣在妻子分娩前，就想给孩子取名，但没有最后确定。因为家里人多，七嘴八舌讲的好像都有理：有的说叫李仁，李中含仁，一语双关；有的说叫李义，义为仁之用，有体有用；有的说叫李礼，礼也是理之用；有的说叫李智，智有智识的意思……

"名字快定啊？"饶氏催着李涣。

"现在我们家有文化的只有二哥，他是进士，等我写封信给他，让他确定一下就行了。"李涣说。

"快满月了，名字总不能空着吧！"饶氏央求说。

"空就空着呗，有什么关系？"李涣说。

"难道叫空着？"饶氏没好气地埋怨道。

"哈，我没说。不过，暂时用用也无妨。"李涣忽悠饶恭人说，"空有什么不好，好像人家道家强调'无'字，还说会无中生有；好像佛家也以空为性。"

李涣虽然是朝奉郎、朝议大夫，但对儒家与道、释二教的区别并不是很清楚，只知道无中生有、以空为性之类，至于其中什么奥意却茫然不知。

写给二哥的信有了消息。李泳此前回乡省亲时已经为李涣的小儿取了名，但还是在信里重复了一遍："名叫侗，以后取字就叫愿中吧！"李泳又对名和字作了一番解释，说二者都来自《论语·泰伯》："狂而不直，侗而不愿。"意思是说狂妄而不直率，幼稚而不老实，看上去忠厚却不讲信用。但是，把"侗"作为名，"愿"字后加"中"字，取字愿中，就变成了幼稚而老实，老实了凡事都能取中。中就是中节，符合节义。李涣读了二哥的来信，虽然觉得弯子绕得有些大，但含意很深，就这么定下了。

满月这一天，李涣夫妻做了两件事：一是请来剃工为孩子剃发，叫剃满月发；二是办酒席宴请亲友，叫满月酒。李涣的父亲看到小李侗头顶上还留着一绺"聪明发"，高兴地对李涣说，这个孙子五官端正，圆头大脑，将来或许有些出息，你们要多担待。李涣和饶恭人双双应道："父亲放心，孩儿谨记。"

这年冬天，担任承议郎的李泳又来信说，前不久南剑州将乐县的杨时和建州建阳县的游酢到河南洛阳程颐府上拜师求学，而此前的元丰四年（1081）杨时和游酢在颍昌（今河南许昌）向程颢求学返闽，程颢目送默语道：我们的圣人学说将向南面传播了。[1] 李泳说，你们的小李侗在这一年出生，虽然纯属巧合，但也很有纪念意义，还说或许会与儒家的圣人之学有什么渊源。

李涣不明就里，人的出生还与圣人之学有什么瓜葛。

山风的几次冷暖，四季就一个轮回。李侗在牙牙学语中度过了一周年。婴儿周岁是人生的第一个生日，每家每户都要为小儿办周岁酒，叫做晬。做晬的经典节目是试儿。试儿的物品男女不同，女婴用剪刀、尺、针、线，男婴用弓、箭、纸、笔，另外加一些食物、饰物之类。

但李涣别开生面，在盘子里放了一个金灿灿的柿子。

李涣把盘子端到李侗的面前。李侗撒了一个娇，左顾右盼之后，圆溜溜的眼珠盯住盘子，嘴里"嘿"了两声，尔后把手伸向柿子。李涣把弓、箭、纸、笔转到李侗面前晃了晃，李侗无动于衷，还是伸手要柿子。饶氏一把抓过柿子塞给李侗。李侗低着头玩了一会儿，回过头来拨弄盘子里的饰物。李涣嘟哝了一句："没出息。"

世间之人，来也匆匆，去也匆匆。绍圣元年（1094），李侗2岁的时候，祖母去世了。绍圣二年（1095），李侗3岁的时候，祖父也去世了，年高78岁。李侗不知道祖父、祖母的模样。

---

[1] 程颢说"吾道南矣"这句话并非指程颢的个人学说，而是指儒家的圣人学说。因为孔子说过"吾道"，宋代理学家说得更多。其中《陆九渊集》卷三十四说："李白杜甫陶渊明皆有志于吾道。"显然不是说李白、杜甫、陶渊明有志于未出生的陆九渊之道。这是常识。（参见拙作《"吾道南矣"本义辨析》，南平市地方志编纂委员会《方志南平》，2016年第1期、《杨时：圣学南传的使者》，福建省将乐杨时研究会编《千年杨时》，2021年11月）

李涣因为有朝奉郎的身份，人们尊称他为李朝奉。朝奉郎虽然品秩不高，但也是朝廷的文散官，在乡间受人们尊敬。没事的时候，李涣常常带着三个孩子外出溜达。

那天，李涣来到村头，听见身后有人叫："李朝奉，贵府又添小进士了？"

李涣回过头一看，见是社师。社师也是樟岚人，因读过县学，是秀才，知晓文理，在家乡办私塾。

李涣见社师客气，连忙回话说："呵，社师高看了。"接着又补充了一句说："仰仗社师，日后还望多多指教啊！"

社师摆了摆手说："李家学有渊源，德泽乡里，自有天公滋润灌溉。"

李涣乐呵呵地笑了笑……

天真就是没有约束的本真。不知道是李涣教子用心，还是李侗特别招人开心，李涣十分喜欢小李侗。有空的时候，李涣抱着李侗看天看地，观花赏鸟，什么蓝天、白云、风雨、雷电，什么竹、松、杉，什么燕子、麻雀、乌鸦、蜻蜓等等。

李侗3岁的那年夏天，樟岚瓜果大熟。李涣收工的时候，从地里摘回几个大西瓜放在阴凉的角落。第二天，李侗睡醒之后，李涣叫他来到厨房，然后指着地下的西瓜问李侗，这是什么东西。李侗看了看，站着发呆。李涣伸出一只脚把西瓜滚到李侗脚下，嘴里说："咬你哦。"

李侗转过身撒腿就跑。

李侗淡定了之后，李涣向李侗招了招手叫他过来。然后，抱起西瓜洗了洗，操起菜刀把西瓜切成两半，舀了一小勺喂给李侗，问："好吃吗？"李侗用嘴唇抿了一口，脸上绽出了笑意。

第三天，李涣故伎重演，这回李侗没有上当，他见滚过来的西瓜，迈开步子勇往直前……

　　李涣叮嘱儿子说："记住了，不能随便吃东西，要不然会肚子痛。"尽管小李侗还不懂事，但作为父亲的李涣还是叮嘱。因为他知道，对小儿说话要反反复复，才会让他记在心里。

　　男主外，女主内。李涣外出劳作，家里的事全靠妻子张罗。但儿子太小，离不开半步，饶氏只好抱着儿子做事。那天，饶氏牵着小李侗下地摘采，回来的时候，小李侗走了一半跑到母亲面前，伸出双手。饶氏说："走啊！干吗不走？我拿这么多菜，怎么抱得动？"小李侗一手接过母亲手里的菜，又伸出双手要抱。

　　饶氏眼笑眉舒地说："你这孩子倒会欺我哦，帮我拿菜，让我轻松了，又要我抱。"说完高兴地一把抱起小李侗。

　　李涣家大业大，就在小李侗3岁那年，饶氏又生了一个男孩，名叫李信。李涣能生能养，除了母亲在几个兄弟家轮流派饭之外，自己一家六口，生活过得稳稳当当。李氏家族人口众多，李涣四个兄弟子女也是一大帮，加上村里其他家的小儿，几十个孩童在樟岚一片喧闹。

　　花开花落，冬去春来，一晃一两年，李侗长到五六岁。

　　"社师，孩儿交给你了，有什么不是，尽管教化。"李朝奉对社师说，"社师叨教得好，我家份儿、侁儿都在社师门下，请社师灌溉灌溉。"

　　私塾是私人办的学校，属私学的一种。春秋时孔子首开私人讲学之风。战国私学大盛。汉代以后，私学成为中国社会学校制度的重要组成部分。私塾采用个别教学，教材和学习年限不定。李侗的大哥、二哥及几个堂兄弟都在同一个学堂。

　　但是，仅仅过了几天，社师就让李侗打道回府了，他对饶氏说："侗儿心不在焉。"

　　饶氏不解。

　　社师说："问你儿吧！"

李涣得知李侗被退学，问孩子做了什么坏事。李侗说："屋外鸟多，叫个不停。"李涣说："鸟是因为社师讲的故事好听，所以笑了。"李侗惊愕地"哦"了一声。

第二天，李涣带李侗到学堂，向社师赔礼说："小儿无知，请社师多训斥。"

几天后，社师又把李侗送回来了，对李朝奉说："这孩子难驯。"

李涣问："又是什么原因？"

社师说："还是心不在焉。"

李涣问李侗："听社师讲故事了没？"李侗点了点头。

李涣无奈，只得又带李侗到私塾，再次向社师赔不是，请他多加关照。然而，几天后李侗还是被退了回来。临走时社师还搁下一句话："不可再来。"

李涣见状，拿起篾片就要打，饶氏挡在李侗面前，然后转过身来问李侗："听社师讲故事没有？背几句来听听。"

"先帝创业未半而中道崩殂，今天下三分，益……益……益州疲弊，此诚危急存亡之……"李侗虽然背得断断续续，但李涣转怒为喜，一脸灿烂，喃喃自语道："谁说我儿心不在焉？！"

李涣抱起李侗亲了亲，说："我儿乖。"

当天晚上，李涣又带着李侗来到社师家门口，大声喊："社师安晚！"社师一见李涣，转身就走。李涣说："社师别见怪。"

社师说："免谈。"

李涣笑着说："别……别……别见怪。先看我儿再定夺！"

李涣转过身来对李侗说："把刚才背的文章背给社师听听。"

李侗腼腆地站着，把诸葛亮的《前出师表》开头一段背了下来。

社师张大嘴巴"呵"了一声，好家伙，看小李侗在学堂东倒西歪、无精打采的样子，还能把刚教的全背下来？随后，社师抱起李侗捻了捻他的小脸蛋说："我说嘛……"

大凡世间，小儿总是离不开母亲的，特别是黄昏时节，树上的知了一声长鸣，小儿就像掉了魂似的号哭不止。一见到母亲，哭声便止。李侗也不例外。

出嫁女一身牵两头，一头是夫家，一头是父母。那年春天，饶氏娘家来人说家里有事，要饶氏回去几天。李涣问饶氏："侗儿带去吗?"饶氏说："几十里地，带不动啊!"李涣说："孩子没法带啊!晚上直哭。"饶氏说："多哄哄呗!"

饶氏走后，李涣既当爹又当娘，但当爹可以，当娘则没耐性。饶氏走的当天傍晚，李涣正要淘米做饭，小李侗走到李涣身旁看了看父亲，然后问："母亲什么时候回来啊?"李涣正忙着手里的活，没有回答李侗。小李侗转过身坐在饭桌旁，两眼不时望着门口，眼含泪水，突然"哇"的一声大哭起来。李涣见儿子哭，心里也烦，放下手里的活，转过身来一脸怒气盯着小李侗斥问："哭什么?"

小李侗没有停止哭声，而是一边哭一边说："你不要管我，这个时候我都会哭的……"

李涣听小李侗这么一说，心里一阵酸楚。他走到小李侗面前，帮他擦了擦脸上的泪水，把他搂进怀里，对小李侗说："哦，这样啊!父亲错怪你了。"

小李侗越来越懂事了。他爱听大人讲故事。

樟岚那个小屿边有一座多宝塔，塔边有一座亭子，晚上经常有村民在那儿聊天。小李侗喜欢跟父亲去听讲故事。有一天夜里，大家讲起了南剑州的历史：有人说南剑州最早设县在东汉建安元年（196），是贺齐平定之后取名南平，晋代改称延平，五代叫镡州，现在又改成南剑州，其中南平有纪念意义，延平是延续平安之意，南剑州的"剑"字来源于典故"双剑化龙"则有文化意义。之后，大家又把话题转到南剑州的文化：有人说，东溪的屏风山（今玉屏山）很热闹，那里有一个名叫藏春峡的地方，吴仪（约1043—1107，字国华）、吴熙（生卒年不详）两个堂兄弟在那里隐居，人们称为"二吴"或"吴氏双璧"。"藏春峡"三个字是吴仪取的。吴仪把自己的字也取名"藏春"，人们称他为藏春先生。他们还设学馆，引来了很多文人墨客，包括状元黄裳、理学家杨时，南剑州守王潮、王汝舟等名人都到过那里论学，还写了很多诗。南剑州知州得知他们兄弟二人的事迹后，向朝廷疏请举荐考察，想让他们充入学职。

李涣听大家说得起劲，但小李侗却不耐烦了。他屡次催父亲回家，李涣只是嘴上答应，却不肯动身。时间长了，小李侗困得趴在李涣腿上睡着了。

第二天晚上，李涣对小李侗说："以后晚上不要跟我去了。"小李侗说："不可以。"朝奉问："那怎么办？"小李侗说："不要老讲什么南平、延平之类，以后我捏你一下你就讲虎豹什么的。"李涣说："哦，好、好。"

乐山水稚童天真　智聪慧少年豪勇

　　转眼之间，又过了几个春秋，李侗8岁那年进到了小学。所谓小学，实际上就是私塾里的大孩子。

　　樟岚的私塾设在社师家，房屋简陋，大小都挤在一间。社师按年龄给孩子上课：先是布置五六岁的孩子写字，又布置七八岁的孩子朗读，最后再给十来岁的孩子授课。

　　小学也是写字、背书，但要求不同。社师对孩子说，字不能写得像鸡爪。因为字好比一个人的长相，有没有文化先看字。写得一手好字，即使没文化人家也觉得有文化；字还要有美感，让人心情愉悦。社师还说字是黄帝时代一个叫仓颉的人发明的，他替黄帝管理牲口、粮食，后来从鸟兽的足迹中受到启发发明了字，所以人们称他为"仓颉先师""造字圣人"。

　　社师对背书的要求很高，说书要背得完整，不能像口吃断断续续；字音也要咬得准，不能含糊其词，让人听不明白。最让孩子们头疼的是背书，也叫朗诵。朗诵不光是背，还要抑扬顿挫有情感，而情感必须通过面部表情和肢体表现出来。

　　还有呢，社师说了，不仅要把话讲出来，还要写下来，这就要组词造句。

　　读书既是学知识、学本领、长见识，更是为了自我约束，因为孟子说人与动物的差别很小，如果不约束这个很小的差别，就有可能滑到动物的行列，所以古人说应该接受教化来修正自己的行为。但孩子们不懂。人本来不就是吃饭、睡觉吗？为什么要学这么多规规矩矩？

几个孩子既是兄弟，又是同学，有的还是同桌，自然高兴。每天饭桌上是最开心的时刻，四个儿子争先恐后，你一言，我一语，讲着学校里的趣事。份儿说社师讲的浦城那个县令的"梦笔生花"好听，侁儿说社师讲将乐的"李寄斩蛇"好听，侗儿说社师讲的南剑州的"双剑化龙"好听，惊儿说社师讲的都好听……李涣、饶氏见孩子们高兴，也是一脸灿烂。

书堂像一个笼子，放假就是放飞。

樟岚的孩童大小几十个，他们成群结队，时而在田间嬉戏，时而在溪涧喧闹，时而在树上摘果，时而在山野寻趣。他们喜欢下田，因为田里东西多，而且不费劲，扫荡一丘，田螺一篓；他们喜欢下河，沙滩上、卵石下，或蚌或蟹；他们喜欢摘果，草本的莓，木本的杧果、酸枣，还有可以加工成食品的苦槠、甜槠等等。总之，天上的，地下的，水里的，俯拾皆是，只要留心，或稍作伎俩，就有收获。李朝奉的四个孩子也像野人，他们不是一身臭汗，就是满身泥水。特别是夏天，简直是狂野，一天两三套衣裳是常有的事，甚至洗的衣裳都来不及干。

端午节过后，天气开始大热。一天早饭刚过，饶氏时而洗碗，时而洗衣裳，忙得晕头转向，正想开口叫孩儿拿捶衣的杵棒却不见踪影。饶氏叹了一口气，埋怨命苦。

一家大小十几件衣裳，加上好几双沾满乌泥的布鞋，饶氏累得腰都直不起来。正当她转身准备淘米煮饭时，发现四个孩儿蓬头垢面齐刷刷地站在面前。那侗儿更是不忍目睹，只见他全身裹着蕉叶，像一只怪兽，吓得饶氏倒退了几步。

"交给你了。"饶氏把几个孩儿撵到丈夫面前没好气地说。

李涣打量着小李侗问："怎么弄得这副模样？"小李侗说："田里有鱼想抓，不小心栽到田里了。"李涣说："没管你们就经常作怪。"

"四个孩子把心抛到九霄云外了，再不管不成啊！"饶氏对丈夫说。

当天晚上，李涣和饶氏把四个孩子叫到一起，问他们的学业。

书倒是背得滚瓜烂熟，故事也讲得津津有味。李涣看了看妻子，然后又对四个孩子说："大的三个，各用'风''雨'造句。"

几个孩子稚幼天真，想到什么说什么。份儿拈口道来："风风雨雨。"

李涣问："什么意思？"

份儿说："风前雨后。"

侁儿也不服输，开口道："雨雨风风。"

李涣问："什么意思？"

侁儿说："雨前风后。"

李涣想开口，但心想句子虽然简单，解释倒也有理，我们常常不也见到有时候先刮大风再下雨，有时候则先下雨再刮风。

李涣把目光转向侗儿。侗儿张口就说："时风时雨。"李涣一言不发。小李侗知道父亲的意思，解释说："一会儿下风，一会儿下雨。"

饶氏乐了，问李侗："雨可下，风怎么叫下？"

李侗回答："天在上，屋在下，为什么风不能下？"

李涣哈哈大笑说："这么理解，我儿真是南剑州的高才哟！"

李涣缓下口气对孩子们说，野外看似平静，但也有凶险，甚至可能暗藏杀机，交代他们要玩耍有度，否则可能危及生命。李涣特别强调，悬崖不可攀，枯树、危墙下不可立，深溪不可涉。四个孩子满口应承。

一段时间，李涣家安静了许多。李涣和饶氏日出而作，日落而息，上学的孩子也懂事了许多。他们放学之后，常常到田间地头帮助父亲做些农活，在家里则帮母亲喂喂鸡鸭、收拾整理衣裳等等。李涣也很开心，经常把四个孩子抱上马车，在山道上扬鞭兜风……

春祀秋尝、清明祭扫，是每年必不可少的事务。祭祀之后，李涣总会重复讲述祖先的过往。他对孩子们说："李姓出自嬴姓，是颛顼帝高阳氏的后裔。颛顼之后有皋陶，是尧、舜时代掌管刑法的职官，所以用官名命名为理氏。皋陶的儿子伯益被赐为嬴姓，子孙三代世袭大理的职务。商纣时，皋陶后裔叫理徵，在朝为官，因直谏得罪了商纣王被处死，其妻带着儿子利贞逃难时，用李子充饥，为感激李树活命之恩，改姓李氏。樟岚李氏可追溯到唐代闽越江王李元祥。之后，经过李皎、祖丛、万康、楚珪、尚芬、庭金、李汉到了李邺。李邺是剑浦李氏第十世祖，从河南光州移居固始。唐光启元年（885）因平王绪之乱入闽，镇守泉州。十一世祖李真，以太子太傅致仕。十二世李俸是樟岚的开基祖。我是俸公第四世孙，你们四个是第五世孙。"李涣又严肃地说："祭祖是缅怀先祖、慎终追远，知道自己从何而来，你们记住啊！"

李涣说完之后，又对份儿、伕儿说："你们两个把我们家的祖训背给侗儿、倞儿听听。"李份、李伕侃侃而诵："一是孝敬父母，二是敬老尊贤，三是和睦亲族，四是勤读诗书，五是诚实正业，六是早完钱粮。"李涣又对份儿说："父亲曾讲过正业的意思，你说给侗儿、倞儿听听。"李份说："正业就是正当之业，父母的正业是耕织，孩儿的正业是读书。学业理当潜心，不可荒废。"

李涣对四个孩子说："都听到了！光背祖训还不行，关键是要说到做到。"

打闹、玩耍是小儿的天性。对父母的话，孩子们左耳进、右耳出，即便打骂也只能管用几天。谁叫山川那么翠翠，谁叫田地那么秀美。几个月后，孩子们又旧病复发。那天午后，李涣进城去了，家里留下饶恭人。饶氏刚清洗了碗筷灶具，看看日头已斜，正要收纳衣服，只见李份神色慌张地跑来。饶氏白了李份一眼，问："野到哪去了？"

李份上气不接下气地说："弟弟……弟弟……挂在竹上了。"

16

"什么叫弟弟'挂'在竹上了?"饶氏不解。

"你快去看吧!玩的时候不小心'挂'上去了。"李份说。

饶氏一听"不小心"三个字,估计事情没那么简单,立马跟着李份跑到山边,只见一根毛竹弯在空中,侗儿果真挂在上面哭爹叫娘。

"怎么上去的?"饶氏问。

李份、李佹支吾不语,半晌才对母亲说:"别问了,快把弟弟弄下来吧!"

"你倒会飞天了。"饶氏骂着小李侗。然后,回过头来责备李份、李佹,"快一丈高呢!谁能上去?"

"侗儿,撺紧一点,母亲叫人去。"饶氏一边说,一边吩咐李份、李佹:"快叫你大伯、哥哥来。"

大伯李灌和几个孩子来了,一看情形也傻眼。因为是老毛竹,弹性好,侗儿挂在半空呢!李灌知道,几个小侄玩了竹轿的把戏:他们把毛竹尾巴拉下来,把竹枝编成一个半圆弧,侗儿坐上去,在下面的份儿、佹儿拉住竹枝,上下弹飞,不小心手上的竹枝滑落弹上去了。

李灌看了看地形,发现下面还有树桩、竹兜,万一不小心李侗掉下来就残了。于是,他们搬来两架竹梯和锯子:先锯掉树桩、竹兜,然后在山坡上挖两个小坑,再把两架竹梯绑在一起,形成"∧"形,叫李份攀上梯子,撺下尾部竹枝。众人七手八脚费了一番力气才把小李侗弄了下来。

皮肉之苦是免不了的……

断黑的时候,李涣才入家门,李侗还在那里抽泣。李涣走上前去,一边撩起小李侗的衣裳,发现斑斑血迹,一边问:"又挨打了?打得不轻啊!"

饶氏怒目相向对李涣说:"朝廷还有刑律呢!不听的还要杀头。"

打那以后,几个孩子老实多了。

樟岚的春节特别热闹,李氏几户族人的灯火把樟岚照得通明。大年三十晚上，饶氏倾一年所有，操办着喜庆的年夜饭。饭桌上，十几二十道菜尽显樟岚特色：除了年糕、米粿、粉条外，还有河里的鱼、虾、蟹、鳗，田里的鳅、鳝，山上的野鸡、野鸭、野兔肉、野猪肉等等。蒸的、炖的、烤的、炒的、煮的、焖的……饶氏做完一道又一道。李涣和四个孩子也没闲着。他们在案桌上点上香烛，在盏内斟满红酒、茶，摆上祭品祭拜先祖。之后，孩子们你摆碗，我分筷，他搬椅，又在饭桌下放了一盆炭火供大家取暖。

鞭炮响过之后，孩子们按长幼顺序坐定。

一桌菜肴，色、香、味俱全。熏鸭上桌的时候，大家已经酒足饭饱，而李侗却眼睛发亮，"嘻嘻、嘻嘻"地笑个不停。饶氏问："又作怪？"李侗说："不敢。"饶氏说："自家人，没关系。"李侗说："以前跟父亲去城里，看到街上卖熏鸭，在路上想出一首诗。"

李涣说："侗儿也会作诗？"

李侗说："干吗不会？"

李涣说："念来听听。"

李侗说："父亲别骂。"

饶氏说："过年，谁敢骂？"

李侗说："那好。"

李侗想起社师说朗诵要有情感，于是他运了运气，摇头晃脑、抑扬顿挫开口道："日照香炉生黑烟，遥看熏鸭店在前。口水直下三千尺，摸摸囊中没有钱。"

哈哈哈……笑声一片。

"你把李白的《望庐山瀑布》改成《望南剑熏鸭》？"李涣说。

李涣一家大小笑得前俯后仰，半个村子都听到这家人的笑声。

樟岚春节几天的天气极冷，自古以来就形成春节围炉的习俗。所谓围炉，就是年夜饭后全家围坐在火炉旁，闲聊一年来的所见所闻及收获和经验，探讨来年的打算和计划。因为当地习俗过年都要说好话，即使说得不对或想法不成熟也没人敢骂。

　　饶氏最后抹完灶台后，双手在围巾上擦了擦。李侗见状，跑到饭桌旁搬来一把椅子让母亲坐。李侗问："父亲可知陈陶"？李涣说："知道，晚唐边塞诗人。他以一首《陇西行》扬名。诗曰：'誓扫匈奴不顾身，五千貂锦丧胡尘。可怜无定河边骨，犹是春闺梦里人。'"李侗说惨烈。

　　李侗又问："听说南剑州有一个状元，而且是有史以来第一个。父亲听说过吗？"李涣说："那个状元叫黄裳，北宋元丰二年（1079）中的状元，比你出生早 14 年呢！"李涣津津乐道地说："这一年是南剑州最富有的一年，因为黄裳榜的进士还有三个，其中两个是考上的进士，一个叫魏任，一个叫范峒，还有一个是特奏名进士叫魏容。真是激动人心啊！"

　　李侗又问："官府报登科之喜的场面一定精彩？"

　　李涣说："你祖父见过，听说报榜人手捧泥金帖子，沿途锣鼓齐鸣，人声鼎沸，是南剑街头最热闹的一次。真是千年罕见。"李侗感叹道："奇观！奇观！"

　　李侗是有心思的，他见李涣脸上绽出笑容，便向父亲提出了两项要求：一是下河游泳。李侗说，父亲以前说不可涉水可能不太对。他说，游泳也是一项技能啊！乡村溪涧沟渠众多，下暴雨的时候，常常淹到膝盖，看到水就头晕哪成啊？多少要知道一些水性，才能对付洪水。二是教他骑马。李侗说骑马也是技能，有急事以马代步可以省去很多时间啊！

　　李涣觉得李侗说的在理，不能因为害怕就拒绝一切事物。李涣把目光移向妻子，又转过脸来对孩子们说："这样吧，游泳的事可以，但不能一窝哄，必须一个一个教，一个学会了，再教一个。因为虽然樟岚是小溪，但水看似温柔，却也凶险。按顺序先教大的，你们都没意见。"四个孩子一听，欢呼雀跃。

　　饶氏在一旁听着，因为游泳有丈夫陪，她不好反对。至于骑马，她一百个不同意。所以，没等丈夫开口，她就说不行。

李涣说："你们的母亲说得对，别高兴太早。凡事都要分析物理、事理，思前想后，不能盲目。原因是有的山道石头很多，马蹄是硬的，石头也是硬的，硬的东西对碰，容易打滑。要知道马有多重，一不小心，就可能马毁人亡。"

四个孩子面面相觑。

李涣看到孩子们泄气的表情，安慰他们说："骑马的要领比游泳复杂得多，不仅要应对各种意外情况，还要了解马的脾气，需要慢慢磨合。"

小李侗十来岁的时候就机警聪明。一天晚上，他又跟父亲去听讲故事。乡亲们说罗源有一个罗从彦，崇宁初到将乐从学杨时（字龟山，1053—1135），13岁时又师事藏春峡的吴仪、吴熙。因听吴仪说，河南的程颐对《易·乾》九四爻讲得很好，于是卖了田产作路费到洛阳拜程颐为师，回来后又师事杨时（字中立，号龟山，1053—1135）请教二程传下来的圣人之学。还有一位李氏宗亲说，罗从彦与李氏有姻亲关系，罗从彦的夫人叫李金翠，是南剑州一个叫文捷公的女儿。听说文捷公的入闽祖先也是闽越江王李元祥，是我们的本家。罗从彦（1072—1135），字仲素，祖籍江西豫章（今南昌）。沙县人陈渊说他自从和罗从彦交往40多年，听他论学，经常听到的都是没听说过的学问。罗从彦奥学清节，居南剑州之冠。也有人说，杨时的千名弟子中，能够深思力行，担荷道统重任，具有极深造诣的只有罗从彦一人。还有人说，罗从彦虽然刻志求道，但乡间知道他的人很少。从此，罗从彦的名字深深地嵌入李侗的脑海。

孩子懂事，大人开心。李涣言而有信，盛夏时节，轮番带几个孩子到小溪游泳，没几天孩子们都掌握了要领。有空的时候，李涣骑马外出也带上孩子，教他们如何上马背、乘马的姿势、持缰绳的方法。一段时间后，李涣把缰绳交给孩子，教他们两手并列紧握缰绳，左转时左手拉缰绳，右转时右手拉缰绳，要马停则双手同时勒紧缰绳，但都不能太快。也就是说，碰到岔道的时候，要根据距离远近判断缰绳是松还是紧。李涣还特别交代，马会认人，要让它听你指挥，就要亲近它，有空的时候帮马刷刷毛、喂喂草料……

但是，李涣夫妇有所不知，小儿如同一匹野马，一旦松开缰绳有可能恣意妄为。的确，李涣夫妇很快就发现：小李侗有些不思进取，和他一起读书的伙伴，不是考取县学、州学，就是准备成家立业，而李涣夫妻跟李侗说县学、州学，他却没有丝毫表情，在小学待了七八年，从幼年读到了少年，又从少年读到"大少年"。媒人上门提亲，搅断了舌根，李侗也无动于衷。更不可思议的是，李侗还以山水为乐，一有闲工夫，就骑着马到处乱跑。李涣夫妻多次劝诫，李侗哪里听得进去。

不过，李侗心通百物，生性好勇，游泳、爬树无所不能。夏季的一天，几个儿童嬉戏溪涧，突然一个童子在水面上打出不规整的水花，进而听到呛水声。李侗知道不妙，从几步开外潜入水下，托起童子双脚向岸边猛推，童子获救。李侗的马术更精绝。雨后的一天，李侗和伙伴在山道上赛马，一道急弯过后，只见一棵大树横在中间，眼看就要撞上去的一刹那，李侗一跃而起，双手一伸拽住树杈，马从树下奔驰而过，李侗躲过一劫。

樟岚人得知李侗的种种经历，竖起拇指说，李侗少年豪勇。

富家子桀骜难驯　陷泥潭难以自拔

小时了了，大未必佳。童年的李侗聪明智慧，少年的李侗未必。

人的一生会发生很多意外。所谓意外，就是没有充分估计或估计不足，导致意想不到的结果，而这种结果足以折磨人的大半生。

童年的李侗知书达礼，加上性情温和，聪明颖悟，很是讨人喜欢。但是，少年的李侗却走作了心地。特别是在小学后期，李侗在众人的喝彩声中开始飘然起来。

为什么飘然？因为是富家子弟。本来富家子弟也是人子，把握处事的分寸就无可厚非，但偏有人要惹是生非。李侗也不例外，他成了人们针砭的纨绔子弟。

李涣家道兴旺，家资殷富，虽然人口众多，但足以支撑一家大小的开支。李侗饭来张口、衣来伸手不说，更有富家子弟的乖僻。李侗自从学会了游泳和骑马之后，一门心思寻趣：小溪的水战多有趣，田间地头的捕鼠多开心，骑上骏马在山道上奔驰多威风……

李涣夫妇看到整天不着家的李侗，要他继续读书，但李侗一心只想玩乐，哪有心思读书。

"我们家的儒业就指望你们几个孩子了，如此下去如何能中兴门庭，如何再现昔日李家荣光？"母亲怒不可遏。

"农家只二事，舍了读书，剩下什么……自己拿捏好了。"父亲怒目相向。

"这孩子……"大伯和大伯母摇头。

"如何是这样……"二伯来信说不可思议。

堂哥、堂姐们没有一句言语，而樟岚人的目光更带有鄙视之意。

秋染大地的时节，樟岚的山间一片金灿。

"走吧！跟我去割稻子。"李涣对四个儿子说。

马车驶向那片金光的稻田，父子割的割、脱谷的脱谷。收工的时候，马车经过村庄，几个原先在一起玩的孩童看到李侗，亲热地跟他打招呼。李侗似乎没有听见，只是远远地瞟了他们一眼。从那以后，李侗成为家里的好帮手。

俗话说"见朱者赤，近墨者黑"。乡村没读书的孩子也多。

一天早饭后，李侗坐在禾架上看书，听到屋檐下一个孩童的叫声，手里举着一根羽毛，与戏里武将头盔上插的雉尾翎子十分相似。孩童一边摇晃手中的羽毛，一边示意李侗外出。正好，这时候饶氏上禾架晾晒衣服，李侗不动声色。次日上午，孩童又拿着一根雪白的羽毛，在屋檐下挥舞，李侗还是摇头。第三天，孩童再次上门，这次带来的竟然是一只寿带。李侗眼睛顿时放光奔了过去。孩童悄悄对李侗说明天去抓鸟，李侗的脚步又退了回去。

天气转凉的时候，饶氏病了，李涣和几个孩子轮流守候，喂服汤药不见好转。一天，那个孩童又在门口向李侗招了招手，李侗跑到他面前生气地说："我母亲病了，不要经常来找我。"孩童说："我家有祖传秘方，能解百病，给你弄点来？"李侗没吭声。

李侗回家不久，那个孩童真的把药拿来了。李侗把药交给父亲煎熬让母亲服下，果然药到病除。

李侗知道乡村一些规矩，第二天到那个孩童家里表示感谢，意外发现他家很多禽鸟，什么黑卷尾、黄雀、八哥、画眉、伯劳等等，甚至还有红嘴蓝鹊。李侗一时心欢怒放。

孩童对李侗说："教我骑马，也教我游泳吧？"

李侗心想骑马、游泳不是坏事，再说人家还帮了我，于是爽快地答应了。

打那以后，父亲叫李侗下田，李侗总是推托有事。更让李涣没想到的是，家里渐渐热闹了起来，李侗隔三岔五叫来孩童，从几个到一群，从玩耍到吃喝，从吃喝到狂野……

李侗喜欢骑马。春耕、秋收农忙时节，他们每天傍晚纵马奔驰，近的到邻村，远的数十里之外。李侗喜欢游泳，而且一游就是大半天，甚至到十多里外的闽江展示泳技。李侗嗜酒如命，三天两头邀来狐朋狗友，猜拳喧闹，搅得鸡犬不宁。李侗喜欢戏耍，田间地头，溪涧沟谷，和那些野孩子捧起泥团，相互对打。他们呼朋引类，手持水枪、竹枪、木枪、弹弓、风车等玩具，时而呼啸山林，时而掠过村庄，所到之处百鸟惊飞。李侗不顾家业状况，出手大方，少则数两，多则十余两，毫不吝啬。李侗衣着华丽，一副纨绔子弟打扮。

李侗酒肉穿肠，但没有留下佛祖。樟岚的物产俯拾皆是，十六七岁的李侗要力气有力气，要勇气有勇气，要智慧有智慧。他们白天外出捕捉，晚上在家烹煮。之后，斟上美酒，品尝各种美品佳肴。他们不胜酒力，却豪饮、狂饮、滥饮。醉了，东倒西歪，语无伦次。他们还在溪畔、湖塘搭起石灶，带上瓦钵，把捕到的山珍野味就地烹煮，或者支起木架，烘烤而食，美其名曰"野炊"。

让人不可理喻的是，这些孩子还喜欢恶作剧。乡村人家风俗醇厚，瓜果大熟的时节，都允许人们到地里品尝，体验农家的园圃之艺，而且数量不限，吃到饱为止。可那些孩子不仅吃瓜吃果，而且百般糟蹋。他们没有判别瓜果是否成熟的经验，见瓜就采，见果就摘，吃一半扔一半，更有不良少年，捡来石块把瓜、果当靶子……他们掠过的瓜地果山，一片狼藉。

李侗的那帮伙计用义气替代是非，用感情替代善恶。虽然樟岚都是乡里乡亲，但有时也有口舌之争、言语之辩。他们讲义气不讲义理，讲感情不讲是非。在李侗的伙伴们眼里，义气最重、感情最深，没有别的东西可以替代。他们以远近亲疏分村头、村尾两帮，以喜好分村东、村西两帮，相互争斗。他们不知沟通彼此，而且李侗性子偏急，稍有不合，恶语相向，甚至揎拳裸袖，或恶作剧对人进行"报复"。

村头的村民上门来了，说李侗那帮孩子把蛇皮挂在人家门口……

村尾的村民上门来了，说李侗那帮孩子把人家烟囱堵了……

村西的村民上门来了，说李侗那帮孩子把人家引水的竹筒弄没了……

这些孩子，人们看着就摇头，有的还碎语连连。

李侗深陷泥潭不能自拔。

"县老爷，请帮我们做主。"剑浦县衙门的公堂上，一位樟岚村民向剑浦县衙门告状。

县令对村民说有何冤屈细细道来。那位村民说，小儿死了。

县老爷一听急了，光天化日之下竟有杀人之事，当即吩咐捕吏跟随村民到村里抓捕嫌疑人。

村民说："不……不……不是。"

县老爷问："如何不是？"

村民说："李侗带去游水，溺在水里了。"

县老爷问："什么叫带去游水？脚长在你儿身上，你儿不去，人家抓你儿去？"

村民说："不是李侗怂恿，我儿不会去的……他们那帮孩儿作恶多端……"

县太爷说："那好，官府派捕吏查访查访。"

县衙捕吏来到樟岚，惊吓了李涣一家。李侗也是一脸惊讶，问清楚后才得知原委。李涣问李侗那天是不在家，去了哪里。李侗一五一十说了那天的去向，并向捕吏提供证人。原来，那天李侗与几位要好的孩童带着干粮上山，说是去看山上的纸槽，地点是十里外的大内源里附近的菖上。他们一行来到一个山凹，发现槽工师傅正在捣春竹浆。然后，又看槽工破竹丝、腌料、剥料、打料、抄纸、焙纸等，直到黄昏，孩儿们才回到家里。而那位溺水儿童的父母知道儿子出事后，不分青红皂白，问了当时在场的一些少年，他们当中有些跟李侗有些过节，有些则是不良少年。他们见家长责问，虽然没说是李侗带他们游泳的，但家长问当天李侗在不在时，他们沉默不语。在乡间，有时候把沉默当成默认，人们往往就这么粗糙理解。

"《礼记》中有正心，诚意。孩儿的心歪了。如此下去怎生了得？"虽然村里孩童溺水与李侗无关，但也给大人惹来麻烦，李涣当然斥责李侗。

李涣不是思想家，也不是哲学家，他讲的是日用常行之道，而日用之道富含哲理，具有深厚的奥义。南剑州杨时北上求学，归来在家乡讲学，传播圣人道德性命之学，但这门学问被朝廷禁止，学者只是私下传播。李侗的家乡剑浦，除了藏春峡的"吴氏双璧"和罗源的罗从彦之外，没有更多的人接触过这门学问。世间之事，必然中有偶然，偶然中有必然。李侗之病在心，与南剑州学者传播的学问相符。但是，只有天知道未来李侗与这门学问有何关联，这个天就是规律。所以，理学家说理在万物（事物）之先。当然，一个事物从此物到彼物须经历许多曲折，只有在一定的条件下（无论是善还是恶）才有可能转化。李侗要知道自己与圣人学说的关联为时尚早。

"一朝被蛇咬，十年怕井绳"。很长一段时间，樟岚的溪边只有鸟鸣虫唱。

水是不能再游了，因为在水里身上的皮都没伤，一死就死了。况且，还有那么多冤冤枉枉的事。那就骑马吧！骑马虽然技能更高，但总不会像在水里，连救的机会都没有，无论什么情况，骑马都比下河稳当。

李侗的少年、青年之交，正是大宋徽宗时代。宋徽宗是不务正业的人主。比如大观二年（1108）三月，他向天下颁发《金箓灵宝道场仪范》。四年（1110）闰八月，命张阁知杭州，兼领花石纲。政和三年（1113）冬十月，阅新乐器于资政殿，出古器以示百官；十二月，诏天下访求道教仙经。六年（1116）夏四月，会道士于上清宝箓宫；九月，令洞天福地修建观宫，塑造圣像。七年（1117）二月，会道士两千余人于上清宝箓宫，并且到上清宝箓宫命林灵素讲道经；四月，册封自己为教主道君皇帝。北宋正朝覆亡的方向发展。

李侗不知道什么叫朝政，也无须知道朝政，只知道今朝有乐今朝乐。他和他的弟兄们开始"戏"马。李侗是"孩子头"，因为他不仅聪明，而且还有马，其他孩子要骑马，必须跟他搞好关系。李侗的伙伴多，每次外出只带一个。这样也好，朋友相处久了，有时候也不顺眼，轮流则可以避免这个问题。今天跟陈五闲扯，明天跟董六瞎说，后天跟王五厮混，无形中成了孩子们心目中的头儿。

前面十几天，李侗先是骑马游览了樟岚周围的秀丽山川。后来，他们来到闽江岸边，饱览两岸的旖旎风光和被称是最险的天柱滩奔流，多么惬意，多么爽快。骑马的人也是一道风景，沿途村民看到马背上的李侗，无不啧啧称奇。

他们沿闽江下行，经洋坑、斜溪、葫芦山、儒罗一路朝东顺流而下。然后，折入大山，进入杜溪里（今福建省南平市延平区炉下镇一带）的瓦口、洋洧、下井转了一大圈回到樟岚。他们又沿闽江上行，来到九峰山下剑潭之畔，饱览三江合流的美景。他们从剑津渡头过河进城，在渡口观赏了水碓，又在上帝庙附近观赏了三圣亭。之后，沿着西溪、东溪之岸招摇过市，白马翩驰的少年在大街小巷仙传。

他们深入深山老林，探幽揽胜，甚至穿过罗坑、虎山，登上海拔1118米的天高山，再穿过菖上、大地，登上剑浦境内最高峰海拔1387.2米的金凤山，领略唐人杜甫笔下的"一览众山小"意趣。

他们见过许多风物：盘匝的枯藤，参天的老木，阴森的石洞，高耸的岩石，如帘的瀑布，奇特的廊桥。他们与闽部落山夷的后裔有过一面之交，他们邂逅过重林中的高僧。他们见过许多身姿招展的动物。如黄腹角雉、中华秋沙鸭、穿山甲、大灵猫、勺鸡、杜鹃、戴胜、柳莺、大鲵、鼍、鸢、枭、隼等等。他们也多次与虎、豹、豺、狼相遇，但都能化险为夷。

有趣的是，李侗的这些伙伴在观赏风景的同时，更喜欢观察动物的习性。一次，他们发现一只穿山甲正在觅食，几个伙伴躲在草丛里密切注视它的行踪。只见穿山甲锋利的爪子刨开泥土，然后舌头伸进洞里，一口一口地舔食蚂蚁。一次，他们观察蟒蛇捕食豪猪的过程目瞪口呆：蟒蛇见物不见理，不知豪猪的厉害，张开血口就吞，结果在地上打滚……

李侗和他的伙伴是游客，更是猎手。最让他们开心的是狩猎。他们跟长辈们上山几次之后，独自拉起队伍。他们找来木头，刀削斧劈，做了一尊猎神，配上标枪、斗笠，看着也是栩栩如生。他们也一本正经地在猎神面前烧香点烛，祈求狩猎有成、平安。

稻子灌浆的时候，田垄被糟蹋得一片狼藉，他们带着猎犬上山了，目标是野猪。

他们勘察过地理形胜：芦苇旁要有树木，以便进退。他们几个伙伴分成左右两拨，上下相错，以免误伤。犬声是判断猎物大小的依据：狂吠不止的是小动物，吠声小的是大家伙。因为猎犬也知道生死，在小动物面前可以张牙舞爪，在大动物面前则需小心谨慎。

场面惊心动魄，不忍目睹……

夜晚时分，村里的人听到声声螺号，个个欢欣鼓舞，知道这帮孩子狩猎的成果。但除了野猪外，狩猎者还抬着一只受伤的猎犬。他们救猎犬有一套办法：用针把猎犬身上的伤口缝合后，再抹上锅底的烟灰，伤口就会愈合。

当晚，他们按当地的习俗，掏出野猪的内脏煮成一锅，又摆上一排酒杯，斟酒还不能中断，寓意狩猎有成。

当然，他们知道狩猎凶险，那个足有两寸长的獠牙让人不寒而栗，弄不好会送命，所以他们更多的是小打小闹自娱自乐。他们外出随身带着弓箭、弹弓等，碰到好捉的随手拈来，香菇、木耳、竹笋、蕨菜应有尽有，更多的是鱼、虾、兔、鸡、鸟等等。

一天，他们来到一处河谷，发现一只短尾猴正在翻动石块，嘴里还嚼着刚刚塞进的食物，又掏出一只往嘴里塞。李侗从大人那里听说了猕猴的德性。

"这家伙，吃了还要拿，把螃蟹藏进颊囊带回家了。"

李侗骂了一声猕猴后，带着他的伙伴，一个箭步跨到猕猴面前，硬是把剩下的螃蟹抢了回来。

大家看到战利品，嗤嗤地笑个不停。一位小伙伴对李侗说，你刚才说那猕猴吃了还要拿，我们不是也拿？李侗捉起一只螃蟹放在小伙伴的嘴边，说："那你也生吃吧！"小伙伴笑着说："人是聪明，知道用火煮来吃。"

他们把战利品分了回家，然后轮流坐庄，今天到你家聚餐，明天到他家做客，后天到我家潇洒。乡村人家，每家每户酿造红酒。红酒除了春节饮用或招待客人之外，也是家里备用的调料品。红酒还有一个作用，就是妇女身体不适或怕冷，把生姜、酒、蛋放在一起炖食，可以增强体质。李侗和他的伙伴们喝起酒来异常凶猛，每次斟酒来者不拒，不醉不休，甚至喝到酒缸见底。

在樟岚，李侗饮酒出了名，人们常常用"海量"形容他的酒量。但是，海量并不等于不醉，而是常醉。不过，对李侗来说，醉了也没关系，因为他的骑马技术好。即便是晚上，李侗酩酊之后，还敢骑二三十里的山道回家。[①] 人们背地里戏称李侗是剑南州"醉驾"第一人。李侗知道后不但不生气，反而调侃说晚上路上没人。

酒对有节制的人来说是仙露，对无节制的人来说是迷魂药。好胜好强的人常常表现出混乱的逻辑思维，比如喝得语无伦次的人说没醉。很多时候，李侗说自己没醉，但人们常常看到他睡在半道上，或睡在别人家门口。

冬季的一个深夜，一户人家半夜听到吠声不断，且由远而近，最

---

① （宋）黎靖德编《朱子语类》卷一百三"罗氏门人·李愿中"载李侗好饮酒骑马："常闻（李）侗先生后生时，极豪迈，一饮必数十杯。醉则好驰马，一骤三二十里不回。"

后还听到撕咬的声音，主人打开房门一看，见一团黑乎乎的东西横卧天井，吓得躲在卧室不敢出声。半晌，主人点起火把战战兢兢地向前靠近，发现是一个人，慌忙叫来邻居辨认。有人认出是樟岚的李侗，随即叫人告知李涣。

原来，那天晚上，李侗在邻村的王五家喝酒，两碗下去后，已经神魂颠倒，但李侗还逞能，硬说没醉。直到凌晨时分，李侗才起身。那个童子也是吃货，他给李侗指路说东道西。李侗跨上马背，缰绳一攘奔向西头。

乡村人家夜不闭户，而且房子长相也差不多。李侗下马之后，头昏脑涨地转了一个圈，使尽全身力气微微睁开耷拉下来的眼皮，发现门口有一个外方内圆的石臼，认定就是自家……

李侗哪里知道，自家的门墙上还有一块木制的石敢当，只是没有力气抬起眼皮略过了。

不过，好在身上裹着厚厚的冬衣和鞋、帽，没有被狗咬伤，但那位主人发现李侗时，李侗已经躺在地下一个多时辰，冻得不轻。

丑出大了，而且名声传到了邻村……

李涣、饶氏怒不可遏，要收拾这个神兽。

但是，鼻塞、喷嚏、流鼻水，进而发烧……李侗一病不起。

孩子是自己身上的骨肉，再痛恨也得把病治好再说。李涣、饶氏寻医问药，但效果甚微。

本来李涣正准备一家过冬至，李侗患病打乱了一家的阵脚，小年就这样泡汤了。接下来是春节，李侗的病情还让人揪心。

果然，春节几天的天气极冷，身体虚弱的李侗咳嗽不止……

大龄男婚姻受阻　人生路艰难抉择

李侗的病愈发严重，草药吃了缓解十天半个月后又复发。村里有人议论了：

"莫不是中邪！"有人这么说。

"药不行了，不能想想其他办法？一边服药，一边请些道士来做做法，或许他们有办法。那个事有时候还真灵，我一个亲戚也是莫名其妙生病，后来请道士来做，果真好了。"有人这么说。

饶氏无计可施，叫来妯娌商量。妯娌说："先算算命吧！看看这孩子命理缺了什么再作打算。"于是，饶氏与妯娌马不停蹄赶往郡城，找了一个瞎子算命先生。

算命先生问孩子的生辰八字之后，默默地掐着手指。之后，有些惊讶地对饶氏说："哎哟，这孩子可担大任啊！不过，20岁左右有一坎。过了这一坎，今后就顺遂了。当然，要度过这一坎，你们还得想点办法，比如房屋是不是不干净。"

饶氏会意。所谓房屋不干净，就是有东西作怪，要请人"打扫打扫"。

饶氏回来后，把算命先生的话传给李涣。李涣说："你们女人总爱胡扯，侗儿能担什么大任？不指望他对我们孝顺，能不能养活自己都难说哦。"

怨气归怨气，事情还得办。

巫师来了，很神秘。只见他手里拿一根法杖，一边口里念念有词，一边四处捣鼓。之后，又从卧室走到门口，举起法杖在鸡窝、狗窝、墙角等处依次施法。巫师看起来很卖力，屋里屋外，反反复复。然后，悄悄地对饶氏说："一开始那个东西在卧室，后来溜到了屋外，又从屋外溜到了屋内，刚才看到那缕青烟腾空而去。没事了，放心吧。"

饶氏知道，巫师说的"青烟"是魑魅魍魉之类。饶氏提到嗓子眼的心放了下来。

要走的时候，巫师还取来一个小盏，在里面盛了一些温水，又取出一片小黄纸，一边念着符咒，一边用手比画。最后，点起火烧了黄纸，把纸灰搅入盏内端给李侗。

李侗看了看汤水，半天不动声色。饶氏没好气地对李侗说："快喝。你不作怪，就不要这么折腾。自作自受吧！怪不得别人。"

"再喝酒会把命搭进去的。"李涣对李侗说。

但是，病没好。相反，还出现了疹子。后来问了乡亲才知道，冬天饮酒后寒风一吹就有可能起疹子。李涣带着儿子进城找郎中，郎中开了方子，并吩咐饮食要清淡，不可吃上火的、辣的食物，还特别交代不能把疹子抓破，否则会感染。经过一年半载的折腾，李侗的病终于有了一些好转，但精神不如从前，不是郁郁寡欢，就是唉声叹气，更严重的时候，茶饭不思，吃什么都没胃口。饶氏一脸愁容。

夜晚的樟岚，蛙声一片。本来，李涣和饶氏都很喜欢蛙声，因为它清脆，又抑扬顿挫，听起来像曲子。但是，这段时间的蛙声却特别烦人。李涣夫妻泪眼相对，泣不成声。饶氏对丈夫说："侗儿还没成家，这样下去怎么得了！"李涣自言自语说："古人说，天下三门，圣门、人门、兽门。没指望侗儿进圣门，也不愿意看到他进兽门，只希望他进人门。圣门、人门、兽门都是自己选的，不是别人强加的。过去侗儿之所以如此，大概是心地坏了。无心之人，还能有什么办法。走一步看一步吧！"

饶氏知道数千年来的孝道传统，她深深地叹了一口气也自言自语说："古人说，不孝有三，无后为大。侗儿怎么办？"

乡间有冲喜的习俗。所谓冲喜，就是借办喜事来驱除邪祟、化凶为吉。李涣想到了这个习俗，他对妻子说："不是听说有冲喜吗？这样吧，你再打听打听，看看哪个姑娘，只要愿意，我们出厚礼，迎娶过来，让侗儿成家，或许有用。"

乡村人家，十五六岁就插簪了，有的甚至指腹为婚。

李侗的婚事不是没有提过。那时，媒人三天两头踏进李家门，但李侗不愿意。后来，一个媒人找到一户人家，而且姑娘也漂亮。岂料，那姑娘红颜薄命，两家正准备找算命先生合八字，姑娘却不知得什么病死了。饶氏叹气道："唉，要不然我们早当上公婆了。"

"侗儿已老大不小了。这事得抓紧啊！也跟媒人吱一声，帮侗儿找到媳妇我们给重礼啊。"李涣说。

饶氏这次为李侗找媳妇的力度很大。她不再一个一个找媒人，而是一下找了好几个媒人。饶氏交给每个媒人一份名单，上面列着樟岚有闺女的人家，叫她们一一上门提亲。然后，又对她们说要开动脑筋，邻村邻乡也可以，不一定要局限樟岚一地，只要对方答应就行。

李涣在一旁问饶氏说，什么叫只要对方答应，找一个瘸子行吗？之后，李涣对媒人补充了一句说，提亲的时候你们也要把把关。人倒不一定要漂亮，大方得体即可。李涣一再吩咐媒人：千万记住，李家不是养济院。

媒人知道李家大方，嘴勤，脚也勤，跑东家，窜西家，樟岚通往各村的山道上都是媒人风风火火的身影。几个月后，媒人向饶氏禀告结果：

第一个媒人说，不行啊，那户人家说侗儿血气太重……

第二个媒人说，不行啊，那户人家说侗儿不靠谱……

第三个媒人说，不行啊，那户人家说侗儿心地不善……

第四个媒人说，不行啊，那户人家说侗儿中邪了……

第五个媒人说，不行啊，那户人家说侗儿好吃懒做……

此外，还有一些媒人说她们找到邻村也没结果。一个媒人说，找到一户人家，但人家说侗儿名声在外，都传到他们村了；一个媒人说，那户人家一听到侗儿的名字，就一脸刷青；还有一个媒人说，提起为侗儿提亲的事，那户人家门都不让进，在门口摆了摆手就回屋了。

李涣静静地听着媒人说的每户人家的情况，当听到"心地不善""好吃懒做"的时候，火就蹿上来了。他对媒人说："岂有此理，不肯就算了，还把我们大人一起都骂了，分明是在说我们对儿子缺乏教养。我们家对孩子教养多了，只是他不听……"

饶氏扯了扯丈夫的衣裳，李涣没再说下去。

饶氏听媒人说话时，虽然提醒李涣那是媒人，对她发火没用，但事后也觉得委曲。她埋怨丈夫说，人家骂我们也是有道理的，我的地，你的种。地只管生，播什么种长什么物，有什么好怪？李涣也觉得对媒人发脾气不妥，古人不是说"子不孝，父之过"吗？况且还强调自己对孩子多有教养，岂不是此地无银三百两？

孩子在家如何尽孝倒不要紧，最担心的是孩子在外惹是生非，让家长有失体面，而有失颜面的家长往往把气撒在孩子身上。

酒是不喝了，也很少外出，偶尔帮助做做家务，但心神不定，沉默寡言，病后的李侗好像脱胎换骨变了一个人。但这个人又是另一种动静无常的人。

"侗儿，可知道孟子？"

"知道。"

"可知道孟子说'不孝有三，无后为大？'"

"知道。"

"可知道孟子说的五不孝？"李侗摇头。

李涣和儿子说孝道："孟子说的五不孝你占了三条。"李涣掰着手指一一对李侗说，"'手脚懒惰'，不赡养父母，你有了；'博弈好饮酒'，虽然你没有赌博，但酗酒，不赡养父母，你有了；'逞勇好斗'，连累父母，不赡养父母，你也有了。另外两条中'贪吝钱财''放纵声色'你虽然没有，但细究起来游乐也是享乐，而且让父母蒙羞，你也有。"

李涣对李侗说："父母养儿，儿让父母蒙羞，天如何有经，地何以有义……"

李涣气得两手颤抖。

李涣夫妻被李侗折腾得手足无措。政和元年（1111），李侗19岁，李涣夫妻为他举办冠礼，又按二哥以前来信的意思给李侗取了一个字，叫愿中，祈愿儿子处事符合节义。

"冠礼标志你成人了，没成家就再去读书，总不能闲着。"李涣夫妇苦口婆心。李侗无奈，当年就跨进乡校的大门。

李侗是聪明的，不念则已，念就念出个模样。在乡校，他学业品德远近扬名。但只是昙花一现，因为李侗身病、心病交加。

在乡村，近20岁的青年没有结婚，不是不务正业，就是其他方面有缺陷。不能再这样下去了，饶氏决定再搏一搏。她找来媒人，语重心长地对她们说："这次各位姐妹不要把目光盯在樟岚，而是要放开眼界，走出樟岚。可以通过你们的渠道，联系外地的亲友找外地的媒人，剑浦找不到，看看邻近的建州；建州没有，再看看邵武军，让她们在当地帮助物色。我们李家不会忘记各位姐妹的辛劳，也不会忘记外地姐妹的辛劳，一定会重谢大家。"

樟岚的媒人脑袋开窍，而且眼观六路，耳听八方，经饶氏点拨，她们也广开门路，有的与剑浦的媒人联络，有的与南剑州属县的媒人联络，有的甚至与邻近府县的媒人联络。

　　谁说女不如男，谁说女人的智慧没男人高，谁说女人不能担大任，这不来了。

　　那是元宵过后的一天，那位能说会道的媒人出现在饶氏面前。媒人给饶氏带来一个天大的喜讯，说是说通了郡城一户人家……没等媒人说完，饶氏喜上眉梢连声道谢，然后迫不及待地问媒人："姑娘芳名，年方几何？父亲何人？"媒人说："恭喜你家公子，帮你找了一家大的。"饶氏问："什么叫大的？"媒人说："大户人家。"饶氏有些疑惑，上前摸了摸媒人额头问："你没发烧吧？"媒人说："我发什么烧？跟你说正经的呢！"饶氏说："没发烧就好。"媒人喜不自禁地对饶氏说："真的，是大户人家，而且人家闺女也十分漂亮，你就等着享福吧！"饶氏问："还有这等事？"媒人说："不信我就不说了。"饶氏说："好，好，不打岔了，你说。"媒人说："城里那户人家姓吴，父亲叫吴觏，是春藏峡吴仪的侄儿。朝廷任命他为雷州刑曹，他嫌太远不赴任，后来赠给他承事郎，在家闲着读诗书呢！他有一个女儿吴氏，吴氏有一个比她大6岁的哥哥叫吴方庆（1089—1157，一称吴芳庆，字少綝，一字少琳），在州学读书。这还不是大户人家？"媒人又说："城里的姐妹说，她提起你家侗儿，那个吴觏没反对。你准备准备，下次纳彩时下一个厚礼，看情况怎样。"

　　说办就办。不久，饶氏叫媒人带上厚礼到吴家正式提亲。媒人回来后又高兴得手舞足蹈，她对饶氏说成功了。饶氏欣喜过望，忙问："彩礼要多少？"媒人说："不多，人家说常礼就好了。"饶氏说："这么好说话？"媒人说："大户人家就是不一样，哪像我们乡野人家张口就是钱。不过，吴氏说了一个什么学问。"饶氏问："什么学问？"媒人说："我也没听懂，好像是说日常用的学问。"饶氏问："日常是什么学问？"媒人说："没听懂，好像是说吃饭、睡觉、说话、做事的学问。"

　　饶氏越听越糊涂。

"哦，对了，那个吴先生还捎来一张纸片儿。"媒人说完把纸片递给饶氏。饶氏左看右看，上面只有"道学之正传"五个字。

饶氏问："什么是'道学之正传'？"

媒人说："不懂。"

饶氏说："也不问个明白？"

媒人说："问了，吴先生就说是日常的学问。"

饶氏有些生气地对媒人说："你这么资深的媒子，如何不知'道学正传'是何学问，看来你也不合格啊。你那班姐妹有懂的吗？"

媒人说："不瞒饶恭人说，我那班姐妹还真不敢恭维。饶恭人不是说我是这行当里的资深人物了？我都不懂，还有谁比我更懂？"

饶氏说："不错嘛，也懂得说'不敢恭维'这么雅的话。"

媒人说："刚从吴先生那里学来的。"

饶氏问："吴先生这么说我李家吗？"

媒人说："那倒没有。不过，吴先生说以前人家向他提亲，他这么说过，这次例外。"

饶氏说："感谢你们姐妹这么用心。"

媒人说："那倒不敢，媒子只是把穷的说得富一点，把差的说得好一些，把恶的说得轻一点而已。"

"吴先生嫁女的条件就是这个？"饶氏问。

"是啊，人家还说了，非'正传'不嫁。"媒人说。

"嫁女不说聘礼，而是说什么学问，真是稀奇了。"饶氏纳闷地说。

"不过，吴先生说现在不问名，也不合八字，等以后再说。"媒人说。

饶氏疑惑地"哦"了一声说："这个吴先生！我没按套路出牌，先给他家下茶；他们也不按套路出牌，受了茶又不合八字。这吴先生演的是哪出啊？"饶氏为难了。

本来，父母之命，媒妁之言，只要李涣夫妻觉得满意就定了。可是，那个吴靓偏偏无中生有，扯出一个天下都不知道的学问，饶氏哪里敢定。

"真难为情哦，我们家没这个学问。这样吧，我和侗儿父亲商量一下，看看他有什么主意。"饶氏无奈地对媒人说。

饶氏和丈夫商量的结果是给二哥李泳写信。不久，二哥来信对"道学之正传"解释了一大通。二哥说，道学就是探索天、地、人的学问，具体说是探索宇宙本原、认识真理的方法途径、世界的规律性和人类本性等哲学问题。"道学"这个词在《诗经》里出现过，但那时的道学指的是切磋学问的方法，并不是指哪家的学问。后来，人们把接续儒家道统、宣扬性命义理之类的人物归入道学，讲的是尧、舜、禹以下到孔孟的圣人学说，也就是圣人之学或叫圣学。圣学是心性之学，也是道德性命之学。宋代，北方的周敦颐、程颢、程颐、张载、邵雍以理代道，以理释心，所以理学也称道学或性理之学、义理之学，是儒家的一门学问。李泳还说，所谓正传，就是正宗所传。周、程、张、邵五位理学家接续道统，融会佛老阐明圣学义理，使中断了1500年的圣人之道、圣人心法得以发扬光大，后世的学者以他们的学说为宗，所以叫"正传"。剑浦知道这门学问的只有"二吴"和罗从彦。李泳最后还说，这门学问像天地般广阔，像大海般渊深，哪是千亩良田可以比拟的。

收到来信的李涣夫妻觉得情况越来越复杂，没想到找一门亲事，还惹出这么多麻烦。

饶氏对丈夫说："我只能生侗儿，不能生学问。问侗儿自己吧！我做不了主了。"

几个月来，门槛都被媒人踏破了，李侗也知道了其中的奥秘。当他得知媒人向城里的吴先生提亲的事后，心里倒有几分欣喜，但听说吴先生的条件时，心里又在打鼓。不娶吧，舍不得；娶吧，怎么娶？

李侗的婚姻受到挫折，人生之路处于十字路口。

那天，李侗跟母亲说想到邻村亲戚家住几天，饶氏同意了。可是，李侗去了好久没回来，饶氏叫丈夫去打听。李涣回来说李侗根本没到那个村去。饶氏慌忙叫亲戚四下寻找，还是不见踪影。

饶氏慌神了，顾不得家丑，扩大了寻找范围，一家一户问过去。在村头，李涣夫妻碰到几个斋妈（佛教雅称为在家居士），连忙上前询问。其中一个说，好像在林重寺。

"我的天呐！侗儿皈依三宝了？"没等斋妈说完，饶氏哽咽得说不出话来。随后，她对丈夫说："快、快、快，我先走，你回去把伯叔婶母侄儿全部叫来。"

林重寺是杜溪里一座著名的寺庙，建于唐大中三年（849）。初名院。距樟岚20里地。

一拨人赶到林重寺，只听得宝殿里传来喃喃的诵经声。饶氏和宗亲顾不得许多，目光从一排排油光发亮的脑门上扫过去，但未见李侗影子。

饶氏恳求大家："再仔细看一遍。"大家又重新刷了一遍，还是摇头。

这时，饶氏的目光移到大殿一角，只见一男子端坐在昏暗的角落里。饶氏走近一看，发现端倪。于是，众人找来绳索竹竿，把那禅椅连同坐在上面的李侗抬了出来。李涣匆匆对住持说："小儿无知，请多海涵，日后向禅师赔罪！"住持也是慈悲之人，对李涣说："无妨，无妨。"

寺庙静坐叫禅定。那李侗也真是入定了，他在禅椅上端坐闭目，专注一境，如同梦境一般。一路上，李涣一行悄然不语，只是轮番抬着禅椅悠悠荡荡，李侗像是进入梦乡一点儿没有发觉。

走了一个多时辰，众人把李侗抬到家里，而后重重地往地下一摔，只听见"咣"的一声，禅椅都快散架了。李侗如梦初醒，睁开眼睛看了看左右，又看了看禅椅，恍然大悟，问："干吗?"饶氏生气地反问："你本事大，还想出家了?"李侗伸长脖子，又拍了拍自己的脑袋，问母亲："你看看，我出家了吗? 我剃度了吗? 胡说些什么?"饶氏说："禅定在家禅好了，跑到庙里干什么?"[1]

---

[1] 从罗从彦《勉李愿中五首》其一"圣道由来自坦夷，休迷佛学惑他歧。死灰槁木浑无用，缘置心官不肯思"看，李侗有过一段禅定的经历。

含泪投书求教　罗源受业仲素

吴姑娘在李侗的脑海里，但只是李侗一厢情愿。

李涣夫妻看了李泳的来信，一时也没主意。他们知道罗从彦和李家是姻亲关系，但没有学问渊源，担心把这事告诉李侗，会增加儿子的负担。然而，费了九牛二虎之力才找到的吴家，放弃又觉得可惜。

李涣说："我们都拿不定主意，还是让侗儿自己做主吧！"

饶氏说："只能这样，想不出其他办法。"

饶氏把那张"道学之正传"的纸片儿交给丈夫，李涣又把它交给李侗。

"不容易啊！媒人打破头皮才找到这户人家，不提聘礼，只提'道学之正传'。我们父母都不敢做主，也不想为难你，只是把这件事让你知道一下。"李涣对李侗说完之后，把李泳的信和"道学之正传"的纸片一并交给李侗。

李侗接过纸片和书信，久久思索，也没有头绪。

樟岚属崇仁里，每年农历三月三都要举办迎神民俗活动。活动结束后，每家每户办好几桌宴席，俗称谁家的客人多，表明人缘好。那天中午，二伯李泳家里也从城里请来了两位客人，叫李朝奉一家过去凑凑热闹。

李涣一家与城里两位客人坐在一桌。

李涣夫妻本来没心事，但自己也算半个主人不能失礼，还是一往

41

如常举杯向客人敬酒。两位客人见"主人"热情，礼貌性地喝了一些。李侗也举了举酒杯，但只用嘴唇沾了沾。

李涣对两位客人说："樟岚僻壤之地，你们俩难得来，不妨尽兴。"年轻的朋友说："儒家有尽性的说法。"李涣说："我说的是高兴的兴，不是人的本性之性。"年轻的朋友说："兴也是人之性，性包括兴。谁不愿意兴致快乐？"李涣见年轻朋友说得头头是道，称赞说："高见、高见。"年轻的朋友问："孟子好像有一句人与禽兽怎么说来的？"李侗说："人与禽兽几希。"年轻的朋友说："对，人与禽兽只有一点点差别。酒尽兴轻则失态，重则狂妄。狂妄行为就不中矩，就可能无恶不作，距禽兽就不远了。"

李涣夫妻听了之后，心里热一阵冷一阵；李侗更是魂不守舍，脸上青一阵白一阵……

饭后，李涣夫妻客气地邀请两位客人到家里做客，两位客人满口答应。

夜里，李侗睡不着。他坐在书桌前，熄灭了书灯，仔细琢磨那位年轻朋友说的"禽兽"，心里一阵阵刺痛——自己怎么就变成了禽兽？哪位姑娘会嫁给禽兽？

李侗的病虽然有所好转，但未痊愈，李涣常常到城里办事，顺便找郎中开药。

李侗已经认定他的另一半是吴姑娘，但要想办法解决那个道学问题。他知道吴氏的哥哥在州学读书，未来有望考取举人、进士，于是冒昧地走进了州学的校门。

在门口，李侗看到一个年轻人，急忙迎了上去。年轻人正要开口，李侗一眼认出他就是那天在二伯家做客的那个年轻人。李侗与年轻人寒暄了几句后，急切地问是否认识吴方庆。年轻人问找吴方庆何事，李侗说有私事。年轻人说："跟我说好了。"李侗说："私事跟你说？"年轻人说："在下正是吴方庆。"李侗身体一时僵硬，之后脸上绽出一丝笑意，再而后二人仰天大笑。

　　原来，李侗不仅在崇仁里闻名，在城里也出了名，那次他骑马招摇过市之后，吴觏就知道樟岚有一个李侗。那天，媒人上门提亲，虽然吴觏没有答应，但他觉得女儿也到了出嫁的年龄，况且李侗在乡校口碑也好。于是，吴觏暗地里叫儿子去樟岚看看李涣的家境，同时观察观察李侗的为人。方庆回来后对父亲说，李侗的毛病在心，但心是可改的。

　　"为难了？"吴方庆问。

　　"你父出的难题。"李侗说。

　　"你父先给我父出的难题。"吴方庆说。

　　"怎么办？"李侗问。

　　"好办，找罗从彦先生，他用义理研制的'药'准能治你的病。"吴方庆说。

　　"当面吗？"李侗有些难为情。

　　"不会写信？"吴方庆反问。

　　"秀才就是不同，脑袋开窍。"李侗说。

　　"不过，道学要先学一点口耳数诵之学，因为道学是用天理解释圣人学说，原始儒家的经典都没学，直接进入道学肯定费劲。依我看，还是先到州学读书，有了一些基础再学道学不迟。"吴方庆对李侗说。

　　"说得那么轻巧，想进州学就能进？"李侗疑虑。

　　"你在乡校不是很有名声？"吴方庆反问。

　　"哦，我试试。"李侗随口说。

　　离开之前，吴方庆又把李侗叫到一边耳语了一番，李侗频频点头……

　　父母苦口婆心儿子往往不能闻乎耳，存乎心，而朋友的话听起来就舒服。李侗心想，父母说州学，吴方庆也说州学，这样也好，既满足了父母的愿望，又解决道学的问题，一举两得。李侗拿定了主意。

　　李侗白天下地，晚上读书，人们见到的李侗好像变了一个人。很奇怪，以前饶氏请媒人为李侗提亲，现在又反过来很多媒人上门为李侗提亲。饶氏跟李侗说过多次，李侗都没答应。

饶氏说："人家吴先生嫁的是金闺女，不求聘礼只要道学。况且没跟我们回礼，也没合八字，那桩婚姻怎么可靠？现在媒人上我们家提亲了，是好机会，快做一个决断。"

李侗说："没回礼，也没退礼啊！这不就有希望。"饶氏说："八字没一撇，有什么希望？"李侗说："如果有一撇了，就会有多撇。你们别吵，我自有主张。"

李侗是有根基的，他的目标是州学。果不其然，一矢中的，并且一路奔驰，从外舍奔到内舍，再升到上舍。① 南剑州州学建于天圣三年（1025），创建者是郡守曹修古，比朝廷下诏全国立州学早20年。上舍是太学的学制之一。宋熙宁四年（1071），太学实行三舍法，即外舍、内舍、上舍，也叫"三学"。规定初入学的学生为外舍，再由外舍升内舍，内舍升上舍。崇宁间（1102—1106），三舍考选法推广到全国地方学校。

李侗进州学的时候，吴方庆已经离开，并于政和五年（1115）由郡学升贡太学内舍。宣和二年（1120），吴方庆参加昭武（昭武，南唐时已改名邵武。此是用古称，下同）秋试，李纲阅卷将其擢为解首。

李涣夫妇高兴，李侗更爽朗，因为他从州学的教授中了解到了罗从彦的情况，也了解了一些道学的梗概。

"鲤鱼"距"龙门"越来越近，只须奋力一跃就能变虫为龙。但州学的上舍生还有京师辟雍这一关，即州学上舍升京师上舍。

李侗如期走进科场，然而却石沉大海……

---

① （宋）李侗《上舍辞先生》诗的"上舍"是太学的上舍生。北宋末，朝廷向全国地方学校推行太学"三舍法"，表明李侗有过一段州学童生的经历。李侗在写给罗从彦的信中说："徒以祖父以儒学起家，不忍坠箕裘之业。孳孳矻矻，为利禄之学"，也证明李侗在州学应试科举。

李侗不知原委，州学教授也不知原委……

李侗找到吴方庆。吴方庆问李侗如何作答。李侗说写了"天命"。吴方庆说，没记性！原来，那次吴方庆在校门口悄悄对李侗说："小心，理学人物被列入党籍了，数百人呢！"

"元祐党籍"发生于崇宁初。熙宁二年（1069），王安石任宰相，主持变法，遭到许多大臣反对。元丰八年（1086），司马光任宰相，废除王安石变法，恢复旧制。元祐八年（1093），浦城人章惇为相，重新启用变法大臣，全面恢复变法新政，反对新政的大臣被称为害政之臣遭到打击。元符三年（1100），宋徽宗赵佶继位，再次废除变法新政。崇宁元年（1102），蔡京为相，又崇奉熙宁新政，并把司马光、文彦博、吕公著等98人作为奸党，刻名于碑，称为"元祐党人碑"。

李侗知道铸成千古遗恨了。

李涣夫妇知道自己情况，吓了一大跳。

事情更复杂了，道学既牵扯到李侗的婚姻，又牵扯到朝政。饶氏对李侗说："那个吴姑娘不娶也罢，免得遭来横祸。"李侗却固执己见。饶氏又对李侗说："如果要杀头，就我管；如果不要杀头，就你自己管。"李侗对母亲说："杀什么头啊？太祖立国之初就说过，不杀士大夫和上书议论朝政的人，只是下面的大臣擅权乱搞一通。"

"那好，是不是党籍倒没关系，你把吴姑娘娶回来就行。"心累的饶氏不想再为难李侗了。

仕途断了，还有道学，还有罗从彦……

李侗从吴方庆和二伯李泳那里了解道学的由来和经过，操起笔来给罗从彦写信，全文围绕"君、亲、师"三个方面展开。第一段写尊师的重要性。他说，天下有三本，父生、师教、君治，缺一本就无法立身……儒者之道，可以善化一身，可以治理天下，可以配神明而参赞变化万物。一旦儒者之道失传，而没有老师则是莫大悲哀！第二段称赞罗从彦传授圣人之学的功绩。李侗说罗从彦在杨时门下受学有些年头了，况且还到二程门下求学，在一千五百年之后获得了圣人之学没得到传播的秘诀。儒士的本性鲜明而修洁，行为完美而洁净，扩展开来就广大，体验则仁爱宽容，精深而又微妙，各方面都达到最完美程度……大凡读过圣贤书稍有见识的人，谁不愿意在他们的门下接受教化，用来质辩为人处世的疑惑。至于不同学派的人，当然放置一边而不予理睬。第三段表达受教罗从彦的态度。他说："我是愚昧鄙陋的人，想在你门下扫地，几年都巴望着这件事。岂奈白白在科举路上耗费了时光，没办法在你门下受教，先生不会说不要我吧！"第四段写对道学的认识。他说："我听说圣人之学可以治心，就像食物可以充饥、衣服可以御寒。人急迫饥寒忧患的时候，就会惊慌不安想方设法谋取衣食，哪怕流离失所，生活困顿也不会忘记……饥饿不过是求粗茶淡饭的甘美，寒冷不过是求平常衣服的温暖，儒家之道说起来不过是用仁义忠信处理君臣、父子、夫妇、长幼、朋友之间的关系而已，丢开这些基本的而去学那些离奇怪异的东西，就像不谋求平常的粗茶淡饭和平常的衣服之美，而期待有珍奇的食物、华丽的衣服，不仅难以获得，而且获得也坐立不安，最终的结果是一无所有。"第五段写信心决心。李侗说："我不自量力质资粗劣，妄想着道学这件事。因为祖辈以儒学起家，不忍失去这个基业。我曾在科举利禄之学中勤勉不懈，浪费了许多时日，虽然知道真正的儒家学者辈出，闻风而起，但不如在先生语默动静之间直接观察和意会。身为男子，生在中华，又有幸十多年来听说先生德高望重，至今我已经二十有四岁了，茫然而没有目标，考察事理而不明白，是非难辨，心宅不广而喜怒哀乐摇摆不定，操守不完粹而悔恨多，精神涵养不充满而受机谋技巧侵袭。剔除这些毛病但不干净，坚守善端又不足，早晚恐惧，就像饥寒那样切于身体而想求取充饥御寒的工具。否则，哪敢以没出息的我，连累德高望重的先生！"

李侗写完这封信，泪满衣襟……

信寄出去了，是石沉大海，还是能传佳音，李侗心里忐忑不安。

　　这是一个瑞雪兆丰年的年头。这年冬至一过,剑浦的鹅毛大雪铺天盖地,荡涤着樟岚的山山水水,也洗礼着人们的心灵。

　　春节刚过,李侗进城办了一些杂事,顺便问了一下郎中,看看是不是再给李侗抓些草药。郎中爽快答应了。李涣接过郎中的草药后正要离开,郎中叫住李涣说:"对了,还有一个方子,是亲戚开的,说这个药罗源也有,如果不方便进城,可以就近到罗源找郎中。"回到家里,李涣把草药交给妻子,又把郎中交代的事说了一遍。饶氏说:"罗源有什么药啊? 拿出来看看。"李涣掏出方子看了看说:只有"膺服义理"四个字。

　　饶氏问:"义理是何物,焉能饮服?"

　　李涣说:"什么叫义理也能饮服,而是'膺服义理',就是心中铭记义理、信服义理。"在一旁的李侗听了父母的对话,问父亲:"郎中说罗源有这种药,确实?"李涣说:"是啊,千真万确。"李侗急忙取过方子看了看,欣喜若狂地说:"来了不是……"李侗像收到考中进士的"金花帖子"一样高兴。

　　原来,罗从彦收到李侗的信之后并没有在意,因为他对李侗之事略知一二。李涣经常找的那位郎中也是罗氏族人。那天,罗从彦到城里拜访郎中,听他说起李侗的情况,罗从彦说正好李侗想在他门下读书,于是想出了这个计策。

　　罗从彦祖籍江西豫章(今南昌)后洋刷水。五代后梁开平三年(909),其祖罗京成随王审知入闽,初居剑浦城郊。生天和、意和,前者留居当地,后者迁居沙县。剑浦罗氏数代之后,有罗文弼迁居罗篁(今福建省南平市延平区夏道镇篁路村)开基,并置田百亩。罗从彦的祖父世南,父神继。后来,罗神继迁居金楼山下仟罗(今属福建省南平市延平区太平镇)。宋熙宁五年(1072),罗从彦出生,卜居罗源。罗源里初名上团。仟罗、樟岚、罗源三个村都在闽江南岸,从仟罗逆闽江而上,依次经过樟岚、罗源,最后到剑浦县城,全程约40里。因罗氏族人在罗源创办南斋书院,政和三年(1113),罗从彦受宗亲邀请回到罗源主持教务。因南昌古称豫章，人们称他为豫章先生，书院也称豫章书院。

罗从彦在罗源讲学时，对书院进行了整修，种上了丹桂；在书院右侧凿一眼清泉，名曰白水。因泉水甘香，又称香泉。同时，建起了颜乐斋、颜乐亭、寄傲轩、濯缨亭、静亭、邀月台，并一一赋诗。罗从彦的好友陈渊用其韵唱和。陈渊（1067—1145），字知默，初名渐，字几叟。南剑州沙县城关人。学者称默堂先生。陈瓘的侄儿。18岁获乡试第一。26岁投书杨时成为他的弟子，后来又成了杨时的女婿。绍兴八年（1136）赐进士出身。次年除监察御史，迁右正言。李纲谪居沙县时，相与唱和，交好至深。

政和六年（1116），24岁的李侗跨进了南斋书院。罗从彦在罗源讲学，人文荟萃，人们因此把罗源喻为儒林峡，把罗从彦的书斋称为儒林阁。最初，在罗源读书的只有李侗和罗革。罗革是罗从彦二伯罗神纶最小的儿子，跟罗从彦同辈，但比罗从彦小。李侗也称他为师长。

罗从彦给李侗的初次印象是清介绝俗、严毅清苦，俨然有儒者气象。

罗从彦在罗源主要讲《春秋》《中庸》《论语》《孟子》，但第一堂课先讲心法。罗从彦说，杨时从二程那里传播圣人之学，实际上是传心法的秘诀。心法就是尧舜"人心惟危，道心惟微，惟精惟一，允执厥中"十六字诀。因为道是客观的规律、准则，而心具有主宰的地位，张载就说过心统性情。但是，人之心常有私曲，人心服从天地之道，就叫道心。所以，圣人之学也叫洗心之学。

李侗发现罗从彦除了讲《春秋》《中庸》《论语》《孟子》之外，没有夹杂其他文字。

在罗源读书的这段时间，李侗还发现一个有趣的现象，那就是静坐。李侗看到罗从彦静坐，也跟着他静坐。更让李侗惊讶的是静坐的姿势还要伸腰直坐，表示端正恭敬，而且一坐就是大半天，几乎天天如此。

李侗心想，静坐与禅坐有何不同，想当年自己到重林寺静坐了几天，硬被父母拽了回来，如今弃禅归儒，反而又要静坐。但是，师道尊严，李侗不敢开口。

罗从彦没有忘记对静坐的解释。他告诉李侗，早在春秋时期，诸子就有喜怒之说。到了宋代，理学家们把喜怒哀乐与道学中的体用挂起钩来，还说这是儒家的修身方法。罗从彦说，人在万事万物面前，表现出来的无非是喜怒哀乐。儒家凡事讲中和。所谓"中"是中节的意思，"和"是"和合"，中节是和合的前提。静坐就是在天性没有向外施展之前，静静地思考自己是什么气象，只有悟出凡事中节才是物之本性气象。这就是体。喜怒哀乐的本性气象付诸实践，就会和合。这就是用。也就是说，喜怒哀乐是否中和要在静坐中体认。罗从彦还对李侗说，果真能坚持长久的静坐，就能知道天下的大根本确实是在静坐中悟出来的。

李侗面无表情。

罗从彦对李侗说，静坐的目的是修身，修身的目的是养心，而养心的目的是应事接物、体认天理。这是理学与佛老的区别。因为佛老静坐是空寂，是远世绝物，而儒家则是为了匡扶济世。

李侗面无表情。

罗从彦又对李侗说："程颢每见人静坐，就称赞他善学。这种静坐修身方法从二程那里一路传来，是道南学派的指诀。"

李侗还是不明就里。

罗从彦知道初学的人很难理解静坐的哲学含意，最后用通俗语言话对李侗说："如果静坐时心有私欲，喜怒哀乐就不符合节义，所以静坐时发现一毫私欲萌生，都要退让听命于天理。"

李侗终于明白了。

李侗投入罗氏之门，在南剑州是一件大事，在道南学派的传播过程中也是一件大事。因为道学还没解禁，而且能接续道统、传承圣人学说的人物凤毛麟角，所以罗从彦在《与陈默堂书》中高兴地说："承蒙你说圣人之道式微，能够在后生中得到一个半个能把圣人之学传给他的人，那么圣学的传播就越广，我们儒家道统就不孤立，又有什么困难呢？我遵照老弟说的办法，特别留心察访。最近，有一个后生叫李愿中，向往道学的意志很坚定，曾写信向我求教，他的趣向大体接近选择继承道统人物的标准。"

陈渊比罗从彦小 3 岁，李侗也把他当成师长。更让李侗高兴的是，他跟陈渊也频繁书信往来。陈渊告诉他，绍绪道统、传播圣学艰难。罗从彦隐居匿迹追求志向，知道他的人极少。唯独你能独自超拔流俗尊他为师，这种识智与思虑不是见识浅短的人能窥探揣测出来的。圣人之学无穷，能进入圣门的人更少，何况它深奥的意境或事理呢。孔子门下弟子三千，只有颜子最为贤德，但不幸短命，圣人之道的传承就是这么艰难。李侗向陈渊借书，陈渊给他寄去了胡安国的《春秋传》和曾恬、胡安国所录的《上蔡语录》。《上蔡语录》是谢良佐的理学著作。谢良佐（1050—1103），字显道。蔡州上蔡（今属河南）人，人称上蔡先生或谢上蔡。元丰八年（1085）进士及第。师从程颢、程颐，与游酢、吕大临、杨时并称"程门四先生"。创立上蔡学派，是心学派的奠基人、湖湘学派的鼻祖。

李侗十分珍惜《上蔡语录》，他反复研读，从中得到滋养。比如书中说人的气禀不同，学者应当穷理，世间万物，物物皆有理。格物穷理，须是识得天理。学问要从理上学，尽人之理，是尽天之理。李侗铭记不忘。

改心性终成眷属　示诸生赋诗寄语

　　罗从彦是一个十分勤勉的人。他耕作、求学、讲学、著述四者兼顾。在罗源讲学之后，他利用守孝的时间著书。

　　田野、山川、农舍，蓝天、白云、风雨，鸟飞、鱼跃、虫鸣……樟岚一切如旧，但人不同，李侗不同。

　　李侗何以不同？心不同。心不同则理不同，理不同则事不同。

　　人与物合一的本质是心与道合一。李侗知道，所谓天命，是天的规定，但人可以通过努力改变天命。比如天规定勤劳未必就能富裕，但懒惰一定贫穷。所以，要改变天命，就必须改变心性。

　　"何谓修身？"

　　"像修锄头，锄头坏了要修理才能用。"

　　"修锄头就是修身？"

　　"人坏了也要修，修了才会正。"

　　"人如何修？"

　　"养心，心养正了行为才会正。就像浇菜，但菜浇的是肥料，人浇的是义理。"

　　"樟岚就你一个人修身？"

　　"除了圣人生而知之外，一般人都要修身，《礼记·大学》说连皇帝老儿都要修身。"

　　饶氏对李侗罗源读书有些新奇，回到樟岚的李侗与母亲进行了一场对话。

李侗改变了不读书的习性。李侗自从离开罗源回到家里，重新捡起堆放在角落的书籍，把被虫蛀的书一本一本整理修补之后，放在太阳下暴晒。然后，分门别类摆放整齐。有空的时候，他重温乡校、州学所学的经典，同时对照理学家对经典的解释，在书上写下心得。

李侗改变了不爱劳作的习性。少年时期的李侗，除了游山玩水之外，很少下地干活。师从罗从彦之后，慢慢改掉了这种习性。他每天跟着父亲起早贪黑，或下田播种、插秧、耙田、割稻、晒谷、脱谷、舂米，或下地挖土、种菜、锄草、浇水、施肥，或上山打柴。再没事的时候，他修理农具器具。他知道"磨刀不误砍柴工"，这也是天命。

李侗改变了嬉戏游玩的习性。山水对乡村人家来说，永远都是一幅美景，无论是少年还是老年，人们对它总是一往情深。但是，观赏山水、游乐山水不能当饭吃。李侗不再嬉戏游玩，而是透过物之形，观察物之理。比如天何以覆，地何以载？比如同是一丘之貉，何以有的长得快，有的长得慢？比如物物何以能相感？等等。

李侗也改变了不良的生活习性。日用常行之道，是生活之道。"五伦"中的君臣有义之类暂且不说，开门七件事，柴米油盐酱醋茶就是生活。这还只是大概，还有人情世故、礼尚往来、生老病死等等。李侗虽不是一家之主，但作为人子有人子的职责。李侗明白人子的职分所在，配合父母把家里的事务打理得顺顺当当。父母自然高兴。

李侗最明显的改变是静坐。静坐能改变性子，这是他从罗从彦那里学来的。静坐与静虚有关，儒释道三家都把静虚当成是修身方法，但儒家与释道有明显的区别。儒家的静虚是虚其心以充养，就像一个器皿，把乌烟瘴气排出后，充塞义理之气。义理之气是仁、义、礼、智、信之气，是清明之气。释道则不同，他们遁入山林，远世绝物，虽然排出乌烟瘴气之后，器皿是清虚的，但没有充入义理之气。

静坐的时候，过去的事让李侗难以释怀。

李侗知道人为什么要以礼治心，因为人食烟火，上有父母需要赡养，下有子女需要教养，旁有宗亲，扩而大之，还有朋友，不像道士、僧人那样置身事外。礼是理的外在形式，衣食住行都必须有礼的制约。比如吃饭就有很多讲究：从生理上说，不能吃太饱，否则会被撑死；吃饭不能大口大口地嚼，否则像猪吃潲；不能专挑好的吃，否则会被人耻笑。睡觉也有讲究，躺着睡是天理，趴着睡是逆天理；动物趴着睡是天理，仰着睡则是逆天理。总之，礼的要求是克制私欲，不能任意作为，说的是礼数要注意无过不及。无过就是不能过分，本来只需三分喜你却五分喜，本来只需五分悲你却八分悲；不及就是没有达到，应当有礼的时候而没有礼就是不及，二者都不符合礼法。李侗想，儒家说的亲亲、仁民、爱物既体现儒家天下一理的仁爱思想，又体现儒家爱有差等的思想：自家的父母称为父母，不能把人家的父母称为父母；自家之妻是己妻，不能把他人之妻视为己妻。罗从彦传下来的喜怒哀乐中节就是这么微妙，而能否把握中和的气象关键在于用心。心的功能是思，思考才有睿智。

"看来那个义理还真能当药，侗儿是变了。"饶氏对丈夫说。

"圣人发明义理，不是针对动物的，对人当然有用。"李涣说。

但是，不久后，李侗听到了另一种声音：有人说李侗不务正业，多大岁数了，学那个学问有什么用；有人说李侗是自讨苦吃，据说那个道学无止境，一辈子都学不完；有人说李侗是装腔作势，人都没有做清楚，学了也不过是掩人耳目；还有人说李侗是假正经，不去娶妻生子、成家立业，反倒把青春浪费在经典上。但李侗没有给他们表情。

罗从彦在罗源讲学之后又到毗陵（江苏常州及附近地区的古称）向杨时求学。重和元年（1118），他从京师返回家乡，李侗得知后又到罗源受教。

这次罗从彦讲学，弟子除了李侗外，还有一个罗革。

因为缺少书籍，罗从彦多是口授，门人笔记。罗从彦对门人说，笔记只可记时间、地点、人物、事件梗概，日后再整理补充，尽可能恢复原貌。

因为同道，且同在罗从彦门下受学，李侗与罗革的关系十分密切。他们听完罗从彦讲学之后，经常聚在一起，或讨论老师讲学的内容，或各抒己见对事件进行评论。

这次讲学时间不长，但收获甚多。

李侗知道，想见罗从彦不易，离开之前的当天下午，又向罗从彦请教《上蔡语录》中的"与天为一"。罗从彦说："多读书自然就会明白。古人以天代道，天就是道或理。'与天为一'就是事物的道理要与天道天理一致。"

"侗儿，吴姑娘那边……"饶氏没往下说，但李侗知道母亲的意思。

学过理学的李侗已经有思考能力了。他觉得媒子只是搭桥，走桥人还得靠自己，但又不能直接找吴先生，只能另想办法。然而，连续几天都想不出良策。最后，李侗想到了吴方庆。

李侗知道，吴方庆在太学读书后考取了乡贡，正在家里准备跃"龙门"。吴方庆的生母景氏，继母魏氏。吴方庆的原配张氏，继室是沙县邓肃的妹妹邓氏，朝廷赐孺人。

邓肃（1091—1132），字志宏，号拼榈。福建沙县八都邓墩人。唐末崇安镇将邓光布将军的后裔。父邓谷，母罗氏。邓谷、吴觌原本相识，志同道合。邓肃自幼聪颖好学，在沙县槟榔山筑室读书。28岁入太学，深得杨时器重。

李侗几次来到郡城，但每次都在吴方庆家门口徘徊，犹豫了大半个月之后，才壮着胆子走近吴方庆的家门口。他见一小儿，哄了哄之后，让他帮忙叫吴方庆。李侗左等右等，不见吴方庆影子。正要打道回府之际，吴方庆走出大门，见是李侗。李侗把吴方庆拉到河边小坐。

"等你老半天，脚都站短了。"李侗有些埋怨地说。

"换衣服耽搁了。"吴方庆扯了扯衣裳对李侗解释说。

"不托人找我妹?"吴方庆问。

"托你不是更好。"李侗说。

"义理之药吃得不错?"吴方庆问。

"还行。"李侗说。

"乐趣横生?"吴方庆问。

"有些乐趣，但不敢说横生，还没到那个境界。"李侗说。

"心药是治心，不是治身，没那么快。"吴方庆说。

两人谈了老半天，吴方庆没提及一句吴姑娘。李侗心有不甘，大老远跑来，连吴姑娘消息都不知道哪行啊? 李侗正想开口，只听见吴方庆说："知道你来的意思了，我妹有心事。"

李侗说："我更是心事重重。"吴方庆说："知道了，回吧……"

第一次约吴方庆，就这么草草结束了话题。但是，有第一次就有第二、第三次……李侗每隔一段时间就抽空邀约吴方庆。俗话说，女人心细。李侗找吴方庆次数多了，吴姑娘觉得有些蹊跷。因为以往哥哥交往的人中没见过这个年轻人。盛夏的一天，李侗又来了，吴姑娘透过窗户，看到一个二十六七岁的年轻人。只见他一身青衣打扮，中等身材，满面春风，眉宇间透出一股英气，与哥哥说的那个郡城骑马少年极为相似。

哥哥和那个年轻人还在门口来回踱步。吴姑娘有些心惊，极力回想哥哥说的那个年轻人的体貌特征……她想起来了，"脖子有一块胎记"。吴姑娘站在左边卧室瞧了瞧，不对，是右边；吴姑娘又跑到右边卧室瞧了瞧，对了，就是他。吴姑娘心里极为紧张，直到哥哥和年轻人离开才安下心来。其后每一次李侗找吴方庆，吴姑娘都躲在家里偷偷观察，看他的举止，听他的言语……

吴觌是一个开明的儒士，他知道李侗经常上门找儿子，但没有过多干预。

那年冬天，李侗又来了。吴方庆丝毫没有改变他的儒雅习惯。李侗在门口等得不耐烦，在房屋前后探头探脑。他移步到屋子一旁张望，发现墙角一枝红杏出墙来。李侗欣喜，悄悄移步向前。此时，吴姑娘正在操厨，发现那个年轻人靠近窗户，慌忙侧身一旁，惊慌中手里的碗筷掉落地下。李侗站在窗口往里望了望，吴姑娘蜷缩身子，但厨房逼仄，李侗还是看到吴姑娘韵致的半身轮廓。李侗慌神之中，只听见吴方庆大嚷："人呢？"李侗三步并作两步蹿到吴方庆面前。吴方庆问："乱跑干啥？"李侗说："看你家的鲜花。"

那次偶遇，李侗心里有了小九九。那天，李侗约吴方庆时，乘他磨蹭时来到厨房边，看到吴姑娘的时候，取出那张"道学之正传"纸片向窗内的吴姑娘晃了晃。吴姑娘见状，又躲在一边。随后，吴姑娘探了探头，对李侗笑了笑……不久，吴觐发现一个秘密。那天是七夕，李侗又到吴家。他悄悄地来到厨房外，把随身带的如意交给吴姑娘。吴姑娘见到李侗，两眼噙着热泪。随后，吴姑娘出取一把木梳，在襟口上擦了擦，双手捧着伸出窗外。不料，这天吴方庆刚从外面回家，听说李侗邀约，转身出来却不见人影。吴方庆走到房屋一侧，看到妹妹与李侗隔窗相望，吴方庆默默地看着眼前的一幕，心里一酸落下泪来。就在此时，吴觐正好找吴方庆走到门口，也看到了眼前的一幕。

宣和三年（1121），吴方庆中了进士。消息传到樟岚。饶氏急忙对媒子说："千载难逢的机会，吴家公子高中进士了，有劳姐妹们再去吴家一趟。话该怎么说你们知道。"媒子说："包在我们身上。"果然，媒子回来后高兴地对饶氏说："这回饶恭人可以开心了。我在吴先生面前嚼了一番舌头：'公子考上进士，闺女完婚，双喜临门！'"

吴觐同意了。

但天有不测风云，两家正在紧锣密鼓准备婚事的时候，李涣身患重病，李氏一家上下大惊失色。饶氏哭诉着对丈夫说："夫君忍住啊！过几天媳妇就要过门了，你看看再走不迟啊！"但是，李涣只有微弱的气息。饶氏急得像热锅上的蚂蚁，她跟大伯、妯娌们商量的结果是提前迎亲的日子。吴先生也很在理，而且提前的时间更早。但是，就在迎亲的前两天，李涣辞别了人世。这年李涣59岁。李家由喜而悲，上下族人精神崩溃。

事死如事生，事亡如事存。三年守丧（实际27个月）是朝廷的规定，上至朝廷，下至乡野都要遵行。李侗没有选择的余地。

李侗知道，守孝期间，禁止操办喜事，不能种田织衣，还要整天面容悲切，更不要说外出读书。于是，李侗给罗从彦写了一首《上舍辞先生》诗："学道求师久剑潭，岂缘枯朽预濡涵。致知事业同归理，克己工夫判立谭。未借老商颜笑一，已偕韩氏俗重三。过庭若问论诗礼，应答从谁学指南。"李侗之所以用"上舍"之名，是因为他难以抹去上舍生那段记忆。再者，用这个名称也是对老师的尊重：罗从彦纳为弟子的人不能是浪荡子弟。这首诗先指明受学的地点：剑潭是剑浦县建溪、西溪与闽江交汇的一湖清泓，这里代指剑浦，扩而大之代指南剑州。全诗的意思是在剑潭附近的罗源拜师求道很久了，不单是自己枯萎朽烂需要修养润泽，更在于格物致知事业。只要克制己私就能立刻作出判断。最后两句强调师教的重要性，作者把师从罗从彦之教视为接受父训，如果人们问我向谁学诗礼，应该回答谁是我的引路人。

守孝期满，李家又是一番忙碌，但饶氏却对吴家说迎亲的日子要再推迟，原因是儿子要去罗源听罗从彦讲学。饶氏担心吴家异议，还特地说听完讲学之后，儿子的学友也会参加婚礼。

吴觏又同意了。

这次罗从彦讲学，除了原有的几个门人外，又多了沙县的邓迪和尤溪的朱松。[①] 邓迪（生卒年不详）和邓肃都是沙县人，二人皆以诗

---

① 史料记载，政和六年（1116）李侗24岁与朱松为同门友，但此时朱松尚未入闽。比较可信的是罗从彦写《韦斋记》说，宣和五年（1123），朱松任尤溪县尉的次年（1124），设一书室，取名"韦斋"，叫人到罗源请罗从彦写《韦斋记》。由此推测朱松得知罗从彦在罗源讲学，到罗源从学罗从彦，与李侗为同门友。这年李侗32岁。

名，人称"大栟""小栟"，陈渊称两邓文采丰富，可以同席而赋。但邓迪痴迷诗作，陈渊劝他用心于古人之学，邓迪虚心接受，才有师从罗从彦之举。朱松（1097—1143），字乔年，号韦斋，朱熹之父，祖籍安徽婺源（今属江西），他于政和八年（1118）中进士，任福建政和县尉。宣和五年（1123），调任尤溪县尉，设一书室，既可宴坐寝休，又可藏书，取古人配韦以物为戒之意，取名韦斋。第二年，朱松叫人到罗源求取罗从彦写的《韦斋记》，得知罗从彦在罗源讲学，也慕名前来。

李侗在诸多弟子中最为优秀。他不仅精通学术，而且品行端正。一天夜晚，几个学友在书院静坐冥思，发现窗外明月朗照、松涛阵阵，几个人叫李侗出去观赏夜景。李侗嘴上答应，却没动身。几个学友一溜烟坐到了树下，抬头仰望，风轻云淡，月朗星稀。邓迪面对眼前的景色，联想到了李侗，对朱松说："愿中的品格像冰壶秋月，莹洁透明没有一点瑕疵，我们几个都无法跟他相比。"

弟子越来越多，担荷道统后继有人，罗从彦很高兴。离开罗源之前，他写了一首《示生书》勉励诸生："知行蹊径固非艰，每在操存养性间。此道悟来随万见，一毫无欲敢相关。"意思是说知行的路径本来不难，都在日用生活的操履存养之间。圣人之道随处可见，跟人们一毫私欲密切相关。罗从彦告诉门人，做学问要静心，如果心下热闹，就无法做学问。

李侗在罗从彦门下待了九个年头。每次从学，李侗都深入品味罗从彦讲的圣人学说，融会于心，得到罗从彦传授的奥旨。罗从彦对李侗也极为称许，他看重这位文化自觉的门人，他知道李侗向往道学意志坚定，但他还有话要说——形式不是讲义，而是用诗开导，题为《勉李愿中五首》。其一曰："圣道由来自坦夷，休迷佛学惑他歧。死灰槁木浑无用，缘置心官不肯思。"罗从彦一针见血指出李侗之病是心官不肯思。同时，指出儒佛之别，希望李侗不要受佛学的迷惑误入歧途。

其二曰："不闻鸡犬闹桑麻，仁宅安居是我家。耕种情田勤礼义，眼前风物任繁华。"罗从彦强调不要受鸡犬之类的小事干扰，要时常把心安在仁宅里面。在心这块田地里填充儒家礼义，静下心来做学问才会取得收获。

其三曰："今古乾坤共此身，安身须是且安民。临深履薄缘何故，祗恐操心近矢人。"诗中强调乾坤循环，化生万物，古往今来都没有改变这个法则，但自家修身齐家之后，还要仁民、爱物。面对道德要如临深渊、如履薄冰，因为道德是做人的根本。

其四曰："彩笔画空空不染，利刀割水水无痕。人心但得如空水，与物悠然无怨恩。"意思是说再有彩色的笔在空中画不出图画，再利的刀割水也留不下痕迹，重要的是在生活日用中践履，这是心的作用。人的心要像天空和水一样明净，物我之间就没有隔阂。

其五曰："权门来往绝行踪，一片闲云过九峰。不似在家贫亦好，水边林下养疎慵。"意思是说读书是为了提高自己的道德修养，不是为了声名利禄。读书人要摒弃权门，让清鲜自在的心境像闲云一样飘逸在重峦叠嶂的群峰之上。但是，又不能以清淡寡欲为清雅，如果一味雅集泉林就变成懒散松懈了。

罗从彦讲学结束后，李侗的马车载着师友奔向樟岚……

文人喜欢文字，在李侗家气氛浓郁的厅堂里，师友们看到板壁上贴着一张大红纸，上面写着总理、副理、正厨、副厨、总管，下设迎亲、采买、请客、凳桌、捧菜、炊饭、收洗、理酒、蒸糍、什务等十几项事务。"总理"是吴方庆。吴方庆对师友们说：我这个"总理"是虚职，具体事务都是他们做。不过，重要事务还得"总理"出面。事实如此，幸好吴方庆接待这帮师友，否则饶恭人真的应付不过来。

李侗和吴姑娘走进婚姻殿堂。一桩婚事，十年磨砺，终成眷属。迎亲的当晚，李侗望着泪眼蒙眬的吴姑娘，心里五味杂陈……这年李侗已过了而立之年。

观溪山少琳雅兴　察万物乐趣无穷

　　李侗婚后的第二年，吴氏生了一个可爱的女儿，李侗从为人之夫升到了为人之父。但是，好景不长，第二年李侗的闺女就因病夭折了，让李侗这对大龄夫妇痛惜不已。吴氏更是受到打击，从此一蹶不振。但忧伤于事无补，踏进理学之门的李侗知道天理的含义——天理在我：对症下药就能保全性命，这是天理；反之，可能丢掉性命，这也是天理。李侗还知道，而立之年成家已经迟了，更须卖力。

　　李侗结婚前后的几年，朝廷政局发生了许多变化。

　　北宋自赵匡胤开局以来，经过了九个皇帝，共计167年，在宋高宗、宋真宗、宋仁宗、宋英宗的107年间，朝廷政局相对稳定，社会相对发展。自宋神宗开始，王安石变法，导致社会混乱，给朝廷的变局埋下了隐患。

　　大水本来是自然灾害，但古人重视天人感应，把旱涝灾害看成是上天对无能君主的惩罚。宣和元年（1119）六月，京都开封遭遇水灾，身为国史编修的李纲从易理的角度上《论水灾事乞对奏状》《论水便宜六事奏状》。李纲（1083—1140），字伯纪，号梁溪先生。祖籍福建邵武。政和二年（1112）进士及第。李纲是蔡京引荐的人物。但是，朝廷不仅没采纳李纲治根源、防水患、恤民生的建议，反而把他贬为福建沙县监税摄武平县事。

　　世间之人有两种：一种是两耳不闻窗外事，两眼不看窗外事，过得安逸滋润；一种是以天下为己任，把自己的命运与国家的命运紧密联系在一起，但往往招徕横祸。与李纲同一时期披罪的还有吴方庆的妻舅邓肃。宣和元年（1119），邓肃因花石纲一事得罪蔡京、童贯。此二人为讨好宋徽宗，不惜民力大兴土木建造艮岳园林，同时借搜罗天下奇花异石的名义，搜刮民财，百姓怨声载道。具有义理之气的太学生邓肃作《花石纲诗十一章并序》，抨击蔡京、童贯的所作所为，朝廷以邓肃横议朝政为由，把他逐出太学。

是非不明，义利不辨，北宋在覆亡的道路上渐行渐近。

大难来了。

宋靖康元年（1126）冬，金人攻破开封。次年四月，金贵族大肆掠索搜刮后，俘徽宗、钦宗和宗室、后妃数千人，以及教坊乐工、技艺工匠，携法驾、仪仗、冠服、礼器、天文仪器、珍宝玩物、天下州府地图等北去，东京公私蓄积为之一空。北宋灭亡。史称"靖康之变"。

"君治"是李侗说的天下三本之一。北宋大厦倾覆，意味着国家的政权消亡。皮之不存，毛将焉附？北宋的子民何以为归？李侗哀我人君、哀我华夏。

随后，李侗和天下庶民一样，从北宋子民变成了南宋子民。"靖康之变"的当年，宋徽宗赵佶第九子赵构在南京（今河南商丘）称帝，改元建炎，始称南宋。后南迁扬州，继而建都临安（今浙江杭州）。赵构是为高宗。四年后，高宗再改年号为绍兴，时间长达32年。这时的宋金以淮河、大散关为界。从此，朝廷大臣分为主和、主战两派。宋高宗一方面迫于形势，起用主战的岳飞、韩世忠等名将，一方面又重用主和派的黄潜善、汪伯彦、王伦等。后以偏安可保为名，与宰相秦桧设计收大将兵权，杀害岳飞，割弃秦岭、淮河以北土地，向金人称臣纳贡。

李侗婚后不久，岳父去世。吴方庆守孝三年后，朝廷放官吉州永昌县尉不赴。服除再授官，又因继母不随子奉养，只好赋闲在家编辑诗文。因妹妹初嫁樟岚，难舍娘家，吴方庆时常到樟岚小住。

吴方庆到樟岚，对李侗有利。一段时间，李侗与吴方庆频频出现在田间地头：李侗下田插秧，吴方庆帮助抛秧；李侗下地种菜，吴方庆帮助挖土；李侗上山打柴，吴方庆帮助捆绑……几个月时间，菜园里瓜果满棚，屋檐下柴火成垛，还有榛子、板栗、木耳、香菇、笋干……李侗深深体悟，天命规定人要勤劳，它是致富的根本。

耕田是农家一大要务，吴方庆到樟岚的第一年开春，就与李侗种下一大片稻子。他们浸种育秧，拔秧插秧。

山村稻田大小不一。小丘的环绕山坡，形如月牙，人们称为月牙田。一丘田宽数尺，弯一阵腰，插一丘田。有的甚至十几兜也算一丘。李侗做事有一套经验，说是先易后难有成就感，几天之内，一个小山垄满眼春色。

小丘的插完后，再插大丘。一丘之田，从东到西，再从西到东，循环往复，脸朝黄土背朝天，日晒一身汗，雨天一身水。

吴方庆问："听过杨万里的《插秧歌》没？"李侗说："没有。农家叫插田更准确。"

吴方庆："抠字眼。唐代的刘禹锡也写了一首《插田歌》，背杨万里的给你听：'田夫抛秧田妇接，小儿拔秧大儿插。笠是兜鍪蓑是甲，雨从头上湿到胛。唤渠朝餐歇半霎，低头折腰只不答。秧根未牢莳未匝，照管鹅儿与雏鸭。'"

吴方庆背这首诗的意思是人家插秧有大儿小儿帮忙，你李侗30多岁才结婚。但李侗没有会意，以为这位内兄不过是文人雅兴而已。

最后一天插下禾苗之后，二人横卧山丘，天南地北漫说。他们仰天而望，只见一片行云。李侗问："奇怪，初夏时节，云多从东面来；初秋时节，云多从西面来。是何道理？"吴方庆说："莫非与季节有关，东边来的云将进入夏天，西边来的云将进入冬天。"李侗说："似乎有理。"

吴方庆问："可有隔夜云？"

李侗笑出眼泪，吴方庆也笑出眼泪……

李侗问："你见过？"

吴方庆说："见过。"

李侗问："在哪？"

吴方庆说："早晨起床第一眼所见之云岂不是隔夜云？"

二人的笑声响彻山谷。

李侗、吴方庆把田管理得委实仔细。但是，稻子孕穗的当口，久旱不雨，稻田干涸，眼看禾苗枯萎，二人心急如焚。一天，他们下田察看禾苗，抬头仰望，乌云密布，但只听见雷声，不见雨点。一连数日，天天如此。眼看收成无望，二人长叹。就在他们心神不定的时候，天空传来一阵炸响，随即暴风大作，李侗、吴方庆跑到家门口，豆粒般的雨点当头砸了下来。但地未湿，风息雨住，他们埋怨说，天公不作美。

天神秘莫测，正当李侗、吴方庆商量禾苗干死后的对策时，天空又传来霹雳声，二人跑出门外，发现那团乌云又回过头来，顿时大雨瓢泼，整整几个时辰，直到田满溪满。

吴方庆问："久旱何不祈雨？"

李侗开玩笑说："理学说动静有常，天上的行云，受玉帝之命，也疲于奔命，数日前它们受命施雨，本来施雨地点在樟岚，估计建安、顺昌百姓祈雨，行云被召了去，故樟岚久旱无雨。看来，祈雨也不妥，它扰乱了天的'神经'。今日行云，匆匆而来，匆匆而去，好在最后一团行云发现樟岚旱情严重，回过头来施雨。"

吴方庆开怀大笑说："侗弟可谓知天知地知万物啊！"

风是一支五彩笔，它给万物的本色是绿，但四时不同，春天是嫩绿、浅绿、草绿，夏天是青绿、碧绿、翠绿，冬天是深绿、墨绿，最让人动容的莫过于秋色。

李侗小时候造句说"一会儿下风，一会儿下雨"，好像也没错。这不是，秋风在大地上轻轻一抹，染得樟岚一垄金灿，也把樟岚人染

63

得一脸灿烂。

开镰的时节，割的割，脱谷的脱谷，马车在山道上来回奔驰，几个谷仓囤得满满的。

樟岚人听进士的故事最多，但每一个进士故事不同，樟岚村民对吴方庆取得进士也好奇。

"说说吧！樟岚人崇儒重道，把你进科场的趣闻说给乡亲们听听。"李侗对吴方庆说。

吴方庆也不客气，因为他是李侗的妻舅，也是樟岚人的舅舅。吴方庆说，北宋有三次兴学：第一次是庆历兴学。范仲淹主持；第二次是熙宁兴学，王安石主持；第三次是崇宁兴学，蔡京主持。崇宁兴学最大的改变是罢科举，改由学校取士，当时学校实行三舍法，就是县学的童生升州学，州学贡入太学外的辟雍（安置准备进太学外舍的贡士），辟雍贡入太学。太学的上舍生只需参加礼部考试，次年赐及第。宣和三年（1121），恢复科举，但太学还保留只要礼部考试，所以自己是这一制度的幸运儿。

女儿夭折后，吴氏郁郁寡，很久才缓过神来，但是落下了不孕的病根，药吃了，愿也祈了，只是未见效。李侗不敢给妻子压力，只是安慰说顺其自然。

在李侗和吴方庆眼里，樟岚比郡城更风情万种。

农事结束后，可以做些采集捕捞之类的活。樟岚的溪山李侗大都去过，见过的动物不计其数，什么雀鹰、蛇雕、红隼、草鸮、猕猴、白鹇，什么穿山甲、大灵猫都见过，只是豺、狼、虎、豹、黑熊见得少，听得多。

李侗给吴方庆说了很多动物的故事。穿山甲的主要食物是蚁，越大的蚁窝越高兴。它吃蚂蚁的时候，先用爪子刨开蚁巢，然后伸出舌头舔食蚂蚁。高兴的时候，还会先洗一下"蚁浴"，办法是钻进蚁窝，张开鳞片，让蚂蚁爬满鳞片之后收紧，钻到水里再松开，蚂蚁浮在水面再吃，既洗了"蚁浴"，又得到食物，一举两得。李侗说古人把豺称为"四凶"之首。其实，豺极少伤人，也极少伤害家畜，只是对野猪凶狠，无论多大的野猪，它都奋起猛追，直至野猪奄奄一息。传说，豺还会在暗中保护人，比如晚上碰到人，会悄悄跟在后面，待人进家门后再离开；如果人在野外露宿，豺会在露宿者周围滴几滴尿，凶禽猛兽闻到尿味不敢靠近。李侗说布谷鸟聪明绝顶，自己不筑巢，也不孵卵，不育雏鸟，而是把卵放在苇莺、伯劳等鸟类的巢中，让它们替代孵育，自己图个清闲。孵出的雏鸟也知道孵育自己的只是"养娘"，长大后悄悄地回到亲娘身边。

吴方庆听得一愣一愣的。

李侗和吴方庆没事的时候，也想去狩猎，但太危险，吴氏不让，只好做些不太费劲的捕捞。他们把筌放在小水潭，一两天后收网就有收获；他们操着小鱼网，沿溪涧捕捞，简便易行；他们在田埂流水口下方挖出小水窟，用簸箕捞鱼虾。但是，他们也不忘观物察理。李侗告诉吴方庆，听一位顺昌的亲友说，宝山峰顶后面有一处绝妙景观，暴雨过后烟雾一波一波漫过重重山峰倾泻而下，如同云瀑泻入沟谷，壮观不已。

吴方庆说："世间奇观。我可能一辈子也见不到。"

樟岚的物产丰富，李侗隔三岔五就驾着马车带上大米、鸡鸭、蛋、芋子、香菇、瓜果或者草药之类进城看望岳母一家，或者把吴方庆的妻儿接到樟岚体验乡村生活。

婚后的李侗性子改了许多，他和吴方庆外出散步，步子像蛇一样曲折缓步前行，而且不管路是远是近都这么走，跟在后面的吴方庆问有什么讲究。李侗说："你说呢?"吴方庆顿了顿，回答说："横看成岭侧成峰，远近高低各不同。"李侗说："知我者方兄也。"

李侗一边耕作，一边读书，义理积累越来越多，村民有难解的问题都来找李侗，有的甚至要李侗帮助辅导孩子读书。李侗说："现在要养家糊口，没那么多时间，但有疑问可以来问问，我尽力吧!"

深秋的一天上午，李侗、吴方庆头戴斗笠，腰插柴刀，肩背茶筒准备上山。吴氏问："去哪？"李侗说："去山上看看。"吴氏说："早些回来。"李侗、吴方庆同时"哦"了一声。二人跨出大门，李侗摸了摸囊兜，又回屋取了一块金燧。燧是用来取火的，虽然李侗身上带的木燧也能取火，但只是没有太阳的时候用，有太阳则可以用金燧取火，所以人们外出常常是左佩金燧，右佩木燧。

他们爬过几座山头，来到一处山坳，席地而坐，看四周景色，露红烟绿……

吴方庆之所以喜欢樟岚，除了帮助妹家打理农事外，乡村的山水也是其中之一，更重要的是李侗既是妹夫又是挚友，话语投机。

二人坐在地上又开始闲聊起来。

吴方庆对李侗说："用一句话说'理一分殊'。"李侗说："起码要两句才能概括。"

吴方庆说："说来听听。"李侗说："异中之同是理一，同中之异是分殊。"吴方庆问："这么简单？"李侗说："天理本来就简单。"吴方庆说："举生活之例？"李侗说："吃饭是理一，吃什么食物、如何吃是分殊。"吴方庆说："哦，高见。"李侗说："泰山大人说的，当初他就说道学是吃饭、睡觉之类的学问。"

二人开怀大笑。

闲扯半天之后，他们越过一道山冈，转入丛林，猛然间李侗的眼睛闪过一种斑驳的颜色。他停下脚步，屏住呼吸，警惕地张望，同时把手放在背后，示意吴方庆勿动。吴方庆顺着李侗的目光望去，在一棵榉树上看到一截黑白相间的斑点，吓得面肌抽搐。李侗盯着榉树那边的动静，不敢眨眼，然后悄悄把手伸进囊兜。他摸摸木燧，又摸摸金燧，确定没有太阳的密林中能生火的只能是木燧，且要一次成功。但是，李侗又想，木燧取火会发出响声，金燧取火容易，但没有阳光。李侗低头察看，发现右脚外侧有一束手掌大小的阳光。于是，取出金燧放在枯叶上。须臾，地上冒出丝丝青烟。李侗迅速取出一把松明，点起火把，顿时浓烟四起，飘向密林。李侗目不转睛盯着树上的动静，只听见"呼"的一声，树上跃下一只斑驳大虫，一溜烟逃向密林。

李侗舒了一口气，回头看了看吴方庆，只见他面无血色，半晌说不出话来……

二人惊魂未定，跌跌撞撞回到家里。吴氏见状，问二人缘故，方知原委。

当晚，吴氏的脸色不好看了，她给李侗下通牒说："明天让我兄回去。你被吃了，我负责。我兄被吃了，谁负责？"李侗接过话茬对吴方庆说："那倒是小事，重要的是明日诏命授官，见其名不见其人，如何向朝廷交代？总不能说朝廷命官被大虫叼走了吧？"

但是，吴方庆没走，反而把编诗文的资料都搬到樟岚，因为他另有打算。

吴方庆遇险之后，常常被噩梦惊醒。他问李侗："防动物之害，有何良策？"

李侗说："观物察理。如蟒蛇吃动物，先将动物勒死，而后吞食。如果人遭蟒蛇缠身，须在地上翻滚，或跳入水中，蟒蛇即会松开。遇到蛇要绕道走。打蛇要打七寸，因为七寸是脊椎骨，打断蛇的脊椎骨，蛇就不会抬头。蛇越小毒性越大，因为小蛇进食少毒液更多。对付动物最为有效的办法是烟火，乡村地方，山火时有发生，动物闻到烟火之味，早已逃之夭夭。但星火可以燎原，用之不慎，对人同样有害，故用火须谨慎，不到万不得已不能用火。至于豺、狼、虎、豹、熊之类，只能避而远之，碰上了多半就到佛氏说的转世关口了。"

李侗告诉吴方庆，罗源里篁路等地，冬有虎患数月，纸槽工遭虎噬十多人。樟岚离罗源十里地，虎患也多。吴方庆说："上次与虎相遇，幸亏贤弟妙计，得以脱险。"李侗说："未必是妙计，如果被它发现就无济于事了。乡村动物之害常有，稍不留神，就有可能遭殃。上次所见可能是豹不是虎，因为虎不善爬树。"

吴方庆学儒学，李侗学道学（理学），但儒家以理代道，儒道一家，彼此话语有趣，又富含哲理。

吴方庆问："跟罗从彦读书好多年了，如今也能研制义理之药？"李侗说："哪能？义理之药需要很多配方。它像一驾马车，尧舜开出心药之后，从山西、河南驶向洙水、泗水之滨，孔子、孟子等圣人加入仁、义、礼、智、信，形成了能治心病的药方。'北宋五子'用天理对此进行研磨，把它作为人的修身之'药'。仁是每帖'药'的主药，我对仁、义、礼、智、信的单方知道一些，但如何配方还不懂。比如义是几钱、礼是几钱、智要几钱、信要几钱就拿捏不准了。"

李侗、吴方庆的笑声又响彻山野。

吴方庆自继母去世后，开始着手原先的打算——帮助李侗想一个农耕之外的行当。

吴方庆问李侗："听过孟子说'民之为道也，有恒产者有恒心，无恒产者无恒心'了吗？"李侗回答："很熟。"吴方庆说："走。"李侗问："上哪？"吴方庆说："上山。"

吴方庆把李侗拉到距村庄不远的山坡，拔起一丛兰花说："这个好看，找些盆钵种在家里，或许在城里能卖个好价钱。"李侗说："种过，但这种花娇气。"吴方庆说："养兰有门道，腐烂的树皮暴晒几天后养兰绝佳。"李侗说："指点迷津了。"吴方庆说："谁让我们是一家。"

稻粱之谋，艰辛而生动，茹苦而有趣……

诏命来了，吴方庆要外出为官——李纲帐下的参议官。离家的那天，李侗夫妻赶到城里为吴方庆送行。李侗紧紧地握着吴方庆的双手，吴氏掩面而泣对哥嫂说："从今往后天各一方了……"

侯师圣优游剑浦　樟岚村再放异彩

六七年过去了，吴氏一直没怀上孩子，李侗夫妻过着单调的生活。

建炎元年（1127），吴氏终于生了一个男孩，李侗为他取名友直（一说友直 1134—1199）。李侗对吴氏说，以后如果再生男孩，就分别取名友谅、友闻。他解释说，这三个名来自《论语·季氏》："益者三友，损者三友。友直，友谅，友多闻，益矣。"吴氏笑着说：既友兄弟，又与他人为友，好名。果然，建炎三年（1129），吴氏又给李家添了一个男孩，名叫友谅。

时光飞快，辗转又是几年，两个孩子可以自娱自乐了。自娱自乐是好事，但也有风险。

盛夏的一天午后，李侗一家没见到友谅。李侗问友直，友直说："中午吃饭不是还在？一会儿就不见了。"

随着蝉声的悠鸣，李侗一家越发紧张。他们分头寻找，亲戚邻坊，一家一家问了个遍都不见人影。李侗说："被狸迷了？"吴氏担心地说："麻烦了。"李侗问友直："午饭后去哪？"友直回答说："田里玩。"

夜色渐渐暗了下来，李侗叫人举着火把四处寻找，锣声、盆钵声响彻山野，还是不见踪影。

夜深了，李侗家里一片哀号……

厅堂里，松明的火光昏暗，一只猎犬不停地绕着主人，鼻腔里不时发出呜呜的鸣声。李侗没在意。不久，猎犬嘴里叼着一只布鞋跑到李侗面前。李侗大惊，俯下身子四处查看。之后，李侗蹲下身子把伸手到供桌下，摸到一只温热的小脚……吴氏见状，箭步上前，抱起友谅，一边拍打着儿子，一边哭诉道："你这个冤家，你这个冤家。"

原来，那天午饭后，友直带友谅外出玩耍，友谅回到家里累了，钻到供桌下乘凉去了……

李侗一家破涕为笑。

有了孩子，大龄青年的李侗知道责任重大，风里来雨里去忙着一家的生活起居。

绍兴初的一天上午，李侗已近不惑之年。这天，他在地里忙着活儿，一个路过的邻居对他说，罗从彦托人传话说，北方有一位客人来了，叫他过去。

中午，李侗匆匆扒了几口饭后，驾着马车来到罗源。

"快来，拜见这位稀客侯先生。"罗从彦对李侗说。

李侗惊诧地向来客施礼，但脸上挂着疑惑。

之后，罗从彦介绍了这位北方来客。原来他叫侯师圣，字仲良，祖籍山西太原孟县，华阴人。号河东君。侯济道之孙，侯可之子。二程的母亲是侯济道的女儿，侯可的妹妹，侯可是二程的舅舅。侯师圣还师从二程，也就是说侯师圣具有二程的表弟和门人的双重身份。

"先生何以知南剑州剑浦？何以知敝人在樟岚？"罗从彦问侯师圣。

"崇安五夫胡安国说的。"侯师圣说。

原来，侯师圣生不逢时，仕途多舛。胡安国本来生活在崇安（今福建省武夷山市）五夫，因为五夫是要冲，担心兵乱，迁往湖北。靖康元年（1126），侯师圣从三山避乱到湖北。他告诉胡安国，因为宗汝霖死后，所招勤王之兵恐又生乱，劝他迁往衡岳山下。胡安国迁到湖北之后，任荆南教授。胡安国是二程的私淑弟子，对侯师圣推崇备至，叫原来跟杨时读书的儿子胡宏（1105—116）转到侯师圣门下。后来，胡宏在湖南衡山讲学 20 多年，曾任岳麓书院山长，执教于碧泉、道山等书院，创立了湖湘学派。侯师圣虽出身名儒世家，但晚年身老贫贱，胡安国向朝廷举荐侯师圣，但因时局动荡无果。绍兴初，侯师圣来到了剑浦。[①] 侯师圣来得唐突，罗从彦很意外，问了侯师圣才知道他是来剑浦走亲戚的。

侯师圣的亲友在郡城西北。罗从彦一行三人渡过剑津西折，来到侯师圣亲友家。主人问明来意，热情招呼。李侗打量这户人家，只见有门无楣，有锅无灶，一片蓬蔽。

主人好客，招呼不迭，但心慌意乱，慌不折路：要让座，不见椅子；要沏茶，不见茶具；要递帕，不见盆瓦……

折腾了好一阵，主人腾出两张长椅，侯师圣坐下后，罗从彦移步四周探了探，折身回来与侯师圣并坐。侯师圣随即起身，走出户外，寒暄数句后，与主人道别。随后，侯师圣一连探访数家，都是板凳没坐热就告辞。

李侗对侯师圣此举惊愕不已，心里嘀咕：千里寻亲，一语不发，是何道理？李侗不明白，圣人不是讲礼吗？来自理学之邦的侯师圣，作为二程表弟和弟子的侯先生，举止何以如此粗糙？李侗对侯师圣的印象从九峰之巅跌入剑潭。

渡船上，李侗从人群的缝隙中看到侧身而立的罗从彦、侯师圣，就在这时罗从彦回过头来看了看李侗，二人目光相遇的刹那，李侗从罗从彦微笑的脸庞上找到了答案：桥归桥，路归路，就功用而言，桥还是路——水上之路。

不过，尽管李侗对侯师圣印象不佳，但还是不敢怠慢，这是因为李侗不仅是罗从彦的弟子，更重要的是圣人之学是为己之学。他明白

---

① 李侗见证侯师圣访剑浦行为粗疏史实载于《朱子语类》卷一百一："侯师圣太粗疏，李先生甚轻之。来延看亲，罗仲素往见之，坐少时不得，只管要行。此亦可见其粗疏处。"由此推测，侯师圣访剑浦的时间在罗从彦离开罗源之前的绍兴元年（1131）。

这个基本道理。

江南的三月，春光满屋，但闽北的三月却是春雨绵绵。侯师圣探访亲友后的数日，罗源连日下雨，绊住了人们的脚步，罗从彦、李侗、侯师圣只得待在家里聊天。春雨稍停的时候，李侗用马车把罗从彦和侯师圣拉到樟岚。

吴氏嫁到樟岚，虽然也算门当户对，但吴氏生在郡城，李侗生在乡野，二者不可同日而语。不过，虽然李侗家境不是太好，但因为他过着屏居山林、接竹引泉的隐居生活，人们称他为处士。因为东晋太元四年（379）南平改称延平，人们用延平代称李侗，称他为李延平先生。吴氏在李家得不到别的优渥，但还是获得朝廷所赠的郡君封号，人们也因此尊称她为吴郡君。

罗从彦、李侗与侯师圣三人在禾架上窃窃私语，无意间李侗抬起头来看到吴氏向他招手。李侗走上前，吴氏对他说家里没熏鸭、腊肉。李侗"哦"了声，跟罗从彦、侯师圣打了一个招呼，急忙找堂哥潜夫，告诉他家里有洛阳来的客人，要他给一些熏鸭、腊肉。出身进士之门的潜夫一边说"稀客"，一边走到烟囱旁，解下熏鸭递给李侗。又问，一只还是两只？李侗说一只好了、一只好了。话刚说完，潜夫说这样吧！一只熏鸭，一条腊肉。说完，又递给李侗一条腊肉。

潜夫问李侗"什么回报？"

李侗笑嘻嘻地说："这样也好。孔夫子纳弟子也要束脩，你的熏鸭、腊肉权当拜师礼吧！我兄不知我乡罗从彦北上洛阳求学，鬻田走洛，盘缠花了多少。"潜夫待在一旁一动不动，说："那倒不敢。我弟是罗丈的弟子，我……"

"走啊，还愣着？你也去陪客，听听人家怎么说。"

吴氏也是一把好手，没花多少时间，做好了一桌菜肴。

李侗生怕怠慢了罗从彦、侯师圣，一跨进门，赶紧摆上碗筷、酒杯，然后请罗从彦、侯师圣上桌。

李侗为大家斟上酒，然后举杯说："不成敬意，罗丈与我相邻，第一次光顾寒舍；侯先生远道而来，今天聊备蔬饭为侯先生洗尘。"说完，正想伸手，发现熏鸭还是趴着，腊肉还是横着，潜夫眼快伸手把熏鸭、腊肉端给了吴氏。

李侗看了看潜夫，又看了看罗从彦、侯师圣，大家笑了起来。

李侗对侯师圣说："'有朋自远方来，不亦说乎'呢！吃吧。南方乡村土里土气，不知是否适合北方人的口味。"

饭桌上，罗从彦和侯师圣滔滔不绝，意犹未尽……

李侗对罗从彦、侯师圣说"别只顾说话，多吃菜"。

潜夫见状，连忙起身，一连在他们碗里塞了几块熏鸭、腊肉。

侯师圣夹起一块熏鸭用鼻子嗅了嗅，然后细嚼慢品；又夹起一块腊肉，闻了闻，频频点头道："天下一鸭，天下一肉，所制各异，风味不同，味道绝佳。"

李侗说："闽地山高林密，物产众多，民赖以生。今天吃的多来自山野，农家耕作易于捕捉，只是村中自有成俗，捕大放小，不可竭泽而渔。"侯师圣说："千年前，孟子就有'不违农时，谷不可胜食也；数罟不入洿池，鱼鳖不可胜食也；斧斤以时入山林，材木不可胜用也。'看来，闽地之民谨记圣人之训。"

侯师圣借过话题问："熏鸭如何制作？"李侗说："简单易行：开膛破肚，取出内脏，通身内外抹上盐，挂在灶头烟熏数月。吃的时候，用清水洗净，整头放在笼内蒸一个时辰，再剁成块即可。"

饭桌上的话题愉快而轻松，天南地北、江河湖海、农圃桑麻、饥食渴饮都在闲聊之内。侯师圣说江南地方天是天，地是地，江是江，湖是湖，北方地大天大，雾浓云重，尤其是开春时节，不见天日。李侗听了大笑，忙问何谓"不见天日"。侯师圣说，北方春天多沙尘，蒙笼天地，天不见天，地不见地，虽名曰山，但有色无形。江南的山逶迤起伏、曲折有致，如山之形象，北方旷野平畴，赤日千里，见山难，见大山更难。唐人白居易的"江南好，风景旧曾谙。日出江花红似火，春来江水绿如蓝，谁不忆江南"，说得极佳。有山就有水，溪洄盈溢，江河纵横，数千年前越人、闽越人因地理而渔耕，也形成了断发文身习俗；文人则因流水以泛酒，留下诗酒唱酬、曲水流觞诸多雅事。

文人用餐，且食且叙，一顿下来，已是一个多时辰。

但是，在李侗眼里，侯师圣不像儒家学者，原因是他的吃相不佳①。比如，他夹菜左挑右挑不算，还大口啃嚼，全然不知是做客人家；骨头丢得满地，引来狗仔疯抢，犬声大作……

李侗觉得侯师圣欠缺礼仪，但李侗不敢看罗从彦，只是心里打鼓。

"雨下数日，道路泥泞难走，但可乘马车看看闽江地理形胜。"李侗对罗从彦、侯师圣说。

春雨停歇的间隙，李侗用马车带着两位老师优游于闽江之畔。侯师圣生活在北方，很少见过江南形胜，对闽江地方风光赞不绝口。

闽北乡间风俗，家有来客，邻居上门探望，一则出于好奇，二则出于礼貌。那天上午，罗从彦、李侗、潜夫陪着侯师圣聊天，有邻居倚靠门边观望，李侗招呼他们进门陪坐。不久，人越来越多，有相识的，也有不相识的，以致门庭若市。罗从彦用疑惑的目光看了看李侗。

李侗与潜夫嘀咕了一会儿，之后转过身来在罗从彦耳边私语。随后，罗从彦对侯师圣说："哦。樟岚乡亲见识不多，也好奇，他们都想看看北方来客的气象。"侯师圣呵呵地笑着说："估计是想看看我的模样吧！"

罗从彦深情地说："樟岚乡亲用心良苦。侯先生亲炙二程多年，见闻甚多，故事甚多，说来听听……"

---

① 李侗说侯师圣饮食粗疏史实载于宋黎靖德编《朱子语类》卷一百一："李先生云：'侯希圣尝过延平，观其饮啗，粗疏人也。'"这里的"侯希圣"为"侯师圣"之误。因为这条内容是"侯师圣"第二条，第一条为"胡氏记侯师圣语曰：'仁如一元之气，化育流行，无一息间断。此说好。'"

　　侯师圣樟岚传道，对圣人之学可以充饥、可以御寒的李侗来说，如醍醐灌顶。多年后，李侗对侯师圣的那次传道仍然记忆犹新。

　　李侗清楚地记得，侯师圣所说的儒家道统："儒、释、道三教各有道统，但谱系不同。儒家的谱系以伏羲、尧、舜、禹、汤、文、武、周公、孔子、孟子为一脉。伏羲画八卦，是中华人文始祖。尧、舜二帝，创立心法，即《尚书》所言'人心道心'。夏、商、周三代有禹、汤、周文王、周武王，称为三王。他们以人心为法治世，垂范后世。春秋时期，周道衰弱，礼崩乐坏，人心背离道心，孔子作《春秋》，意在使乱臣贼子惧。战国时期，孟子力倡圣人心法，并专论'四端'之心。孟子之后，道统一千五百年不绝如线，我朝仁宗、英宗时，周敦颐，我兄程颢、程颐和张载、邵雍继起，形成濂学、洛学、关学，圣人之学复兴。杨时、游酢师事二程，接续儒家道统，圣人之学南传。圣人之学南传，是心法南传，因为周、程、张、邵的理学是以理代道、以理释心。简单地说，就是尧舜创立心法，孔子倡道洙泗，二程倡道伊洛，杨时创道东南。侯师圣特别强调，千万记住，孔子、二程、杨时都是倡道，不是创道。"

　　李侗清楚地记得侯师圣说的"异端"："所谓异端，指的是不同的学术流派。儒家以天命之性治世，天命之性即专一于道，即一心向道，道与心不离，人心听命于道心。荀子说'天下无二道，圣人无二心'实为至理。但周道衰，圣人之道举步维艰。战国时，杨墨之学并起。孟子说'逃墨必归于杨，逃杨必归于墨''杨墨之道不息，孔子之道不著'。孟子为圣人学说而鼓，为圣人心法而呼。汉代，释氏、黄老兴盛，儒道难行。但是，杨墨、释道易于分辨，似是而非的言论则蛊惑人心。春秋时期，有一种叫'乡原'的人志大言大，'言不顾行，行不顾言'。他们求媚于世，似德非德，似是而非，孔子说'乡原，败坏了道德'。魏晋时期，学者看似清高，实则趋于权门。"李侗知道，侯师圣说的是是而非的'乡原'比杨墨、道释更为有害。

　　李侗清楚地记得侯师圣说的"中和"。侯师圣说："《中庸》谓：

'喜怒哀乐未发叫中，发而中节叫和。'这话看似简单，做起来却难。比如，乡间人家，如有纠纷，常常用'和为贵'来化解。其实'中和'并不是和稀泥之和，而是明辨是非、区分善恶之和。曾听我兄程颢说过，'有人家父母被庸医误治致死，子女以乡邻为由，不向庸医讨说法。而生活中我们常常听说有人家马被兽医误治而死则找兽医评理。程颢认为这样的子孙愚蠢到极点。'"

李侗对侯师圣与罗从彦近似论辩更是终生难忘。

罗从彦问："圣人之学是洗心之学，心如何洗？"

侯师圣答："修习可洗。人有智愚，智者如圣人，明理通达天命之性。愚者，则需以德礼修身，如此可复天命之性。周敦颐说得极好：'圣人之道闻乎耳，存乎心，蕴之为德行，行之为事业。'"李侗的理解是有德之业。

罗从彦问："老子说：德礼为人之伪。"

侯师圣答："孟子有言：人'异于禽兽者几希。'禽兽裸身，人则有衣裳之饰；禽兽之食，强食弱肉，人规矩有方。如此之'伪'何妨？"李侗的理解是人不可滑入禽兽之列。

罗从彦问："孟子夜气为静虚之气，与道家何别？"

侯师圣答："道家之气为清虚，清虚为无；儒家之气为清明，清明为有，气因五常而清明。"李侗的理解是人之气需义理灌溉。

罗从彦问："如何参赞化育？"

侯师圣答："《中庸》言：'万物并生而不相害，道并行而不相悖。'天地万物本与人不相干，但人生于天地间，扶助万物化育是人生活所需。"李侗的理解是人物各有其道，人之道听命于物之道。

罗从彦问："圣人为己之学，科举取士岂非为己？"

侯师圣答："科举为口耳数诵之学。圣人以德礼修身，变化气质，非炫耀学问，科举有私己之弊。"李侗的理解是人人都应当是风景。

侯师圣知道罗从彦、李侗对二程故事感兴趣，讲了他在程家的所见所闻。比如杨时、游酢拜师二程的故事。侯师圣说，杨时、游酢求学程颐是事实，但杨、游二君并不是站在大门外，而是侍立厢房之外。因为厢房外有天井。那天，杨时、游酢登门，正值午时，家人招待杨时、游酢之后，程颐坐在椅子上打起盹来，杨、游不敢惊动，只好静静地坐在一旁等候。程颐醒过来环顾四周，杨、游二人随即起身站在程颐身边，程颐问你们二位贤辈还在这里？天快暗了，改天吧！所以，我把当时的场景记录下来。须知，我所说的杨时、游酢求学故事，最后还有一句"及出门，门外之雪深一尺"，如果杨、游立于门外，"及出门"岂不是多余？①

侯师圣说，"如坐春风"是朱光庭师从长兄程颢的故事。元丰六年（1083），朝廷任命程颢为汝州监酒，经常为门人讲学，弟子中有来自河南偃师的朱光庭。光庭听讲学一个月，逢人便说，我在程颢讲堂坐了一个月，像沐浴在春风里一般。但这个故事早在元丰四年（1081）杨时、游酢拜师程颢就已传说。那时，程颢、程颐在颍昌，杨时、游酢向程颢求教，游酢对杨时说，听程颢先生讲学，如沐春风。

李侗清楚地记得樟岚乡亲对侯师圣的盛情。每户人家都端来自家的特色小吃，什么杨梅干、爆米花、米花糕、柿饼、炒豆，什么甜珠、板栗、锥栗等等。甚至邻里乡亲今天磨锅边，明天蒸糕粿或馒，后天做铜钹粉招待侯师圣。一户人家做好吃的，邻里分享，李侗家也沾光，几天都不要开伙。

李侗清楚地记得，事后他和潜夫的一段对话。

潜夫说："侯师圣讲的都是事，很少讲理。"李侗说："这就错了。理在事中，事也是物，物也是事。无一物无理，无一事无理。如

---

① 《二程集·河南程氏遗书·附录》载二程表弟、弟子侯仲良说游酢、杨时程门求学史实："游定夫、杨中立来见伊川。一日先生坐而瞑目，二子立侍，不敢去。久之，先生乃顾曰：'二子犹在此乎？日暮矣，姑就舍。'二子者退，则门外雪深尺余矣。"《二程集·河南程氏外书》卷第十二《侯子雅言》同样记载："游、杨初见伊川，伊川瞑目而坐，二子侍立。既觉，顾谓曰：'贤辈尚在此乎？日既晚，且休矣。'及出门，门外之雪深一尺。"后来，这则史实成为家喻户晓的"程门立雪"成语典故。

果每个字都带理，岂不成了'理理理，理理理理'？如此之理，岂不是空理？侯先生说天说地，是说天地有天地之理，闽地与豫地同一个天、同一个地，同一个理，但南北不同，讲的是天地之分殊。鸡鸭鱼肉也一样，闽地有，豫地也有，但种类不同，食用方法不同，讲的也是差等。所以，侯先生说物物有理，事事有理。有道是'听君一席话，胜读十年书'，罗丈为了听程夫子一席话，徒步千里。须知，侯先生的弟子胡宏，胡宏的弟子张栻都是名儒，有钱都请不来。"潜夫说："照你说来，今日亲炙理学名师，可谓千载难逢？"李侗说："岂不是！"潜夫说："有幸、有幸。"

侯师圣剑浦之行，虽然仓促，但闽江之畔的樟岚村留下北方学者传播圣人之学的光彩。

再聚首喜得篇册　赴博罗殷殷惜别

在李侗的眼里，侯师圣是一个怪人，但有意思的是他还在剑浦找到了落脚点，而且小住了一段时间。罗从彦看到侯师圣一时没有离开的意思，告别去了沙县。不久，罗从彦来信，叫侯师圣去沙县，并且让李侗陪他过去。这是李侗第一次旅行，也是李侗第一次沙县之旅。

沙县别名虬，俗称沙阳。东晋太元四年（379），在延平县南乡沙源地置沙戍。东晋义熙（405—418），升为沙村县。唐武德四年（621）改为沙县，隶属建州。大历十二年（777），改属汀州。五代后汉乾祐元年（948），改属剑州（今福建省南平市延平区）。沙县城西有洞天岩，罗从彦也仿罗源南斋书院规制，修建了颜乐斋、寄傲轩、濯缨亭、斋堂等等，与陈渊、罗荐可、邓肃、邓右文及罗氏宗亲相与论学。

但李侗没在沙县待多久，因为家里事多。不过，李侗还是抓住机会向侯师圣请教读《春秋》的方法。原来，李侗跟罗从彦读书的时候，读过《春秋》这本儒家经典，且觉得罗从彦解释不是太好，李侗问侯师圣他的二表兄程颐怎么读《春秋》。侯师圣回答说看《左传》。因为《左传》是为《春秋》记载的事件做解释的，所以看《左传》能更好地理解《春秋》纪事的来龙去脉。①

---

① 李侗沙县问学侯师圣的史实载于《朱子语类》卷一百三："李先生好看论语……其居在山间，亦殊无文字看读辨正，更爱看春秋左氏。初学于仲素，只看经。后侯师圣来沙县，罗邀至之，问'伊川如何看？'云'亦看左氏。要见曲折，故始看左氏。'"

吴方庆离开剑浦后，李侗和吴氏过着闲适的耕读生活。

绍兴二年（1132），吴氏又生了一个男孩，名叫友闻。至此，李侗共有三个儿子。

但是，就在吴氏生第三个男孩的那年五月，传来吴方庆的口信，他的妻舅邓肃因携母避乱福唐（五代闽改为福清，今福州市），于初九日病逝。李侗夫妻痛惜不已。

选择为学，意味着选择了清苦、选择了寂寞，更选择了艰辛。罗从彦自41岁入杨时之门，一路踽踽，余杭（今浙江省杭州市余杭区）、萧山、沙县、汀州、毗陵（今江苏省常州市），留下一串串足迹。61岁那年，即绍兴二年（1132），朝廷赐罗从彦特奏名进士，罗从彦开始了仕途的转折。"特奏名"是宋代朝廷优待士子的一项政策。即对多次参加进士考试没被录取的人，另造册上奏，经许可或附试后，特赐本科出身，称为"特奏名"。罗从彦取得这个名分后，得到广州惠州博罗县主簿的职位。

乡村人家，衣食住行、油盐酱醋，都是家事，朝廷命官，家事与国事连在了一起。为此，罗从彦开了一场会。那天夜里，他叫来儿子敦叙和儿媳，弟弟从奇、从龙及几个侄儿，告知他们自己受官之事，并表示赴任的想法。大家对罗从彦获得朝廷命官既欣喜又面有难色，喜的是罗家世代农耕，虽仓廪殷实，生活无忧，但缺少书香，罗从彦20年孜孜不倦，终得"圣果"，既是罗从彦的荣耀，更是家族的荣光；忧的是罗从彦只生一子敦叙，已婚多年，仍然无子，担心家里家外照料不周，更重要的是广东山遥路远……罗从彦在开会之前有过斟酌，只是没有一个权宜之计。他对儿子、儿媳说，既然当下无子，你们二人相互照顾也不难。等到来日添丁，再作计较不迟。大家也知道，"特奏名"与"正奏名"不同。"特奏名"为"恩例""恩榜"，是皇上的恩泽，岂可罔顾皇恩？

一段时间，李侗时而听到喜鹊喳喳，时而听到乌鸦喈喈，搞得李侗心神不宁，不知究竟是喜还是忧。他想起去年罗从彦的那场师生聚会，主题虽然是廖仲辰赠书，但李侗冥冥中预感是师生分别。

那天聚会，除了罗从彦、廖仲辰之外，也有李侗、罗革。

午后，大家走入斋堂，李侗一一为他们递茶。

师生相聚，话语很多。先是讨论的话题是北宋灭亡。南宋的建立，虽然还是赵宋的天下，但师友们用义理评判这事件，认为泱泱中华的人君父子被金人所虏，简直是奇耻大辱。在分析北宋覆亡原因时，他们认为北宋的太祖、太宗、真宗、仁宗时期，天下太平，社会安定，到了神宗之后，北宋走上了覆亡之路。师友们说，作为人君的徽宗不是勤于政事，而是倾心于书法字画，还写什么《大观茶论》。大家再深入分析，把矛头指向了王安石。师友们说王安石不仅变法，而且还说"天变不足畏，人言不足恤，祖宗之法不足守"，简直就是逆天之道。所以，王安石死了多年之后，杨时还上疏要把他从孔庙里赶出来，真是大快人心。

师友们讨论的第二个话题是罗从彦的未来。他们估计，罗从彦前景最多可能是"特奏名"。有人说，"特奏名"一事最早可追溯到宋太祖开宝三年（970），当时额外录取未及第者有106人，开"特奏名"之先河。宋真宗景德二年（1005）李迪榜，第一次出现"特奏名"的名称。但这种录士方法多遭士人非议，原因是"特奏名"进士多为屡试不第的老人，人们也称为"老榜"。有人还说，苏轼（1037—1101）的《论特奏名》对"特奏"进士提出异议，他认为取得特奏进士的人是为了得到朝廷所授官职，他们中选后请求官府发放雇钱，多的达五七十千，地方远的还准许先借三个月，又得四十余千……当然，师友们也认为，"特奏名"对罗从彦来说也是个机会，因为留给罗从彦的机会已经不多了。

有人也为罗从彦可能取得的"特奏名"打抱不平，说终身学问，甲子之年或许只授得一个书役，任官的地方可能还老远，不赴也罢，杨时先生不也屡召不赴？读书自乐岂不更好？

大家你一言、我一语说个不停。李侗看在眼里，记在心上，只是一声不吭。

南斋书院自上次罗从彦离开之后，虽有族人照管，但因来者不多，荒草丛生，李侗与学友利用傍晚时节，荷锄刈草，整理庭院。

这次师友相聚，李侗收获最大的是得到一本罗从彦的《二程语孟解》①。那天上午，李侗与学友来到斋堂门口，只见案上叠着一摞书，廖仲辰边给罗革赠书，边说这是你兄罗先生所著之书，你们好好读。廖仲辰一边说，一边也给李侗递了一本。

廖仲辰是将乐人，既是杨时的弟子，也是杨时的侄女婿，他与罗从彦同学于杨时门下，算来也是李侗的老师。

李侗接过书册，坐在罗革身边。他翻开书册，只见封面刻有《二程语孟解》。李侗侧过头来看了看罗革，带着疑问的目光问道："廖先生赠罗丈之书？"罗革说："是啊！廖先生费力不小，我兄所撰之书终于可以流传后世了。"李侗问："从何说起？"罗革清了清嗓子，道出了原委。

原来，罗从彦专心致志追求学问，推敲研磨伦理道德行事的准则，一定要到圣人的境界。罗从彦师事杨时之前读王安石的书，虽然王氏解经释字丰富详备，但罗从彦还是不知道圣贤和《大学》的旨趣，于是恭敬地跟杨时读书20多年，独自听到了杨时合理的解释，得到了张载、程颢、程颐和《论语》《孟子》等学问，编成《二程先生语录》《论孟解》，把当时向杨时问学的语录不加文采如实地记录下来。

李侗说："快说说廖先生？"罗革说："你也知道，我兄与廖先生是杨时门下的弟子，他于建炎四年（1130）得到我兄的稿本，编刻成书。今天正好师生学友相聚，把书分给大家。"

李侗说："正好无书可读，廖先生可谓雪中送炭。"

---

① （宋）罗革《题集二程语孟解卷后》记录罗从彦此次与弟子聚会的史实："廖仲辰于龟山门下与仲素为友，得其本（指罗从彦所作《二程语孟解》），录之庚戌（1130 年）。辛亥中（1131 年），来聚生徒于南斋书院，授予此本。"

罗革说："政和七年（1117），我兄前往毗陵向杨时求学，收集了他的很多理学著作。可惜兵焚，多已不存。回来后他静心著作，写了《语孟师说》《韦斋记》《圣宋遵尧录》《台衡录》《中庸说》等。陈渊还写了《语孟师说跋》。"

宋代的南剑州文化渐渐复兴。天圣三年（1025），南剑州建立州学，但只惠及士子，对贫民子弟来说则是奢望，要想得到书籍更是难上加难。李侗、罗革得到罗从彦的《二程语孟解》，如获至宝。当夜，二人在书灯下细读，半夜时分，他们吹灭书灯，乘着窗外的月光交谈罗从彦的治学经历和儒家性命之学。

李侗说："罗丈每每讲孔孟之心。"

罗革说："孔孟之心是周孔之心，是尧舜以来圣人之心。我兄有言：'周孔之心，为的是能让人知道天道，果能明白天道，就能深知周孔之心。以前的贤才知道周孔之心，知道天道就多，所以看待死生去就像寒暑昼夜那样平常，而践行忠义之事也就容易。'"

李侗说："汉唐儒家学者捍卫道统有力。"

罗革说："知其一而不知其二。我兄曾说：'汉代董仲舒、公孙弘倡言经术，唐韩愈、柳宗元推崇古文，二人都渐失周孔之心，于是明白道学的人很少知道死生去就，忠义之事就像万钧九鼎之重而愈加困难……学者知道从汉唐以后圣人之道就丧失了。'"

李侗问："何以至此？"

罗革说："汉代儒者多训诂，解经释义，不知圣人道德性命之奥旨。以至于晋魏时，儒者追求的是利害，不知死生去就的道理。"

李侗说："罗丈论治道多以尧舜、三代为法。比如他说：'自古德泽最深厚的没人超过尧舜，假使子孙可以依赖，那么尧舜一定把天下传给他们的儿子。'"

罗革说："我兄说过：'三代治理天下靠的是天道而不是法，三代之法以实为贵而不以名为贵，后代相反。这是只想帝王在位的长久还是希望天下安定之所以不同的原因。'"

李侗说："罗丈君臣之论颇有新意。比如说：'人君清明，这是人君的福分；臣子忠诚，这是臣子的福分。人君清明、臣子忠诚，那么天下就治理得好，怎么能说不是福分'？"

罗革说："我兄用这句话比喻父子：'父慈，是父的福分；子孝，是子的福分，父慈子孝，那么家道就会兴旺，哪里能说不是福分呢？世俗的人把富贵当作福分，浅陋啊！'"

"廖先生学问深厚，议论事理精深细微。今天廖先生所赠之书足够你作一年之食、御一年之衣。"罗革说。

"罗师长学有渊源，何时写一本，佺可作数年之食、可作数年之衣？"李侗打趣说。

"著书不易，需多年涵养灌溉才行。"罗革说。

"期待、期待。"李侗说。

"或许佺佺著述在先……"罗革说。

李侗与罗革一来一往，像对对子，对罗从彦所言铭记在心。二人谈论许久，直至隔壁传来鼻鼾声才放下话题。

南斋书院清静，除了人言就是鸟语。但是，这样的环境注定还是有人无法入眠，一个是罗从彦，一个是李侗。李侗和罗从彦的共同伤感是彼此的交情。从李侗 24 岁正式入门算起，二人相识 15 个年头，他们好像预感可能到来的分别，心里忐忑难安，就像傍晚鸦鸣时那样魂不守舍。

罗从彦和李侗又各有心思。罗从彦想的是果真皇恩浩大就不是学问那么简单了。他想，过去 20 多年从学杨时，不过是明白天下一个理而已，自己的著述中也多论为政之道。如《议论要语》中说："士人立朝，要以正直忠厚作为本根，本正朝廷就没有过失，忠厚天下就没有嗟叹怨恨，二者不能偏废"。在《圣宋遵尧录》中解释宋太祖为政之道说"人君之所以拥有天下，是因为有百姓。百姓能维持生养，是因为有粮食。百姓能维持安居，是因为朝廷有军队"；"人君，是天下的表率，如果自己心正，那么天下就正，如果自己的心歪曲了，天下怎么会正"？但这些不过是学问，如果做官，更多的是分殊之用。罗从彦担心，一旦朝廷放官，无论官阶高低，都是朝廷命官，临民是否得法，能否有政声难说。

李侗想的却是罗从彦一旦任官的安危，因为任官大多路途遥远，一人在外，衣食谁来照管？疾病何人照料？

廖仲辰与罗从彦年纪不差上下，经验老成，李侗和罗从彦的心思，善于观物察理的廖仲辰看在眼里。他知道这次相聚，好像师生都没心思，或许说说家长里短更为有趣。为此，他主动承担起这次聚会的事务。早饭时，廖仲辰说："今天不进斋堂，还是到屋外小坐吧！"

南斋书院外，老树虬根，蟠蜿曲折，恰似长椅。李侗、罗革看看架势，摘来一堆蕉叶往地上一铺，形成一个绿垫。之后，又顺手把地上的几块石头垒在一起，形成石灶，煮茶品茗……

师友席地而坐讨论天地万物。他们对老子的道很有兴趣，认为老子说的"天下万物生于'有'，'有'生于'无'"有道理。有，就是有形之物；无，是无形之道，但他们又觉得"无"应该以"有"为前提，也就是说"无"之前还是"有"，如果没"有"，看不见的"无"从何而来，所以归根结底，"无"还是生于"有"，更准确地说"无"与"有"并存，才能终万物、始万物。

他们对人与万物的区别很有兴趣，认为张载说的人物区别在于头长的方向不同。张载说：人头向上，所以最灵；猿狙稍灵，这是因为它们有时候也像人会站起来；禽兽的头横着长，所以无知；草木头向下，所以最无知。张载这么说，意在强调人的头长在上面，能禀受天地的正气，而植物、动物头长歪了，得天地之气也偏了。也就是说，人既不能像植物那样无知，又不能像动物那样蛮横无理。

他们对人类的起源也很有兴趣。有人说，人从山上来，猿狙是人之祖，早前与动物为伍，因为人比猿狙更灵，且能制造工具，所以能做出百般物件满足自身所需。也有人说，人来自海，人由海猿演变而来，但都没有说明具体时间，也无法说明演变的方式。有人说，如果这么说问题来了：有人问今天是否还有山猿、海猿？它们的进化有没有截止时间？是一批演变还是持续演变？一批演变即一批山猿、海猿在某个时间段演变为人，之后戛然而止；持续演变，即依次演变，一拨又一拨的山猿、海猿演变为人。按理说，今天条件优于原始，何以不见持续演变。有人想象说，如果持续演变也会让人变色：某天走在山间，一个人走到面前告诉你他是刚从山间、海里演变而来，岂不恐惧？

他们还品评春秋、战国人物。他们对孔子、孟子自然是赞赏有加，认为他们有功于圣门。对老子、庄子则有褒有贬：褒的是他们说的道生万物，贬的是静虚而已。荀子本是儒家人物，但对他同样褒贬不一：褒的是他肯定礼，贬的是他的学说夹杂道家、墨家、名家、法家等诸家学说。特别是他的性恶论更是致命伤。大家认为他的所谓人性之恶，有悖于孟子的性善论。至于鬼谷子大家异口同声谴责，理由是他虽承认儒家的礼义，但察言观色太露骨，特别是他不承认儒家的忠君思想，更是离经叛道。

在众多人物中，最让师友们尴尬的是墨子。他们知道，墨子的泛爱众与儒家的爱有差等有别，孟子把他列入异端无可非议。但是，墨子对儒家礼制的异议又似乎有理，特别是抨击儒家的"三年之丧"更合乎现实：谁家不要耕田，谁家不要织衣？然而，提到"三年之丧"的危害，师友们都众口缄默，没有一人发表主张。

看到这种场面，作为"主持人"的廖仲辰见机行事，快速地转移话题。

师友们谈笑风生，此起彼伏。罗从彦、李侗也乐得开怀。在罗源几天，学友们除了听罗从彦讲学外，也外出游观。

南斋书院的最后一个夜晚，李侗、罗从彦同居一室，二人彻夜长谈。

快乐只能起一时之效，冷静下来之后，孤寂、悲愁再次袭来。李侗是不想谈了。因为越谈越伤心，越谈眼睛越模糊，但罗从彦有事要交代。

罗从彦说："在南剑找了好久，终于得到贤侄。儒家道统所以不绝如线，源于孟子之后没有真正的儒士。自1116年至今，贤侄随我十有五年，一心向道，难能可贵。我已甲子之年，如若不测，贤侄可以廖先生为师，也可以和罗革、朱松、邓迪往来，还可以向沙县的陈渊写信请教；学友相聚，则可切磋学问，不可荒废学业。"

罗从彦说："圣人学说，是尧、舜以来众多圣人的学说，不是一个人的学说。圣人的学说是道德性命的学说，也不妨说是心学或洗心之学。邵雍先生说过，人有三种品质：'上等品质的人，无需教化就善良；中等品质的人，教了之后才善良；下等品质的人，教了之后也不善良。'道，是上天赋予的正理。天命之性与生俱来，自然而然，这是圣人之性。圣人是上品之人。气质之性教化可修，修是修身、修习，目的是恢复天命之性，这是中品之人。下品之人，智愚，教而不善。"

理学家说物说理，并非虚无之物、虚无之理，他们往往都是将道引入人事，就像《易》中说的仰观天象的目的是俯察人事。罗从彦也不例外，他生怕话语拗口，李侗不明就里，于是把话题引到人事上来。他对李侗说：静坐只是修身的方法而已，不能像佛氏那样，只知静修，不知人间烟火。

其实师生长谈，只是罗从彦多话语，作为弟子的李侗多是倾听。尽管这些内容听过多遍，但李侗知道，这是罗从彦一生的总结，更像是罗从彦离别前的叮嘱。李侗对罗从彦所说不时以"哦""嗯"应答，最多只是"愚侄谨记"四个字。

已到黎明时刻，罗从彦接连打了几个哈欠，问李侗是否还记得宣和三年（1121）他作《用韵送延平行》《再用韵送延平行》二首赠诗。李侗说久久铭记，前者为："圣言天远海潭潭，独在潜心久永涵。猥念百家非己好，妄将一贯与君谈。贤如赐也才知二，学若陈亢只得三。此道误来因自足，却随鹏鸟话图南。"后者为："心源寂静映寒潭，每欲操存更养涵。顾我自思攀剧论，荷君时与得高谈。眼前旧识知多少，物外深交没二三。幸久相亲频握手，遽成分别又东南。"

罗从彦说，前一首意为学无止境，要想有鹏鸟之志，需要长期潜心、一以贯之。后一首强调心官的重要性，它是万物之源，只有久久为功，操存涵养，才会有远大志向。

李侗说谨记师训，但越听心里越慌。

剑浦县的张公，有志于圣人的学说，与罗从彦关系密切。他家里收藏许多儒家经典，是一个诗礼之家。那次聚会，罗从彦写了一首《和张公叙别》古风，称赞他"忠孝阐家门，诗礼光族绪"。

罗从彦还高兴地对弟子们说，他和张公"何幸天相之，幡然交邹鲁"。

罗从彦的"特奏名"消息不日传到樟岚，李侗感觉是心想成谶，但喜忧交加。

八月上丁日，罗从彦奉州守周绾之命在州学举行释菜礼之后准备赴任。

离别的日子如期而至。

清晨时分，罗从彦盥漱、梳理之后，整理衣裳。他拍了拍身上的灰尘，然后把手伸进怀里，掏出一张纸片，看了看随手塞进箱笼。

村口的栾树下，罗从彦张开双臂，拥抱李侗、罗革和罗氏家人，而后拱手道："就此拜别。"

李侗注视着罗从彦，罗从彦回头对李侗笑了笑。李侗知道，那笑意有他的希望和期待，也有他的酸楚。

罗源山道弯弯，李侗、罗革和罗氏家人看了看罗从彦的背影，随后彼此看了看对方，再抬眼看时，罗从彦的身影已弯出了山外……

跋山涉水历艰辛　从彦灵柩归故里

理学家说"理在万物之先"，但有的能预料，有的难预料。谁都没想到罗从彦去博罗后他家发生的变故。

罗从彦去博罗的第二年，他的儿子罗敦叙去世，年仅 38 岁。罗敦叙去世时，留下遗腹子，于绍兴四年（1134）八月十五日出生，名叫振宗。后来，罗氏宗族把族侄罗永过继给罗从彦作为继子。

李侗常常晚上独自坐在禾架上，遥望西南天空，遥想罗从彦的生活。李侗也常常到罗源打听消息，但师母也不知底细。后来，才听说罗从彦到罗浮山静修了。李侗不敢奢望还有南斋书院的景象，只想早日告诉他家里的不幸。但是，李侗等了几年，等到的却是一声横空霹雳。绍兴六年（1136）春，传来罗从彦于绍兴五年（1135）十二月冬至前返乡在武平县病逝（一说卒于官）。李侗当天赶到罗源询问师母，得到了证实。原来，罗从彦和侄儿罗仑从博罗返乡时，在武平患病，三天后不治身亡。罗从彦去世时，时任汀州教授的罗革赶到武平为他料理后事，但因匪患，道路受阻，寄柩在开元寺。

李侗还得知，罗从彦去世那年，他的老师杨时也过世了。

李侗对吴氏说："父生、师教、君治，现在缺父又缺师了。父生之而有时，师教之而无时啊！"

李侗的儿子渐渐长大，但李侗心里一直笼罩着阴影，这不仅因为儿子顽皮，更担心的是他们的前程。

科举制自隋唐开始后，为贫穷人家的孩子入仕提供了可能。李侗也是想科举入仕的，只是因为时运不济落选了，为此他时时耳提面命儿子读书，想让他们完成自己未竟的儒业。为此，李侗教儿子识字、组词之后，开始教他们辨析语法规律。他说两个名词相叠，前一个是动词，后一个是名词。比如"文王以百里之壤而臣诸侯"，这里的"臣"与"诸侯"的词性都是名词，但"臣"在这里用如动词。他说形容词活用的情况有两种：一种是意动。比如"会当凌绝顶，一览众山小"，这里的"小"是形容词的意动用法。一种是使动。比如"老者安之，朋友信之，少者怀之"，"安"是使……安，"怀"是使……怀。他说副词后多是形容词。比如很高、很好、很坏等。但是，副词后的方位词则是动词。比如，"江水又东"。这里的"又"是副词，"东"是动词，意思是江水向东流。

李侗知道，理学家把儒家的五伦思想上升到天道，他们用理来解释儒家经典。所以，李侗也常常给孩子们讲一些理学名词。比如形上形下、天圆地方、天覆地载、乾坤阴阳等等，培养他们的语感。后来，又教他们一些哲人言语。比如天道、地道、人道，人道不能作用于天道，但会影响天道等等。李侗还通过生活实践教孩子们观物察理。比如，他把一个长满青草的盆钵端到屋内，让孩子观察变化……

时光对每一个人来说都是公平的，但有的人度日如年，有的人一帆风顺。李侗虽属后者，但时光如梭同样给他带来压力，而这个压力源于罗从彦棺柩归葬。因为开元寺僧每每托人告知尽快让罗从彦灵柩归葬。李侗早想筹钱了却这个心愿，但时间一晃数年。绍兴九年（1139）归葬之事更加紧迫，原因是师母已年高六十有八，李侗担心她看不到罗从彦归葬的那一天。

李侗家的兰花种得好，卖了不少钱，但劝禁溺婴又花了不少，所以为罗从彦棺柩归葬迟迟不能实现。绍兴十年（1140），49岁的李侗又有了一次机会。农历正月末的一天下午，外地来了一位客商，说是要高价购买李侗的兰花。李侗欣喜之至，除了每种各留下几盆作为标本外，其他全部给了客商，得到一笔可观的收入。

第二天，李侗前往罗源与罗氏族人商议罗从彦归葬之事。他们确定了时间、路线、费用、人数后，根据分工各司其职做好准备，一场历史上为师归葬的佳话在南剑州城东南悄然展开。

罗从彦有两个大伯神统、神纶和两个叔叔神勋、神熹，罗友是神熹最小的儿子，是罗从彦的堂弟，在广东惠州任判官，罗从彦任职的博罗县属惠州管辖。罗友得知李侗为罗从彦归葬，跟家人约定，到时派人前来护送。

孟夏的武平县，树木峥嵘，郁郁葱葱。这天上午，一群陌生的外地人打破武平县开元寺的沉静，这里正在举行一场为亡者归葬的仪式。他们就是李侗和罗从彦的继子罗永一帮人马。

简单的仪式之后，几辆马车朝县城北面进发，开始了罗从彦归葬之旅。

武平位于闽、粤、赣三省交界处，地跨汀、剑二州，必须经过上杭、连城、尤溪、三元、沙村数地，单趟就有数百里。李侗深知此行极为艰巨，尽管做了充分的准备，心里还是忐忑不安。归葬的几辆马车依次前行，走在最前面的是罗从彦的灵柩，第二辆是换洗的衣裳、被褥，第三辆是食物和锅、碗、瓢、盆及备用工具。

武平到剑浦的道路有几道坡、几道坎、几条河、几个渡头，已在事先有过粗略的了解。马车出城后北折，一连几天缓缓而行，日行20多里，一路顺畅。

那天傍晚，李侗一行露宿一处山谷，准备第二天翻越大山。

乘着月色，大伙垒石为灶，燃起火堆做饭、烧汤。

李侗匆匆填了肚子，静坐一旁，思考第二天如何能在日落之前走出大山，以免遭遇不测，因为大山深处虎狼成群。但是，绞尽脑汁也没想出好办法，最多只能在用餐上节省时间，为此他交代晚上多给每人准备一份食物，以便白天充饥。

天刚蒙蒙亮，马车的辚辚声就在山谷间传响，两旁树木荫如华盖，潺潺水流、吱吱蝉声，李侗一行驱车在凹凸不平的山路上颠簸前行。溪涧的尽头一座独木桥拦住了去路，往前就是海拔1500多米的高山，雇用的马车就此结束使命，李侗叫两个人先到前头联系下一站的车辆、食物，以便接应。

山里人走独木桥不难，但抬棺柩过独木桥却无比费劲。李侗在前后各安排两人，脚跟贴着脚跟缓慢前行；又在棺柩底部头尾各支一根横杆，四人涉溪用手托举，减轻桥上抬棺者的重量。费了好大一阵工夫，才把棺柩送到对岸。稍做休整之后，开始了五里长坡的爬行：抬棺柩的人分为两班，每班四人，前后各二人并肩。

山路崎岖，枯萎的树叶在脚下沙沙作响，众人喘着粗气艰难前行。越往上，山越高，路越窄。一道缓坡之后，迎面而来的是一段陡峭的崖阶。为了最大限度保持平衡，李侗吩咐放长前端的绳索，垫高尾部托架，以一班人马作为主力，其他人前后相助、左右支持。崖阶时而荫蔽于丛林之中，时而遮蔓于葛藤之下，路面长满青苔，吃力不均，摇摆不定，每上一个台阶都步履艰难，百米长坡之后已是大汗淋淋气喘吁吁。

穿森林，爬陡坡，蹚溪涧，越沟壑，路在脚下缓缓延伸，几个时辰后来到山顶。山路如同一条栈道嵌于崖壁，俗称"百丈崖"。李侗虽然生活在南剑城南，但极少登过高山。站在崖边的李侗俯首鸟瞰，只见峰顶高绝，云海生波……

"山路盈尺，下临深渊，不见谷底，如何抬得过去？"李侗和罗永再三思忖，决定采用拖锛的办法。他们在地下横向铺30多截毛竹，棺柩两端绕以绳索，绳索另一端绕在大树上。棺柩前移一步，绳索收紧一分。然而，天有不测风云，就在棺柩前端越过崖面时，绳索用力不均，棺柩尾端滑向悬崖。说时迟，那时快，一拨人马调头紧拽绳索，均衡地把棺柩移到平地。一番惊心之后，棺柩缓缓通过悬崖。

日中时分，大伙沿着小道向上前行，在山顶上找到一块平地，因为赶路不能煮饭，只好架起锅灶烧汤，就着头天晚上准备的芋、粿配食。

五里陡坡过后，是五里下坡。上坡坎坷艰辛，下坡也艰难曲折。李侗一行调转棺枢，将垫高托架的尾部调到前头，减少前面的重量。一路行来，走走停停，曲曲折折，肩上越发沉重，步履越发艰难。不知过了几道弯、几道坎，太阳西斜时下到山脚。一道弯口过后，传来马嘶声，联系前站的伙计带来了三辆马车。

李侗知道下一站是渡河，晚上安排另外两人打前站联系船只。

又是一个漫漫长夜，静下心来的罗永觉得先前麻木的肩膀此时疼痛难忍。罗永虽没念过多少书，但民间之事懂得不少。他听长辈说，药物在睡觉时更有效，于是招呼大家用药，然而大家却无力响应。李侗更是体力不支。罗永乘着月光，挨个帮大家抹药。当罗永的手触摸到李侗肩膀时，李侗轻轻抓了一下罗永的手，像是梦中呓语道了一声"兄弟！"罗永知道，这一深情的称呼，是李侗与继父十多年的情谊。

天光微露，啾啾鸟鸣第一声向人们传达新的一天开始的消息。匆匆用了早餐，棺枢与行李转到马车。虽然卸下肩上的负重，但路窄弯急仍须扶枢前行。

马只有瞻前的思维，没有顾后的智慧，一心只顾埋头走路，不顾车轮底下是否有障碍物，扶枢人与驾车人必须互通消息，及时调整方向。颠簸了大半天走了十几里地，进入连城地界。过了一个山垄，来到莒溪渡口。付足车马费之后，载船过渡。

为罗从彦归葬的艰难，李侗事先有过充分的估计，但无法预料的困难无时不在，着实让李侗心焦，而且李侗知道，更艰难的旅途还在后头。渡过莒溪，又是一路行车，午后时分一座芦苇大山进入眼帘。根据测算，这条芦苇山道长约十里，山中用火之患且不说，更担心的是猛兽侵害，必须一天越过，否则会有凶险。为了慎重起见，李侗与罗永商量，还是在过山之前休息半天，以免发生意外。

当晚，李侗一行除了准备第二天的午餐外，还对马车进行维修。

第二天一早，三辆马车在山道中盘旋。起初地面平坦还算好走，随着山道向大山深入，人迹罕至，芦苇浓密，锯齿般的芦苇划过脸颊、手臂，血流不止。更糟糕的是山道密不透风，路面多积腐烂芦苇，车轮常常深陷其中不能前行。李侗一方面叫人环顾左右，一方面叫人在前面开道，马车方缓慢前行。在一处山坳，马车停了下来，原来一道崩塌的山体挡住去路，李侗与众人挥锄整平了道路始得通过。

到了山顶，已过正午时分。为了赶路，大伙从袋囊中取出干粮充饥……

时间过得飞快，根据日影，李侗知道行程还很艰巨，催促大家抓紧时间赶路。然而，就在大家汗流浃背顾不得喘气时，远处传来一声震动山林的长啸。那声音熟悉得让人不寒而栗，几个人当下蹿到树上。因为慌忙，罗永的小腿蹭到树杈，只觉得一阵麻木，低头一看发现小腿染红一片。

声音越来越大，越来越近。大家屏住呼吸，目不转睛，都想第一眼弄清芦苇中是何物，也担心自己与眼前的怪物正面交锋。响声过处，芦苇瑟瑟颤动，突然声音戛然而止，一道幽光从芦苇缝间掠过。定眼看时，一只斑虎暴露在水渠旁，随同斑虎登台亮相的还有一只虎仔。

虎妈妈与虎仔望着几棵大树，但虎仔没坚守多久就开始自娱自乐，而虎妈妈则专心致志。起初，虎妈妈站着等候，不久趴在地下，时而闭目养神，时而张开血盆大口，虎仔则在一旁尽情玩耍。虎妈妈闻到一股腥味似乎明白，虽然没有品尝过眼前的食物，但估计不会太差。

接下来的情状更让李侗一行惊恐不已：只见虎妈妈的鼻子在地上嗅了嗅，然后一屁股坐到罗永那棵树下，朝着树上直吼，顿时百鸟惊飞，罗永两腿直打哆嗦。许久，虎妈妈不甘心守株待兔，伸过懒腰，蜷曲前蹄，呼的一声站了起来。罗永见状，心里一阵紧似一阵。虎妈妈见没动静，绕着大树转圈，一边吼叫，一边舞爪……

李侗在距罗永二三米外的另一棵树上，他知道这是老虎扑食的前奏，望着眼前凶险的一幕，他默默为罗永祈祷。李侗挪了一下脚尖，一只手不由自主地伸入腰间的布囊。突然，他无意间摸到一个熟悉的东西。李侗既喜又慌，喜的是那东西可能是一根救命稻草，慌的是担心事情可能更糟……

虎妈妈在树下极不耐烦，就在虎妈妈跃起的一瞬间，一个东西落到虎妈妈的耳根。虎妈妈见天上掉下一个带着火花的东西，早有三分害怕，随即又听到一声炸响，虎妈妈惊得一屁股坐在地上。还没等虎妈妈缓过神来，又一个东西落在水渠。虎妈妈看到水里冒着青烟，伸出头来探了探，瞬间看到水面炸出水花，吓得连蹦带跳，带着虎仔蹿入芦苇丛中。

原来，李侗的布囊内是几只鞭炮，因为在武平开元寺没全部用完，想不到在这里派上了用场。两只不起眼的鞭炮吓倒山中之王，大家乐得开怀。

逢陆车载，遇水行舟，遇坡肩扛，一路颠簸，一路艰辛。

江南虽偏安一隅，但也并非天下太平。一天下午，李侗一行在一条浓荫道上歇脚，神情迷糊间，被一阵吆喝声惊醒。只见来人头戴方巾，身背刀剑，腰系胡壶，脚缠绷带，一副匪盗模样。罗友派来的虽说是护队，但因为归葬事体大，担心弄巧成拙，没有和匪徒计较。匪徒见归葬队伍中有的人言谈文雅，有的干练灵敏，似乎猜出几分。加之，归葬队伍个个衣衫褴褛，棺柩也陈旧，不像有诈，没有更多刁难就离开了。

这天傍晚，李侗一行来到永安城外的大溪渡。大溪渡是沙溪流经永安城外的一个渡口。沙溪流经上百个村庄，到剑浦县的立墩与富屯溪交汇形成西溪。

到了大溪渡，李侗一行如同吃了定心丸，辞退了马车，安放了行李之后，夜泊渡口。

天刚微亮，草草用过早餐，河面划过一道波纹，舟船渐渐消失在崇山峻岭之中。沙溪到剑浦是顺流，一切交给了舵手和船夫，李侗一行放松了心情，浓重的鼻鼾声在船舱里此起彼伏。

李侗自投入罗从彦门下，从心性躁动转向静默澄心，但在舟船的时间一长，无边的风景还是让人百无聊赖。闲来无事，李侗与乡友聊起罗从彦的许多故事：如罗从彦教他如何静坐，如何观察万物之理，如何认识、实践人事之理，等等。李侗娓娓道来，友人听得津津有味。

说话间，有人对李侗用鞭炮吓虎一事念念不忘，但对为何只扔两只鞭炮有些不解。李侗一脸灿烂地说："这件事与理学家说的仁民、爱物有关。要知道我们当时的处境是虎的威胁，但用火又有隐患，一旦山上着火，虎早就没了踪影，而我们则首当其冲。更重要的是还有路人、村寨，所以我还尽可能把鞭炮丢到水渠。再说鞭炮能不能吓虎也难说，退一万步说，即使发生虎患，也只是个别的，不可能把我们所有人都吃了，而火患则是毁灭性的。自古道：'水火无情。'二者权衡，防火比防虎更重要。"大家听了之后，称赞李侗学以致用。

沙溪到剑浦航程两日可达，泥葛、小砂、龙腰峡、鲤湖、山尖洋、荆东村、三元、碧口、虬江……七八个时辰，舟船航行了几十里进入沙村（今福建沙县）地界。李侗、罗永二人虽然以前没到过沙村，但对沙村的地名颇为熟悉，因为罗从彦生前曾受挚友陈渊、廖仲辰邀请到过沙村讲学，至今洞天岩还留有罗从彦的故居。

孟夏不是多雨季节，但却天气多变，中午还是阳光朗照，下午却疾风骤雨。为避暴雨袭击，船夫把船停在一道弯口。到了晚上，雨越下越大，瓢泼似的铺天盖地而来，几个时辰后山洪暴发。半夜里，风势渐大，船只剧烈摇晃，李侗与乡友上岸加固缆绳。但雨借风势，风假雨威，一个劲地袭击船只，本来就不太牢固的船篷被刮得七零八落，如注的雨点倾盆而下，李侗一行十多人躲在船舱任凭雨水浇淋。

次日一早，李侗一行发现四周一片泽国，小船如同一叶孤舟。李侗与罗永商量，此时最重要的是保住棺柩不落水，其他事都可以抛到脑后。但是，一夜雨水浸泡，许多人打起了喷嚏，李侗赶忙吩咐一边生火烘烤衣服，一边烧姜汤御寒。按照行程到剑浦还需一天时间，不料途中生变，食物也已不多。村庄、稻田都泡在水里，即便有钱也难找到补给。李侗把原定的一天食物分为三天，每天定量煮粥，每人一小碗，没菜就吃白饭，或加些许食盐调节胃口。李侗虽对饮食不大讲究，但饭中加盐，进口就吐，所以把大部分定额分给了乡友。

困顿在沙村地界的李侗一行无计可施，但附近的罗氏宗亲得知李侗为罗从彦归葬受困后，纷纷伸出援手。族长来了，宗亲来了，罗从彦生前的好友也来了，他们带来了食物，更带来了无限的温暖。在沙村罗氏宗亲的请求下，李侗为罗从彦举办了一个简单的祭奠仪式。

20多天的日夜、地跨百村、往返近千里的武平之行终于落下帷幕。停枢在外五年之久的罗从彦棺柩终于回到了故里。

回到樟岚的李侗，瘫在家里五六天。吴氏精心照料之后，李侗渐渐缓过劲来，想起罗永请托之事，操起笔来撰写《豫章罗先生墓志铭》。

孟夏末的一天，罗源黄漈坑的一座山梁上，山川沉寂，哀乐悲鸣，人们在这里举行罗从彦归葬仪式。墓地右侧立李侗写的《豫章罗先生墓志铭》[嘉定六年（1213）郡守刘允济立志碑]。

众人离开的时候，李侗在罗从彦的坟头上培了最后一抔土……

从此，南剑州除了"李寄斩蛇""双剑化龙""车胤囊萤""程门立雪"成语典故之外，又多了一个"为师归葬"的佳话。

竭力寻搜遗著　孤诣劝禁溺婴

花香、茶香、书香，坐在书桌旁的李侗，觉得有一种小圃幽香称雅怀的惬意……

李侗家的书不多，除了那次聚会廖仲辰发的罗从彦的《二程语孟解》之外，还有一本是《议论要语》。这篇文章是七八年前石公辙（一称石公辙）赠送的。绍兴二年（1132）八月上丁，罗从彦在南剑州学主持举办释菜礼，李侗也去了，并且有幸认识了石公辙。石公辙是绍兴府新昌（今浙江新昌县）人，绍兴二年（1132）"特奏状元"。南剑州学兴建五年后，于建炎四年（1130）焚毁，知州刘子翼因为原址险隘，拟将州学迁至城南。继任太守周绾买来材料，招集工匠准备重建，并请石公辙负责此事。

绍兴二年（1132），罗从彦赴博罗任之后，在剑浦相知之人只有石公辙。李侗读书遇到困难时，常常进城向石公辙讨教。那年冬天，李侗拜访石公辙，谈起无书可读的时候，石公辙递来一本罗从彦的《议论要语》。李侗欣喜万分。

罗从彦的杂著好几篇，《议论要语》是其中之一，内容多讲人君之理、治国之理、为政之理、为学之理。比如文中说：人主读经典要领会其中的意思，读史则要师法其中的事迹。读书要先读《尚书》，读史要以《唐书》为重。因为《尚书》多论述人君善恶，《唐书》则论述朝政变故最多。又如，朝廷立法不能不严，专司行法不能没有推己及人的恕道。立法不严难以禁天下的罪恶，没有推己及人的恕道则难以通天下物理人情。又如，祖宗法度不能废，不能把恩泽作为有恃无恐的凭借。废了法度则发生变乱，凭借恩泽就会有骄纵放肆之心。自古恩泽最深厚的莫过于尧舜，如果那时候认为子孙可以依靠父辈的恩泽，尧舜一定把权力传给他们。至于法度，没有比周朝最通明的。文中论述仁也很精彩。仁是人君治国理政的重要方法：人君贯之以仁，天下就会出现仁爱而不会让人畏惧；人君贯之以义，天下就只有让人害怕失去仁爱的情怀。自汉代以来，二者多少有些偏差，如汉文帝过于强调仁，宣帝过于要求义。仁可以过头，义不能过分。又比如，人要立身，常常可以运用的办法是道德，不能常常运用的是威严。因为道德的作用是感化，深入到人心就会百世不忘，威严则是用刑政对人进行限制，浅于表面只是一时的害怕。道德和威严二者不能偏废。

罗从彦的文章不只这一篇，那时候李侗盼望罗从彦早日返乡，既可重现南斋书院口授心传的旧观，又可研读罗从彦的著作。罗从彦去世后，李侗的希望成了泡影。于是，李侗开始着手搜集罗从彦的遗文遗著，但让李侗伤感的事接踵而至：石公辙于绍兴五年（1135）任州学教授四五年之后，已调往外地。

罗从彦的师友中，与石公辙、陈渊、廖仲辰三人关系最为密切，特别是石公辙在剑浦时间长。于是，绍兴十年（1140），李侗给石公辙写信，并附信向他借阅罗从彦的《遵尧》《台衡》，即《又小简借遵尧台衡录》。李侗说，承蒙见教，罗从彦以前写《遵尧》《台衡》二书，很想请您赐给我阅读。如果能在信中附寄过来，那是我很希望的事。因为现在多是冥思端坐，没有学友交往，想依靠以前师友留下的文章，驱除心中的昏乱。如果你有以前跟文人雅士唱和的佳篇，也希望寄来让我拜读。看完之后物归原主。①

但石公辙的回信让李侗失望。石公辙说，《遵尧》《台衡》二书，被八一哥拿走了，可惜没有抄录下来。而近来听说他去世了。他既没有趋向儒家之门，也不知道他对儒家的情怀能持守多久，真是让人叹息。②

李侗知道，信中说的"八一哥"是罗从彦的独子敦叙的小名，李侗后悔当初没有问过这件事。

李侗收到石公辙的回信后，又给他回了一封信，即《又与教授公书》，但信中没提书的事情。

大龄结婚，近不惑之年生子，绍兴五年（1135）三个儿子大的才9岁，小的才4岁，正是李侗需要勤勉养家时期，但时不我待，李侗除了耕种之外，把心思放在找书的事上。

石公辙手上没有，再找陈渊。

李侗回想起当年向陈渊借书《春秋传》《上蔡语录》《易传》的曲折经历。原来，秦桧等人把持朝政，无人敢言。陈渊虽出身布衣，但为人正直，敢于直谏，被秦桧、郑亿年降为宗正少卿。绍兴五年（1135），因廖刚举荐，充枢密院编修官。七年（1137），又因胡安国举荐，赐进士出身。九年（1139）迁监察御史，不久升右正言。十年（1140），升秘书少监兼资政殿说书。李侗知道资政殿说书的分量，希望陈渊能改变权臣结纳私党、斥逐异己的局面。

但是，陈渊给李侗回信却道出了另一番隐忧。他在信中除了说学说的艰难之外，更隐晦道出了朝政的险恶。陈渊说，朝廷不知今日所用之人智愚，把那些人放在重要的位置。他们平时蛊惑人心，一旦时机来临，恶行就暴露无遗，局势越发难控。想像李侗你这样遵守恕道

① （宋）李侗《又小简借遵尧台衡录》记载其向石公辙借书史实："侗向承见谕，旧写得罗先生《遵尧》《台衡》二录，欲望颁示一观。若蒙寄附便来，甚望。盖兀坐绝无过从，正赖师友之说，散胸中溃溃耳。有昔日唱和佳篇，亦冀不外相示。看毕即上纳也。侗再拜。"

② 《鼎元教授答李先生书》是石公辙给李侗的回信："《遵尧》《台衡》二书，乃为八一哥取去，可惜忘录。此子近闻其为绝世也。既趋向异途，存存罔知，但可太息耳。"

的人，都无法扭转险恶的时局。陈渊还说，自己正准备转求外补，以便顺利度过余生。同时，陈渊感谢李侗的褒奖。陈渊最后说，拄着拐杖不能走远，信中所说不能尽言。[①]

李侗心惊……

李侗以野观朝，陈渊以朝观朝，看问题更透彻。果然，他的预测变成了现实，而且比想象的要严重得多。绍兴十年（1140）四月二十一日，陈渊罢归沙县。原因是忤逆权相秦桧，遭何铸弹劾。

罢官了也好，无官一身轻。

李侗得知陈渊有理学著作，写信向他借书。于是，陈渊给李侗寄来了胡安国的《春秋传》、程颐的《易传》及曾恬、胡安国的《上蔡语录》。[②]

李侗嗜书如命，对师友所赠罗从彦遗著爱惜有加。《上蔡语录》看多年了，背得滚瓜烂熟，纸张有些斑黄，李侗一字一字重抄了一本。石公辙赠的罗从彦的《议论要语》也抄了一遍，还请陈渊写跋。绍兴十一年（1141）正月初三日，陈渊寄来《语孟师说跋》。跋近千字，重点是说从罗从彦去世后，很少有人传这篇文章，不是李侗有志于圣人之学，怎么可能这么专心？李侗抄录一本是为了细细品味。[③]

李侗不仅自己搜集罗从彦的遗著，也帮助朱松搜集儒家经典。

朱松对李侗说，教孩子读书却找不到书，要李侗帮忙，李侗则请

---

① （宋）陈渊《答李延平先生书》称："自仲素老友之之亡，龟山先生继迹，旧学无所就正，获罪于往日从游之贤者多矣。方兹待尽丘壑，朝廷不知其愚，置在要地，平日自诳，一旦暴露，益复难处。想虽如吾愿中之恕，亦不能掩其恶也。用是日念在朝，转求外补，以毕余境，尚赖忱诲，洗涤积垢，而来教奖，何以当之？行亲杖履远，纸言不能尽。"

② 李侗向陈渊借理学著载于宋黎靖德编《朱子语类》卷一百三载："李问陈几叟借得文定传本，用薄纸真谨写一部。易传亦然。""文定"为胡安国谥号。"几叟"为陈渊之字，"文定传本"应指胡安国《春秋传》和曾恬、胡安国所编《上蔡语录》。《易传》为程颐所作。

③ 正月初三日陈渊作《语孟师说跋》称："今日李君愿中以其遗书质予，其格言要语，自为一家之书。阅其学益进，诵其言亦可喜，信乎自心害而去之也。自仲素之亡，传此书者绝少，非愿中有志于吾道，其能用心如此之专乎？既录一本以备玩味。今录其书，并以仲素之所受于龟山者语之，以俟异日观其学之进，则此语不无助焉。"

在外为官的吴方庆代劳。

原来，李纲施政七十日被罢官，吴方庆结束了在他帐下的参议官公事之职，转而出任福州司户。升从事郎，又知松溪知县，秩满出任遂安军（治所在严州）节度推官。李侗托吴方庆购买当地所刻大字本《论语》《孟子》复本，说是朱松教子需要。李侗在给朱松的复信中说，吴少琳办事用心，你委托很久求取的《语》《孟》二书，听说他在严州已镌印回来了。这两部书稀少，其他途径难以获得。①

一段时间以来，李侗心里一直笼罩着阴影：他担心"有其父必有其子"，自己以前的怪癖会验证在几个儿子身上。果不其然，三个儿子，不是今天险些陷入涌管（即管涌，田里会冒出冰冷的泉水，四周烂泥，站在田里周围都会颤动），就是被马蜂蜇。

"你们李家儒业在你父亲手中断了，靠你们三个中兴门庭，责任重大啊！"吴氏叮嘱三个儿子。

"有你们的，玩耍起来跟我少年时代毫不逊色。读书……"李侗更加严厉。

李侗不敢再让儿子放肆，给了他们"脸色"……

李侗先教三个孩子辨析汉字。他问友直："口字里面加一横是什么字？"友直回答："日。"

李侗问："只有一个日字吗？"友直疑惑地说："对啊，除了日字还有什么字？"李侗说："再想想。"友直肯定地说："没有了。"李侗提示："古代说话的说怎么写？"

友直哈哈地笑着说："那也不对，正方形的口加一横才是曰字，竖的长方形加一横是日字。"李侗说："哦，对。"

李侗问友谅："口字里面加两横是什么字？"友谅说："目字。"友闻抢着说："加两竖不也是目字？"李侗说："加两竖还是目字？"

---

① （宋）李侗《吴方庆先生行状》记载李侗为朱松购书之事："侗再拜，上问韦斋监税朱友：向来所求大字《语》《孟》，闻少琳在严州印归，遂以应命。别寄人求之，谅不易得也。"

友闻把纸摊在桌上，在口里加两竖，然后对父亲说："嚄，这不是目字?"李侗问："还有横的目?"友闻说："眉是横的，目为什么是竖的?"李侗说："倒是有'横目'这个词，但不等于目字是横的，只是形容怒目而已。友闻听了之后，把纸转过来对父亲说："看，这不是目字?"李侗和友直、友谅看了之后，哈哈大笑。

李侗在樟岚生活悠然，他不企望上天的惠顾，只是作为为人之夫、为人之父的责任，希望过着居有其屋、暖衣足食的安逸生活。当然，这并不是他生活的全部，教子育儿、读书学习也是他生活中的重要组成部分。

天地相依、昼夜相磨，万物周而复始，每个时代的人们都在重复先辈的喜怒哀乐。李侗的三个孩子渐渐长大，而且少小聪明，常在母亲面前问天问地。那天上午，三个孩子围在母亲身边问起人的由来。

友直问："人是谁生的?"吴氏说："母亲生的?"友谅问："母亲又是谁生的?"吴氏说："母亲的母亲生的。"友闻问："母亲的母亲又是谁生的?"吴氏说："问你父亲，他知道万物，更知道天理。"

当晚，三个孩子把话题交给了父亲。李侗听了之后哈哈地笑着说："人是理生的。"友直好奇地问："理也能生人?"李侗说："理何止能生人? 还能生万物呢! 天地、山水、竹木、禽兽不都是理生的?"

三个孩子听了嗤嗤大笑。

对天理已有深入了解的李侗，知道家与社会是休戚与共的整体。李侗虽然安逸，但村里的事却多，其中一个困扰人们的烦恼就是溺婴。所谓溺婴，就是因家庭经济困难养不起，把刚生下来的婴儿溺死。据说，这种恶习始于唐代，到宋代更为严重。樟岚每年也会发生几起。一时间，溺婴之事在村里掀起轩然大波。虽然大家都觉得溺婴有悖人伦，但又表示无奈。

宋代闽地的溺婴以闽北三府（州、军）最为严重，这种现象既发生在贫穷人家，也发生在富裕之家。如浦城人章惇出生的时候，父母不想养育，把他放入水里，准备溺死。崇安人胡安国的侄儿胡寅出生时，父母也因家里男孩过多想溺婴，安国的妻子梦见有大鱼跃入水中，急忙抱来自己养育，救了胡寅。而三府（州、军）中，南剑州的溺婴名声最恶。

早在为罗从彦归葬之前，李侗就为劝禁溺婴费力不少，但效果甚微。

那天下午，春雨绵绵，李侗到邻村吃酒。饭后，宗亲朋友闲聊，话题最多的是溺婴。起初，多是男人话多，但分析原因无非都是子女多、税赋重、养不起。女人们不好意思掺和，只是忙着手里的活计，或缝鞋，或补衣，或拣菜，听男人们闲扯，最多只是你看看我，我看看你，脸上露出悲情。但是，不知什么时候，有人说了一句"养不起就别生"，女人们像是找到了话茬。有人说："不知女人难。"有人说："生儿费力气。"有人说："谁愿意生啊？"

男人没了声音。

女人还在兴头上，言语越来越犀利，开始一致谴责男人。

有的女人说："都是你们男人作怪。"有的女人说："都是你们男人惹的祸。"有的女人干脆说："你们男人不会克制一点？"

男人个个面面相觑……

李侗没想到，一次聊天变成女人对男人的声讨。

难题，没人做出解答。但是，随后大家把目光投向李侗。李侗看了看大家，问"看我干吗？"

不说倒好，说了却招徕议论。

有人对李侗说："你家没出现溺婴问题，有什么经验跟大家说说，让大家既能享受夫妻之乐，又不至于有溺婴之忧。"

李侗说："我又不是神仙。"

有人对李侗说："神仙不神仙倒无所谓，但你家确实没有溺婴问题，应该有些可以传授的秘密……"

李侗尴尬了。他没想到，人们从禁止溺婴扯到生育，从生育扯到自己身上。

溺婴是一个痼疾。李侗知道南剑州的顺昌县是溺婴的重灾区，杨时就给在顺昌任知县的友人俞仲宽写信，请他在当地劝禁溺婴，俞仲宽果然颁布《戒杀子文》。李侗也知道，朱松在政和任县尉时，也作《戒杀子文》。李侗还知道，他所在的南剑州为劝禁溺婴，也循循善诱劝导乡民，并采取了一些救济方法。但是，李侗更知道，溺婴不是一般的救助，而是群体性的济贫问题，自己只是一介平民，既没有人力资源，也没有行政资源。没有别的办法，只有劝禁一途。

在剑津里，李侗讲溺婴的危害性。他说，男人与女人除了性别不同外，二者都是人。没有女人，何以有男人？古人说，阴阳合和而万物生，人类社会也一样。别人和我一样，有头有手有脚，有耳有眼有鼻，无论大人童子，无论女童男童都是人，溺婴与杀人没什么区别。

在长安南里，李侗阐明人与"仁"之间的关系。他说，人与动物的根本区别在于人有仁心，而仁心是与生俱来的，否则就不能叫人。凡是人都应该有仁爱之心，而仁爱之心应付诸万物，况且人是夫妻所生。李侗还列举了魏晋才女谢道韫，西汉才女卓文君、联姻匈奴的王昭君、文学家班婕妤，北魏替父从军的花木兰等等，认为她们都是女中豪杰，以此说明女人也能为社会做贡献，抨击溺婴是社会的一大恶瘤。

在长安北里，李侗讲"仁"与"义"的关系。他说"敬以直内，义以方外"是内与外的统一，也是体与用的统一。"仁"是内在的，"义"是外在的。心必存仁，行必举义。溺婴之事既不仁，也不义。理学家说的最关键的一句话是天地生物之心。人不仅是物，而且是万物之灵，如此残忍，灭绝人伦。

光说还不行，还必须有行动。

李侗和妻子轮番到村民家劝导。李侗知道张三媳妇可能临盆，早早对他们说要有不忍之心；李侗知道李四媳妇可能生产，早早对他们说要有恻隐之心；李侗知道王五媳妇可能分娩，早早对他们说要有仁爱之心……吴氏挨家挨户劝导说：孩儿是自己身上的骨肉，血脉相连，会说话、会哭笑、会读书……多几双筷子没关系，山上、河里东西多的是，辛苦一些而已……吴氏见乡亲没有言语，叹了一口气说"人生艰难呐……"后，眼泪垂满两腮。乡亲们知道，吴氏想起了数年前夭折的女儿。

几户人家的长辈看到这般情景也纷纷落泪……

几个月过去了，樟岚人听到了几户人家婴儿的哭声，李侗的心里有一种"救人一命，胜造七星浮屠"的感觉。满月的时候，李侗和吴氏分别登门拜访，并送上衣物。

因为帮助罗从彦归葬、劝禁乡亲溺婴，李侗一家经济日趋拮据，三个孩子的婚事一拖再拖。面对生活的诸多困难，李侗却说风俗事体大，个人事体小。

李侗在樟岚孤诣劝禁溺婴，像一股清和之气，文明风尚渐渐在乡间传播。

道德修为践乡里　田夫野老美名扬

"靖康之变"后，虽然赵氏立国南宋，但仍天下不安。从建炎二年（1128）到绍兴十一年（1141）的十多年间，岳家军与金人交战百次。李纲去世的绍兴十年（1140），岳家军北征，收复诸多失地，金人节节败退。然而，一意求和的高宗下十二道"金字牌"令岳飞退兵。不久，岳飞遭秦桧、张俊等诬陷入狱。次年一月，岳飞、岳云父子惨遭杀害。李侗多少知道朝廷一些消息，但除了伤痛、愤恨之外，能有什么能耐？

罗从彦归葬后，李侗慢慢安静了下来。一天，李侗进城经过罗源到村子里看望师母，师母取出一张纸条递给李侗。李侗看了看，发现是一张写给府衙的字据，内容是赴博罗主簿任的雇钱。李侗明白了一切。

原来，那年罗从彦得知要到博罗任官后，写了一张赴任的雇钱收据，但后来想起绍兴元年（1131）那次师生聚会时，有人说朝廷官员对此提出异议，便把纸条塞进箱笼，打消了领取这笔费用的念头。李侗分析，或许这是罗从彦辞官到罗浮山静修的原因。

万物有分殊，人也有差等，有的人喜欢下围棋，有的人喜欢放风筝，有的人喜欢玩球。李侗劳作之余，最喜欢的是躲进小屋读书。

秋天过后，万物冬藏，李侗利用这段时间读书。他逐字逐句读《上蔡语录》。他读到谢良佐说人性本一，但却是可变的。因为性是本体，目视耳闻手举足运，都是由心发生的作用。孟子之后，天下学者向外寻理，不知道心是自己的藏家宝。他读到谢良佐说心是己身。什么叫仁？活的就是仁，死的就是不仁。比如身体麻木不知痛痒是不仁。桃杏的核种下去就会生长，所以叫桃仁、杏仁。佛家把仁解释为见性就是仁，最终还是虚妄不实。圣门学者知道这种情况，一定要加倍用功。李侗觉得谢良佐讲得十分有趣：谢氏说，今天做学问应该像饿了想饮食、冷了想穿衣才行，如果做学问是想别人行善则不可。有人问谢良佐，孟子说尽心而后知性，怎么才叫尽心？谢良佐回答，过去有人问程颢先生，什么叫恕心？程颢说能充扩出去就是恕心。有人问怎么充扩出去呢？程颢说天地变化草木茂盛。李侗觉得与谢良佐真是心有灵犀。

李侗读《上蔡语录》读得津津有味，爱不释手。一天傍晚，友谅来叫父亲吃饭。李侗热情奔放，边走边自言自语地说："书可以御寒，书可以疗饥。"

吴氏思维敏捷，听到李侗这么说，打趣对三个孩子说："你们的父亲是我们家的有功之臣，他读书真能够古为今用，这辈子为我们家省了很多粮食和布。我今世能嫁给你们的父亲真是三生有幸。你们也要好好读书，是否能中举人、进士倒无所谓，也不要说书中是否有黄金屋、颜如玉，至少能为你们的媳妇省布省粮。"李侗听了之后对孩子说："你们的母亲教子有方啊！"

三个孩子听了笑得人仰马翻。

生活中的李侗常常品味罗从彦讲的两句话：一句是"圣人无欲，君子寡欲，众人多欲"；另一句是"教化者，朝廷之先务；廉耻者，士人之美节；风俗者，天下之大事。朝廷有教化，则士人有廉耻；士人有廉耻，则天下有风俗"。李侗对前一句话的理解是那些被称为圣贤的僧人、道士是否有欲望倒不要紧，那些无欲无求的隐居之士以山水为乐也无关紧要；人君大臣则要寡欲，因为他们用权易如反掌；百姓则可以多欲，因为他们是物质和精神文明的创造者。李侗对后一句的理解是作为士人应当师范后世，成为世人的楷模。

儒家的道德性命之学从尧舜到宋代几千年，虽然其间存亡接续，但多数国人仍然依照周代所定的礼制实践于社会生活。李侗就是其中一个代表。他的道德修为路径就是儒家所说的亲亲、仁民、爱物。

亲亲就是事亲敬长，包括物质和精神两个层面。李侗本来就勤劳。他理解的天命之性是勤以立身、勤以养德，这是基础。他很怀念吴方庆在樟岚的那段时光，那时候的农事经常有他帮忙，减轻了自己很多负担。现在随着人口的增多，物质需求越来越大，五口之家加上年迈的母亲，每年稻谷需80多石（一石等于120斤）。为此，李侗勤耕力作，不误农时。

敬长属于精神层面的问题，且比物质更难，为此李侗常对家人说怀仁爱之心要从小事做起，从身边事做起。吴氏和孩子也懂事，对老人也是和颜悦色、有说有笑，有空的时候公婆子孙坐在一起说说家长里短、风土民情，让老人开心。老人去世的时候，李侗按照儒家的丧礼为老人送终；每年清明，李侗带着妻儿上山扫墓，而且仪式特别谨慎。

教养是父母的责任，但教子是一门学问。李侗改变了以往急躁的性子，对几个孩子也是怡颜悦色。他叫孩子时，如果孩子没有回答，叫第二声、第三声声音也不会声嘶力竭。因为他知道父慈子孝，二者是相辅相成的。

李侗的亲戚特别多，上至伯叔、兄嫂，下至婶母族侄及外家亲戚，李侗一一以礼相待。李侗处理家务稳当，家里家外，和睦相处，环境气氛严肃而恭敬，没有一点儿杂音。对待长辈，他竭尽礼仪，和悦恭敬；和年纪小的、贫穷的人相处，也各尽其道。和邻里故旧乡亲往来，情意忠厚，谈笑风生，言语详缓，人们久久不忘。李侗因扶助乡友、为罗从彦归葬，家业日趋贫薄，但仍处事有道、动静有节，所以乡人都喜欢李侗、敬重李侗。

有道是"清官难断家务事"。这是说家族内部的事务复杂，即使是清官都很难判断是非。李侗虽然重情，但又不以情代义，而是分清情义之别。

冰雪融化的阳春三月，李侗为农事繁忙起来。这天中午，李侗正在吃饭，只听见不远处一阵吵嚷声。不久，有人火急火燎上门告知，说是李侁与邻居为山林大动干戈。李侗放下筷子，一个劲地往李侁家跑。

原来，二哥李侁为人强横、性格暴躁，因为后门山上的毛竹与邻居发生纠纷。二哥的后门山上是毛竹，邻居的后门山上是杉木。久而久之，二哥的毛竹不断向邻居的后门山延伸，每年春天李侁到邻居后门山挖笋，没挖掉的笋长成竹林，占了大半杉林。李侁对邻居说，毛竹长到哪，那个地方就是他家的。李侗曾为这件事多次劝说李侁，但都没能奏效。

李侗赶到李侁家的时候，两家门前围了很多人。李侗把兄嫂、侄儿叫到一边，好言相劝还是无济于事。两家你来我往，互不相让，甚至到了拳脚相向的地步。

两家僵持了许久，就在此时，一只母鸡悄然穿过人群，优哉游哉地朝李侁家大门口走去，一妇人挤过人群捉鸡。但妇人左扑右趋，始终没能捉到，众人协力才把鸡逮住。眼前的一幕，众人只当看热闹，但李侗心中生智。他对众人说，大家都回去吧，事情可以解决了。

果然，那次风波之后，李侁与邻居再也没有发生纠纷。大儿子友直很好奇，问父亲原本剑拔弩张的事态，为什么不费吹灰之力平息了，而且是二伯退让。李侗把事情的原委告诉友直。

原来，那天大家离开后，李侗到二哥家告诉他们说："理学家说的理就在每个人的身边。我们劳作、生活，都要遵循一个道理，但不同的事物又有不同的道理。比如你们和邻居争吵道理就不同。试想，竹鞭发达是自然之理，但不能因此说笋长到哪，那个地方就是你们的。如果可以这么下定论，今天妇人的那只母鸡跑到你们家，是不是可以说你们家就是她家？如此逻辑，岂不荒唐！所以，杨时说既要知道理一，又要知道分殊，但我认为分殊更重要。"李侗还对二哥说："作为弟弟的我，为他人主张看似无情，但须知情不能代义，更不能以情害义。如果不分是非、不分善恶，如何能够和谐万邦？"

宋代的科举途径灵活，无论官学、私学，也无论年纪多大都可以参加科举，还可以不经过秀才、举人直接考进士。更重要的是，宋高宗时解除了党禁，给士子创造了良好的环境。友直、友谅念过几年乡校之后，一边务农，一边读书，李侗则精心辅导。

友直三兄弟从少年向青年过度，趣向开始慢慢呈现出来。友直、友谅喜欢读书，友闻则对舞剑弄棒感兴趣。李侗把入仕的希望寄托在两个大儿子身上，对他们说万物之所以生生不已，是因为有金、木、水、火、土五行；人类之所以生生不息，是因为有仁、义、礼、智、信五常。友直、友谅问父亲"五行""五常"是否各自独立，李侗说教化动物遵守"五常"无异于对牛弹琴，而人既是"五行"化生，又需"五常"教化。

李侗重视家教，又关注民生。乡村人家婚、丧、喜、哀，林林总总，但生产力低下的时代，男不能婚、女不能嫁的事常有发生。李侗的一位远房亲戚的孩子20多岁订了一门亲事，但女方提出除了酒席、礼担之外，还要一笔可观的彩礼，李侗的亲戚为难了：家里孩子五六个，常常是敝衣枵腹，哪来彩礼？李侗得知情况后，耐心劝导女方家人。但女方家人沉默不语。李侗无功而返，只好叫吴氏帮助那位远房亲戚凑钱。

娶妻要彩礼，嫁女则要嫁妆。因为对于嫁女之家，嫁妆是家庭经济实力的体现，没有嫁妆，女儿会遭夫家奚落。但乡村重男轻女，把女儿看成是"泼出去的水"，父母舍不得让女儿带走家里的钱财。李侗表亲的一位闺女就遇到这种困境。李侗上门劝说，但表亲也沉默不语。李侗又无功而返，只好叫来木匠，帮助表亲的女儿做了盆、桶之类的用品作为嫁妆。

仁民是李侗践行道德的一部分。

樟岚是闽江岸边的一个小村落，四周群山环抱，深山密林，虎豹、豺狼、豪猪、黑熊、猪獾、狗獾侵入民宅之事时有发生。李侗记得清楚：那年一只老虎侵入民宅叼走一头猪，那年一只花豹侵入民宅咬伤耕牛，那年一只黑熊侵入民居险些伤人……鸟兽妖精、山川邪魅也时有传说，闹得全村惶恐不安。

一段时间，樟岚人议论消除虎豹、豺狼的办法。比如下套、挖壕沟，但都觉得不妥。一天晚上，李侗想起在亭子里人们说葛洪的《抱朴子》动物变人形的趣事。比如狐狸豺狼，都能活到八百岁，到满五百岁的时候就会变成人形。还说万物到老的时候，成了精的都会伪托成人形，让人眼睛昏花觉得像人。但是，动物在镜中却能保持原形。所以，古代进山修炼的道士用直径九寸的明镜挂在身后，鬼魅不敢靠近。这个趣事让李侗得到启发。

李侗对葛洪所说的铜镜能现原形将信将疑。他不仅想看到镜中动物的原形，而且想知道鬼魅不敢靠近铜镜的缘由，但八卦镜挂了好长一段时间，葛洪说的场景并没有出现。倒是也巧，自从挂上铜镜之后，他家确实安宁了许多。李侗不解其中奥妙，一面小铜镜竟有如此功用，岂不是太夸张?!

仲夏的一天，李侗午饭后准备休息，他从门壁的缝隙间向大门瞄了一眼，只见一个花斑在眼前闪了一下。李侗立刻警觉起来，一只眼睛紧贴门缝向外窥视，这一看让李侗吓了一大跳。只见一只花豹站在门前，黑白相间，尾巴夹在两股之间，末端翘起像弯钩。花豹抬起头，两眼紧盯大门，时而向前挪步，时而向后退缩，欲前又止。突然，花豹像是受到什么东西威胁，一个转身向后逃窜。花豹立定之后，又转过身来盯着大门，最后夹着尾巴逃之夭夭。

这一幕让李侗惊讶不已。李侗虽不明白其中缘故，但他用铜镜吓花豹的故事很快在村里传开，家家户户都在门楣上悬挂八卦镜，野兽侵入民宅之事从此销声匿迹。

李侗是樟岚的一位处士，长期的修为使他养成了善于思辨的习惯，善于从事事物物中探究道理。一天夜里，李侗和大家在亭子里相聚，村民问李侗以镜驱豹的缘由。李侗没有相信邪魅假冒人形的怪事，而是悟出了另一番道理。他的解释是：铜镜之所以能吓虎豹、豺狼，是因为它们不知镜中的自我。铜镜能映出镜外之物，是镜外之物的再现，镜中之物的形状、数量、气质一如镜外之物。虎豹、豺狼不知其中道理，不仅以为镜中之物与"我"相似，而且本事与"我"相当，估计与其厮杀肯定不相上下，不会占到便宜，自然胆怯。如果四周悬挂铜镜，镜外一物变成镜中多物，动物更是觉得四面受敌，如何敢向前半步？这就是野兽不敢擅入民宅的道理。李侗说，这洪氏果真出色。

村民只知道李侗凡事都能说出个道道，但从来没听到李侗如此精彩解说，个个竖起拇指称赞李侗大智慧。

不要说夫唱妇随，也不要说出生儒家之门，更多的是良知良能。吴氏也是知性尽性的女人。她嫁到李家后，勤劳贤惠、相夫教子，为人聪明、心地善良。她见樟岚乡亲患病或伤痛缺医少药，萌生恻隐之心。于是，多方寻访村民和医家，了解草药的功用，然后上山摘采，自研偏方，邻坊人家有个头疼脑热、跌打损伤、蚊虫叮咬都上门讨要。吴氏因此得了一个"百宁箱"的称号。

吴氏果然名不虚传，因为她有不少治病的"神器"。一年春天，一个小儿在路边拨弄树枝，刚一伸手就被竹叶青咬了一口，第二天全身布满水泡、血泡，生命岌岌可危。小儿的家人上门讨药。吴氏观察伤情之后，对症下药，几个月后治愈。一年立夏，一个村民在山上拖铲被木头碰伤，手腕肿得像馒头，上门求医。吴氏用蜂蜡帮他涂抹，半个月后红肿渐渐消退。于是，蜂蜡成为村民的镇宅之宝。一年秋天，几个小儿哭着涌到李家，对吴氏说脸上痒痛难忍。吴氏观察后断定是漆树过敏，交代他们用两种办法：一是用杉木刨花煮水熏脸，二是用烤软的韭菜搓脸，两种方法都能治好。

在樟岚亭子讲故事的人又换了一拨。一天晚上，李侗夫妻和几个乡亲在一起讲述形形色色的山水之患。李侗说："要吃一堑，长一智。"吴氏说："要吃一堑，长三智。如果只长一智，万一一次就致命，可能不会有再长智的机会。比如听到脚下隆隆声，就要知道可能是地震；看到暴雨，就要知道可能发生洪水或泥石流；进入山林，就要知道刀山火海。所谓'刀山'，就是竹尖、树尖，千万不能跌倒一屁股坐下去。所谓'火海'，就是山火。"李侗对妻子说："什么时候比我还厉害了？"吴氏谦虚地说："向夫君学的。"李侗窃喜。

每个人都有点子，但面对水火之害，智者的点子智慧，愚者的点子至愚。

一天上午，李侗套上马鞍准备进城，突然耳边传来急促的敲锣声，李侗知道是火警，转身加入扑火人群。村民一拨一拨往前涌，他们冲到起火的山脚却发现有村民退了回来，并告知有人烧死了。再往前，前眼的一幕让李侗惊呆：只见地下两具蜷曲的尸体，身上还冒着青烟。有人告知，还有被火烧伤的村民。事后，李侗得知起火原因：一个村民在田边炼草引发山火。一位被烧伤的村民说，他和几个村民一起横穿火山，山火一上来，走在前面的两位村民就没声音了；自己被火尾燎了一下，滚到一个低畦处，捡回了一条性命。死者中的一位年仅20来岁，刚结婚一年，生有一个儿子。李侗还得知，那位年轻的死者听说山火后，冲出家门，路过邻居家门口时，见到妻子抱着几个月大的儿子，从口袋里抓出几粒糖塞到儿子怀里……李侗忍不抹掩泪："真是儿在襁褓，父在火海啊！"

李侗问："人近火山，就已觉得灼人，如何还敢往前冲？"村民回答："保正要人从半山腰进入火山。"李侗义愤填膺地说："火焰上，水就下，万古不变之理，愚蠢至极的保正！真害死人了！"

李侗与樟岚村民出现在县衙门前，他们要为死者讨说法。但是，县吏说："不在恤民之列。"李侗问："何谓不在恤民之列？"

县吏说："为官者死于公，称卒于官，方可抚恤。"

李侗问："可知'溥天之下，莫非王土；率土之滨，莫非王臣'，樟岚村民扑火罹难，不是守王土？"

"这……"县吏不能回答。

李侗再问："官为何而设？"

"这……"县吏不能回答。

李侗三问："死者孤儿寡母，何以生？"

"这……"县吏不能回答。

县衙不行再找州府，得到的是同样的答复，但不久街头出现一榜告示，内容是告知民众不可野外用火之类。李侗得知榜文后说，一纸空文。

当然，县衙也算有点人情，给两个死者每人一副棺材，五身衣裳，就算恤民了。至于那个孤儿寡母日后如何过活他们管不着。

死者的妻子是外乡人，失去丈夫的她只好带着婴儿离开这个伤心之地。有人说，死者家里还有两个哥嫂，何以不能救助？李侗说："能替人解决一时之痛，不能替人解决一生之痛；能替人解决一时之忧，不能替人解决一生之忧。"

在李侗心里，道学是有体有用之学，而官府中大多是士人，知道如何匡扶济世。但第一次跟官府打交道，李侗深刻体会官府也是风气浇薄。李侗怀疑士人只是讽诵儒家经典而已。

不过，尽管李侗为死难者的诉求没有得到合理的答复，但他仍然一如既往地实践儒家道德性命之学。李侗对人们说，天覆地载，善待人类：你要劳作时，天亮了；你要睡觉时，天暗了；你没水时，天下雨；你冷了，天给你太阳；你想吃东西，山上采、地里挖，不够还可以种，天地会用循环流转的办法让万物生长。我们既要善待乡亲，又要善待万物、善待天地。这叫爱物。

对李侗来说，道学很受用，因为李侗把它贯彻于日用生活。"止于至善"是儒家做人做事的法宝。李侗对人慷慨，但自家的生活却十分俭朴，人们说他像田夫野老。他量入为出，无论是接待宾客，还是人情世故、礼尚往来，从不浪费。更难能可贵的是，身在乡野的李侗对税赋总比别人缴得早。他对家人说，赋税是"君治"的措施之一，是朝廷治理天下的需要，没有赋税，如何筹集粮饷，如何抗金？

李侗的善举在樟岚传为佳话，人们称赞他是道德模范。

受荐州学任教　惜时勤勉读书

南剑州郡城的西山之巅，有一所学校，在这里任教授的任希纯想找一个德育老师。他知道樟岚有一个隐居多年的处士李侗，不仅学问深厚、学有渊源，而且人品出众，想把他聘入州学任学正。

任希纯给李侗捎去口信，请他到州学说是有事商量。李侗却回话说："州学严肃庄重之地，还是你下来吧！我这里春风满地、兰香满屋……"

任希纯果真来了。

任希纯，本名任文荐，字远流，闽县（今福州）人。当时的福州有《诗》学名家李樗、《尚书》学名家林之奇。任希纯是绍兴五年（1135）汪应辰榜进士，专治礼学，与王普、刘藻齐名。在外为官数十年，约绍兴十八年（1148）到绍兴二十年（1150），在吴康之后继任南剑州州学教授。此时，李侗57岁上下。

"州学名冠天下。久仰先生高风，想延聘先生到州学任学正职事。"① 任希纯说明了来意。

"州学教授皆有功名，才高八斗、学富五车，不是进士就是举人，敝人乡野之民，如何敢当？"李侗谦虚地说。

---

① （清）李清馥《闽中理学渊源考》卷五载李侗受聘南剑州学史实："李丈独深得其（指罗从彦）阃奥，经学纯明，涵养精粹。延平人士甚尊事之，请以为郡学正。"又说：李侗"制行不异于人，亦常为任希纯教授延入学作职事"。

任希纯摆了摆手说:"先生名望乡里,足以堪任此职。"

李侗说:"颇为不便。"

任希纯问:"如何不便?州学有斋舍,可供先生起居,只是斋舍简陋。"

李侗说:"那倒不是,我在郡城也有祖屋,只是整理费时。再说也不能丢下家业,进城后如何维持一家大小生计?"

任希纯说:"年近甲子,耕织之事,力不从心。供职州学,可补贴家用。"

李侗说:"话倒有理,儒家未曾说不能取利。"

任希纯说:"机会总是给有准备的人哦!"

李侗说:"也未必,我并没有为州学职事做准备啊!"

任希纯说:"就这么定了,等候先生光临。"

李侗说:"容些时日,先与族亲商量商量。"

任希纯见李侗犹豫不决,对他说:"没找到你要的遵尧、台衡二书,但州学有御书阁……"还没等任希纯把话说完,李侗应声道:"哦,行行行。"

李侗的祖屋在郡城北面的天河坊。李侗祖先迁居樟岚后,又有族亲入住祖屋。李侗与族亲说了州学之事,宗亲们欢心不已,说是双喜临门——一者族亲相聚,二者可以教化子弟。

进城前要安排好多家务。李侗三个儿子早已成家立业:长子友直的妻子范氏,赠宜人;次子友谅的妻子张氏;三子友闻的妻子黄氏,加上孙子孙女,人口十多个,郡城的祖屋太小。于是,李侗以祖屋为中心,东、西、南各加一拼,以木为柱,以竹木为墙,覆以瓦,形如建州的竹笣厝。李侗还设了一间小书房,取名为"柘轩"。[①]屋外四周种上桑树,既可以美化环境,又可以养蚕削茧,作为丝绵和绢纺的

---

① (宋)黎靖德编《朱子语类》卷一百三、(清)李清馥《闽中理学渊源考》卷五记载李侗简陋房屋史实:"(李侗)所居狭隘,屋宇卑小。及子弟渐长,逐间接起,又接起厅屋,亦有小书屋。"李侗有以"柘轩"之名所作之诗二首,推测"柘轩"二字即书室之名。

原料。

住的问题解决了，接下来是找稻田。李侗先把樟岚的稻田租了出去，但城里的稻田多有主人，只有北门岭山垄有一些荒田。李侗问明来龙去脉，知道是无主之田，和几个儿子一起开出了 20 几亩稻田，并把田产落在三个儿子名下。李侗特别交代儿子们，你们是田地的主人了，不要忘记缴纳税赋，也不要拖延时间，以免坏了李家的名声。

诸事安排妥当，李侗聘入州学。

李侗对南剑州州学了然于心，只是相隔十多年，州学除了原有的样貌之外，多了一块石碑。原来，建炎四年（1130）州学焚毁，于绍兴十五年（1145）重修，绍兴十七年（1147）竣工，并立《南剑州重建州学记》碑。此碑高 3.15 米，宽 1.64 米，圆首篆额。碑底垫有石龟趺基座，气势雄伟。碑文楷书，全文 1113 字。撰写、书写碑文的分别是张志远、罗荐可。这两个人李侗如雷贯耳，早在罗源读书的时候，就听罗从彦说过。张致远（1090—1147），字子猷。南剑州沙县人。宣和三年（1121）登第。历左朝请大夫、充显谟阁待制、提举江州太平兴国宫等。罗荐可（生卒年不详），字养蒙。沙县人。政和二年（1112）登第。历左朝散郎、新差权知筠州军州主管学事等。

李侗通读碑记之后，觉得文字实在精彩。

州学除了教授之外，还有学正、学录、斋长、斋谕等，他们都是地方学校的初级学官。

学正的职责是端正学风，也就是品德教育。州学是官办的学校，所教的礼、乐、射、御、书、数有考核指标，品德教育却很难品评。虽然《礼》也是州学的教学内容，但属礼学，是祭祀仪则。比如，如何施乐、佾舞、三献礼，以及祭服、祭品、祭器之类，社会实践如何用礼却极少涉及。李侗根据州学品德教育不足的情况，把"理"引入州学。他对任希纯说："理涵盖天地万物，要让童生知道礼、乐、射、御、书、数也是天理。"任希纯说："有理。学正职事正是纠童生之偏，日后月课先生可为童生讲授。"

州学的童生年龄有大有小、有贫有富，素养也参差不齐。年纪大的有过多次童试的经历，珍惜时光、勤奋好学，年纪小的心性顽皮、蒙昧无知；家里贫穷的吃苦耐劳、焚膏继夜，家里富裕的懈怠懒惰、不思进取。最难调教的是那些性情骄横的童生，他们不仅违反学规，而且傲慢蛮横，甚至恃强凌弱。

李侗按照州学的要求，新的童生入学，就给他们列示规约，要求无一例外遵守。新生入学的第一件大事是举行释菜礼。释菜礼是自古以来两大祭祀先师孔子的仪典之一。仪式之前，李侗给童生简要介绍了释菜礼的由来和程式，要求童生面容整洁、衣着得体、言行规矩。释菜礼的当天，李侗也参与校阅，观察每个童生的举止。仪式结束后，李侗觉得总体整齐可观。

州学居高临下，俯瞰四野，草木葱茏。校园门口有一棵小叶榕，胸径百余厘米，树龄 500 多年，荫翳数丈，树上鸟鸣嘈嘈，蝉声悠扬，给校园增添无限生机。一天，任希纯给童生讲学，不时听到蝉声。起初，他以为蝉声来自斋堂之外，但常常他开口讲话时，蝉声又起。他心下生疑，竖起耳朵细听，却似来自斋堂。于是，他一边讲课，一边徘徊前后，发现后座童生的方向蝉声特别大。他叫童生解开书囊，只见一只蝉吱的一声飞出，趴在墙上。邻桌的童生正要伸手，那只蝉又吱的一声振翅而去。

一只蝉折腾了半堂课，任纯希沉下脸来问童生："斋堂也可以鸟鸣虫唱？"

童生倒是认错，回答说："不能。"

任希纯还是一脸怒气，斥责童生说："背《论语·学而》。"

"子曰：'学而时习之，不亦说乎？有朋自远方来，不亦乐乎？'……子曰：'巧言令色，鲜矣仁。'曾子曰：'吾日三省吾身'……"童生朗朗而诵。

"'巧言令色，鲜矣仁'何意？"任希纯问。

童生直摇头。

任希纯没好气地说："口耳数诵之学。"

李侗得知情况后，以此为题给童生讲礼学。李侗说，礼的最初含义是致福。东汉许慎的《说文解字》说："礼，履也。所以事神致福也。"后来，字义扩大，既包括道德观念和风俗习惯而形成的仪节，也表示尊敬的态度和动作，还有表示庆贺、友好或敬意所赠之物，其中最普遍的是指人的行为准则。人之所以需要行为准则，是因为人本生于野，既有来自自然的天命之性，也有来自自然的"野"性。"野"性需要约束，人们发明了礼，并且把它作为言行的准则。礼也是自然的规定，是与生俱来的天命，是天理的外在表现。如侍奉父母、友爱兄弟、诚实守信都是礼。礼是社会生活的共同准则。人类社会如果从称呼上来说，就是你、我、他三类，扩而大之叫你们、我们、他们，千万年以前是此三类，千万年以后也是此三类。人虽不同，礼却一致，不可更改。没有约束的社会叫无礼的社会。州学学的礼书只是学礼的规程，实际上许多礼仪在于日用常行的实践。诸生须切己深察，以身体之，以心验之。李侗引用程子的话说："心要在腔子里。"儒家经文不是拿来唱的，而是拿来用的，口诵之礼只是装腔作势，重要的是心中有礼。

重建后的州学布局规整，有大门、明伦堂、赋梅阁、礼殿、御书阁、讲堂。李侗没有在御书阁找到所要的书，但其他经典让他兴奋无比。御书阁建于李侗聘入州学之前的绍兴十一年（1142），郡守季文渊建，所藏经典有《诗》《书》《礼》《易》《春秋》，还有训传、史书、先秦诸子百家、文集等等。御书阁给李侗一个崭新的天地。李侗早就想，人生不过百年，所见之事也只是百年之事，但书中记载可上溯数千年。古人写了那么多书，古代的风物人情都必须从古书中得到印证，所以要尽可能读书。

《春秋》是编年体史书。相传孔子依据鲁国史官所编《春秋》整理修订而成。起于鲁隐公元年（前722），终于鲁哀公十四年（前

481）；《中庸》是孔子的孙子子思所作；《论语》是孔子和他的弟子、再传弟子所编，记录的是孔子及其弟子的言行；《孟子》由孟子及其弟子记录并整理而成。李颙把这些经典从头到尾通读了一遍，然后把精力集中在老子、庄子、荀子、管子、杨子、墨子、列子、韩非子、鬼谷子等先秦诸子百家的著作上。李颙想看看诸子百家有何功力能与儒家抗衡，他们与儒家因何而争辩、争辩的内容是什么？

他读《老子》觉得有理，因为它讲的是天地本原。老子发现道，伊川发现理，道与理有何不同？不都是无影无踪？程子不是说"道即理"吗？"道即理"与"理即道"有何区别？不都是本然之道或本然之理？《老子》说的"不如守中"与本朝学者说的"中和""中节""时中"有何区别？况且老子也讲"爱民治国"，更没有否定儒家的仁爱思想，只是说"大道废，有仁义"。区别只在于儒家说仁义是人的本然之性，而老子说仁义来自后天，是大道废了之后才需要仁义教化。李颙认为，老子的"虚静"本来也无可非议，问题是他只是为养心而养心。

他读《庄子》也觉得不是完全没有道理。"水之积也不厚，则其负大舟也无力"，浅水何以能行大船，道理不是很明白吗？"吾生也有涯，而知也无涯"也很有道理，谁可以永生？谁能穷尽天下的道理？"为善无近名，为恶无近刑，缘督以为经，可以保身，可以全身，可以养亲，可以尽年"，儒家不是讲读书的目的是为自己修身进德、顺死安生吗？更重要的是，李颙从《庄子》一书中发现理学的许多渊源。比如"万物""喜怒哀乐""道"等等。"天地与我并生，而万物与我为一"，不就是张载的"物我"？庄子还提到尧、舜和"仁义""物化""天理""内直而外曲"。李颙认为《庄子》记载孔子与颜回、叶公、子高等人对话更有趣。比如"以火救火，以水救水""虚者，心斋也""天下有大戒二：其一，命也；其一，义也。子之爱亲，命也，不可懈于心；臣之事君，义也。无适而非君也，无所逃于天地之间"，都是哲人言语。

　　李侗一连几天读完《庄子》，心里十分爽意，觉得宋代的学者所讲的理学，相当部分取自道家，甚至许多词语都相同。李侗直呼："有趣！有趣！"

　　按理说，州学的学正只是负责整顿纪律，纠正不良学风，其他事则无须多管。但是，李侗把童生当成自家的孩子，既关心他们的学业，也关爱他们的生活。州学门口的小叶榕像一座山亭，晴天可遮阳，雨天可挡雨。但有一利必有一弊。

　　一天早晨，东面一团乌云滚滚而来，随即暴雨倾盆而下，一位童生赶忙躲到树下。一道电光闪过，雷声在空中炸响，狂风中童生紧紧拽住榕树的气根。李侗见状，箭步上前把童生护在膀臂下……

　　州学的学子有的是老童生。一年冬季，郡城一位品学兼优的老童生父亲去世了，老童生只好告假守孝。后来，老童生重新回到州学，但他家因坚守儒家"厚葬久丧"，生活日趋贫困。李侗虽尽力接济，但老童生不是一人贫困，而是一家贫困，李侗资助难以为继，最后只能辍学。李侗称赞这位老童生的孝心，也对他的辍学深感惋惜。

　　在李侗的脑海里，儒家的学说无比正确，不容置疑。

　　每年的春夏之交，天气不冷不热，极好读书。一连几天，李侗又躲进御书阁。他先读《荀子》，因为在他的印象中，荀子也是先秦儒家的重要人物，但史书多是孔孟并提，而没有孔荀并提。李侗读了《荀子》之后，才知道原委：虽然荀子以礼为归，强调圣人之学。比如他说"不闻先王之遗言，不知学问之大也"，显然是儒家言语。荀子还说"以善先人者谓之教"，说得多好。荀子还认为礼不可或缺，并且说人无理难以生存，事无礼则难成功，国家无礼则不安宁。但是，荀子的人性恶与孟子对立。基于这种立论，荀子和老子一样都认为礼的教化是后天之"伪"。

　　读了《荀子》之后，李侗又读《管子》。管子是战国时代的人物，与孟子、荀子同时。管子辅佐齐国霸业，学说也杂诸家，既有道家、儒家，还有法家、黄老思想。管子认为治理国家的目的是"富国"，但富国不单是靠军事，而是靠综合运用政治、经济等手段。其中，学术繁荣也是重要因素之一。管子辅佐齐国时代，设在齐国稷下的学宫学子多达三千人。其中也有孟子、荀子的身影。管子强调物质是仁、义、礼、智、信的基础：他说粮仓充实了人就会知礼节，衣食充足了人就会知荣辱。同时，国家纲领的落实必须有法律作为保障。管子也强调道的存在，他说：天不会改变固定的规律，地不会改变固有的法则。并且管子认为道在人心，强调人君治国要顺应民心：国家的兴盛，是因为顺应民心；国家的衰败，是因为背离民心。为此管子提出人君要帮助百姓纾困、帮助百姓富裕、帮助百姓安居。

李侗参照《列子》《韩非子》《庄子》读《墨子》的著作，想看看孟子骂的异端之学的杨朱、墨翟有何言论，孟子为什么说"天下之言不归杨则归墨"？他从头到尾仔细品读，当读到墨翟说儒家"三年守丧"造成王公不能上朝议论国事，农夫不能下地种田，妇女不能织布，百工不能修舟车、造器具种种弊端时，吓出一身冷汗。更让李侗心情沉重的是，为了彰显孝道，人们相互攀比，不仅用金玉珠玑陪葬，更有天子、将军、大夫用人来陪葬，少的几人、几十人，多的几百人。李侗觉得这是儒家的败笔，难怪墨子对儒家进行如此强烈的抨击。相反，墨子的兼爱则有可取之处。因为兼爱并非墨子一人主张，管子把兼爱看成是人君之心。他说"兼爱无遗，是谓君心"，意思是君主的爱心是普遍性的，不能有遗漏。李侗心想，儒家不是倡导"鳏、寡、孤、独、废疾者，皆有所养"吗？如果依照墨子、管子的学说治国，樟岚那位死于山火的死者家属，不是可以得到抚恤了吗？但是，李侗毕竟是操存涵养深厚的儒家人物，尽管他对墨子、管子之学也颇为同情，然而他不敢有丝毫非议，而是保持缄默。

杨朱也是孟子笔下针砭的人物。杨朱（约前450—前370）的学说散落于《吕氏春秋》《孟子》《庄子》《列子》《韩非子》等著作之中。李侗从罗从彦讲学中得知，杨朱反对效法先王。比如，杨朱认为赞誉古代先王，是赞美枯槁的死人骨头等等，简直就是大逆不道。不过，杨朱的学说也自成一家。与对墨家的态度不同，李侗对杨朱的学说自然是毁誉参半。比如杨朱的"贵己"，李侗觉得这个思想和理学家说的"顺死安生"会通，没有"贵己""重生"，何以能"顺死安生"？当读到杨氏说的"古之人，损一毫利天下，不与也；悉天下奉一身，不取也。人人不损一毫，人人利天下，天下治矣"时，李侗觉得后一句有"轻物"之意，与先儒说的天命之性有相似之处：每个人都大公至正，连天下给你都不要，岂不是没有争夺？但前一句有"为我"之意。"为我"就是私己，因为人除了疾病之外，自然灾害也不可避免，一毫不损未免自私。不过，李侗又觉得，如果要求损一毫以利天下，也未必人人都能做到，即使个人家庭殷富，也无法知道天下哪些人需要救济，哪些人不需要救济。

春秋诸子百家的主张太有趣了。本来，李侗只是想大概了解他们当中代表性人物的思想，但越看越有滋味。他翻开《列子》后发现，理学家说的"静虚""天命"在书中也能找到源头，只不过用词不同而已。

未见古人面，却见古人心。读了诸子百家的著作后，李侗作出归纳：春秋战国的学说多种多样，治理天下应当博采众长，不能局限于一家之说。当然，这只是李侗的读书心得，他的言行举止依旧是以儒家为轨范。

草寮授学传名教　九峰山下焕文光

　　九峰山海拔386.4米，是剑浦县一处胜景，它因"山峰九叠"而得名，人们用"占溪山之雄，当水陆之会"描绘它的景观。自古以来，剑浦八景中九峰山占二景，其一是"九峰月朗"，其二是"猿洞秋风"。山间还有一处"金交椅"，"椅"内有圆通寺，香火旺盛。伫立山间远望，东、西二溪汇流山下，溪水荡漾，水天一色。傍晚时分，沿岸人家万家灯火，江岸舟楫渔火点点，人们用"日受千人拜，夜观万盏灯"称誉九峰山的美景。

　　九峰山文化底蕴深厚，因传说"双剑化龙"故事就发生在山下二水交汇的一泓清潭，人们也称它为龙津、剑津、剑潭、剑溪。而早在数十年前，杨时到东面的藏春峡学馆与"二吴"论学，也常常经过九峰山。杨时南传圣学之后，又与弟子罗从彦等名贤在九峰山相互论学。闲暇时的李侗常常渡过剑潭到九峰山漫步，觉得这里环境清幽，是读书的好地方。于是，在山麓搭起一座简易的草寮，既可休闲，又可读书。

　　李侗在州学几年后，任希纯教授调往外地，继任教授的是余溥。因李侗在州学任上用心，继续留任。

　　州学是官学，有专门的学规。开学的时候，家长不用担心，但放假期间，童生多在外面狂野，家长为之苦恼。更为严重的是，郡城三面环水，一到夏天童生多下河戏水或摸河螺，每年溺水者多有。州学

126

教授也人本关怀，常常提醒童生，但溺水事件还是时有发生。

又是一年暑假，余溥教授对李侗说："孩童无知，天不怕地不怕，水更不怕。尽管每年溺水者时有耳闻，但童生下河屡禁不止。先生在九峰山有读书处，如不为难，让童生多跟先生读书。"李侗说："在九峰山不过休闲而已，岂可耽误童生学业？"余溥说："性命比学业更重要，休闲也可为学，让他们跟着你，父母们放心，州学也放心。更重要的是当今圣上崇儒重道，以德治国，先生所传道德性命之学已在州学成为示范。"李侗说："那好。"①

随后，余溥又对童生说："你们没事的时候少在外狂野，多跟李先生在九峰山读书。"

童子心性本自然，听说可以到九峰山寻趣，个个欢呼雀跃。

李侗常带着童生到九峰山优游，他们不是漫步林间小道，就是闲庭剑潭之畔。累了，师生席地而坐，观赏风物……

李侗对童生说："这里不是学堂，没那么多规矩，有疑则问，有问则答。问者不限，答者也不限，谁都可以问，谁都可以答。问错了没关系，答错了也没关系。家里带来的东西可以吃，山上采的也可以吃，但要洗干净。尽情就好了。"

李侗话音刚落，一个童生手指竖在嘴边，示意看到了一个奇观。几个童生凑了过去，从板壁的缝隙往外看，只见两只白鹇在林间悠然漫步。白鹇又称越禽、银鸡、白雉，雄鸟上体和两翅呈白色，密布"V"形涟漪状黑纹，羽冠和下体皆为蓝黑色。更可爱的是眼脚赤红，尾长，中央尾羽近纯白色，人称"白衣仙子"。雌鸟全身橄榄褐色。白鹇时而行走，时而觅食。童生盯着白鹇目不转睛。须臾，只见白鹇疾走林间，雄鸟拖着长长的尾巴，像白色的斗篷；竖起的羽冠像头巾，真是姿态优美，风采翩翩。

州学的童生资质有高有低，李侗根据童生智识深浅的不同开示童

---

① （宋）朱熹《延平先生李公行状》记载李侗为州学童生讲学史实："中间，郡将学官……或遣子弟从游受学，州郡士子有以矜式焉。"

生，引导他们观物察理，强调要用反身自得的方法才能达到圣贤的境界。他还用黄庭坚称赞周濂溪"胸中洒落，如光风霁月"形容有道者的品格，要诸生存养寂静之心，学问才会慢慢进步。

李侗说："白鹇以华丽的羽毛、优美的姿态扮靓自然，人类以理义修饰社会。"

"奇怪，白天多见禽鸟，不见鸟窝……"有童生问。

"鸟在天上飞，如何辨明方向……"有童生问。

"鸟也知父知母，不会认错……"有童生问。

眼前的白鹇，引发童生对禽鸟习性的探讨，但自诩出没山林数十年的李侗，对动物的习性也只是知道一些皮毛，面对童生提出的诸多问题不知道怎么回答，只是对童生说："如果鸟不知父不知母，就会天上大乱；如果人不知父不知母，就会天下大乱。"童生们哈哈地笑着说："也是，没见过天上大乱，倒是见过天下大乱。"

李侗教童生静坐。

童生个个摆出模样。一刻过后，李侗问："听到什么？"

一个童生说："听到鸟声。"

一个童生说："听到蝉声。"

一个童生说："听到风声。"

李侗说："什么都没听到最好，那叫专一，叫收敛身心。"

郡城的百姓把李侗在九峰山的优游称之为讲学，其实李侗并没有真正意义上的讲学，而是教童生多观察事物之理。李侗对童生们说，路上看到有趣的事尽管凑趣好了，但看完了要问清缘由事理。童生们个个兴高采烈。童生见渔人在岸边用罾捕鱼，上前察看。许久，回来对李侗说是扳罾：所见之网有二丈见方，网眼从大到小，到了中心网眼最小，俗称"网袋"。把罾放到河里，许久之后扳出，罾内尽是鱼。

李侗问："何以网眼外大内小？"

童生说："渔夫告知，捉大放小。小鱼可在起网时从大网眼中逃生，留下大鱼。"

李侗对童生说："渔人聪明。这是不可'竭泽而渔'的最好例证。"

童生见老农把芋叶塞入土中，上前察看。许久，回来对李侗说。

李侗问："是何缘故？"

童生说："农家告知，一兜芋子，长多瓣芋叶，外面的几瓣埋入土里，根部就会长出圆圆的芋子。如果不埋，芋子就会长成一根长柄。"

李侗说："长见识了吧！"

童生见冬天老农砍竹，上前察看。许久，回来对李侗说老农砍竹做眠椅。

李侗问："何故冬天做，不春夏做？"

童生说："老农告知，春夏竹子做的眠椅易蛀，冬天做的竹椅不蛀。"

李侗说："也长知识了。"

有时候，童生也为事理各抒己见，甚至争得面红耳赤。

岸边一井，童生上前观赏，只见一只绿蛙趴在井壁。高个子童生说："井底之蛙，不可语海。"矮个子童生说："不对，蛙无需语海。"二人争吵不休，要李侗评理。

李侗说："井中之蛙，仰望天空，若有圣人志向，修身进德，从这个角度说当然好，但要量力而行，不可虚张声势。从天理的角度说，井中之蛙不处低瞻高，不以身居陋井为忧，这也是青蛙的天命之性。若与井中之蛙说海，将有无数青蛙死于非命。"

州学的童生好学，思维敏捷，他们见鱼说鱼，见鸟论鸟。他们见林间百鸟齐鸣，讨论人为什么没有翅膀。瘦童生说："人若有翅膀去哪都不费劲，多好。"胖童生说："若人有翅膀则弊大于利。"瘦童生争辩说："利大于弊。"胖童生说："若人能飞，那就鬼神了：甲对乙有纠结，飞到乙家放一把火，或为盗贼，官家上哪侦查？"童生争辩不下，又吵到李侗面前。

李侗嘿嘿地笑着说："有一利则有一弊。人为万物之灵，聪明绝顶，但也能坏事做绝，人不能有翅膀这是天理的'规定'，否则……"

"否则，就得有黑猫县尉。"一个童生说。

童生哈哈大笑。

"还要有黑鸟县尉。"另一个童生说。

童生又哈哈大笑。

"还不够，还得有黑鱼县尉。"还有一个童生说。

童生的笑声响彻山野。

圆月朗照的中秋之夜，吴氏张罗了一大盘月饼，一家大小在石榴树下围坐，李侗夫妇享受着儿孙绕膝的天伦之乐。谈及未来父母养老，三个儿子争先恐后说会迎养双亲。李侗当着儿孙的面对妻子说："我们两人约定，以后哪也不去，就在剑浦过老。你们如果有孝心，经常写信回来，有空的时候就回来看看，我们就满足了。或者我们也去你们那里住些日子。"

一息是万古中的一息，万古是无数一息的万古。天地万古，人只一息，但天地公平，毫无例外给万物一片绚丽多彩的天空。为了尽可能延长一息的时间，人们祈望长寿，至少无病无疾，但天未必假年，有的人百年一息，有的数十年一息，有的则转瞬即息。吴氏的一息短了。李侗进城三四年后，吴氏身体微恙，后来越发严重。李侗多方寻医问药无果。再后来，吴氏一病不起，李侗日夜照料起居。一天晚上，李侗与儿子、儿媳、孙子围在吴氏床头。吴氏拉过李侗的手，把当年送给他的那把梳子再交到他的手里。李侗知道，与其说当年赠的梳子是以身相许，不如说是李侗许下了一种责任。现在妻子再把梳子交到自己手上，是要自己见到梳子就明白梳子在妻子也在，孩子的母亲也在，自己要承担替妻子关照孩子的责任。吴氏深深地叹了一口气，又拉过三个儿子的手，交代为人之夫的责任和读书的重要性。几个儿媳、孙子跪在床前，吴氏先是向儿媳们道了一声谢，说你们嫁到李家和我一样，都是李家的媳妇……停了半晌，吴氏又说我终生无憾，因为丈夫、儿子虽然没有为官，但所做的都是让人欣慰的事，你们要多体谅担待。吴氏的气息越来越弱，双眼微微睁开看了看已成泪人的儿媳，想再转过身来看看丈夫和儿子，家人却发现吴氏已命染黄沙……

那是绍兴二十三年（1153）四月二十五日下午申时的事，吴氏终年58。

噩耗传到篁乡、罗源，罗氏举族哀痛。第三天，81岁高龄的师母李氏，拄着拐杖，在继子罗永的搀扶下跌跌撞撞来到李家，望着灵堂掩面而泣……

人生有很多无奈，但天地"规定"的无奈，谁也无法抗拒，哭泣、悲伤只能一时，长久则无益，因为人死不能复生。李侗知道尧、舜之天属尧、舜，未来之天属未来，重要的是珍惜当下拥有的那片蓝天。

几个月后，李侗缓过神来，健朗的身影依旧出现在州学，出现在九峰山，出现在大街小巷……

李侗学问渊博，兴趣广泛，在樟岚时囿于农事，没有更多的空余时间，进城后清闲自在。李侗进城不久，就结识了爱好金石的名家。这位金石名家以镌刻和收藏钟鼎碑碣为乐，李侗常去他家观赏。或许是理学的滋养，李侗逐渐改变了生活习惯，凡事都要详察细观。金石名家家里展示了很多镌刻作品，李侗没有深究真伪，只是欣赏雕刻艺术。金石名家向李侗介绍金石的由来，并说沈括《梦溪笔谈·异事》中的逸事：熙宁间（1068—1077），河州下冰雹，大的像鸡蛋，小的像莲芡，有的像人头，有耳朵、眼睛、嘴巴、鼻子，跟镌刻没有区别。

"人间有天工，天也有天工，能雕出人的形象？"李侗不敢相信，只是觉得沈括所说不过是趣事而已。

李侗欣赏镌刻，也欣赏碑碣上的各种文字，但他坐着的时候只是聊天，不看文字，要看文字则起身走近仔细阅读。他看碑碣中的文字或篆或隶，特别是一些象形字的镌刻更是有趣。

一片花丛，引来蜂蝶无数。深谙理学的李侗在九峰山讲学，一传十，十传百，跟在李侗身边的孩童越来越多，有认识的，也有生疏的；有在校的，也有不在校的。李侗一视同仁，不分你我……

李侗优游九峰山多年，州学的童生换了一茬又一茬，他们或观赏九峰山盎然春色，或领略九峰山夏日风雨，或聆听九峰山层林尽染的秋歌，或沐浴九峰山冬日的暖阳……

郡城士农工商，多元化的生活，多元化的习俗。九峰山居高临下，是极佳的仰观俯察之地。剑津湖上的端午龙舟，喧闹半个郡城。湖面出现龙舟的当儿，锣鼓喧天，童生见状，朗诵着状元黄裳（1044—1130）写的龙舟词《减字兰花·竞渡》："红旗高举，飞出深深杨柳渚。鼓击春雷，直破烟波远远回。欢声震地，惊退万人争战气。金碧楼西，衔得锦标第一归。"

州学的童生善于独立思考。一天，童生问李侗理的概念和"理一分殊"问题。李侗想了很久之后对童生说："20多年前在樟岚，来了两个童子，一个叫罗博文（1116—1168），字宗约，又字宗礼。沙县城关人。殿撰罗畸的孙子，罗从彦的堂侄。一个叫刘嘉誉（生卒年不详），字德称，一名冈官，福建长乐人。我跟他们讲过理的定义：理也可以说是道，先儒说理即道。什么叫作理呢？简单地说就是规定事物性质、状态（存在方式）、变化、发展方向的规律和准则。为什么要'规定'二字？这是因为理或道客观存在，不以人的意志为转移。"李侗担心弟子们听不懂，举了瓜和豆的例子：种瓜，长出来的一定是瓜；种豆，长出来的一定是豆。豆、瓜的道或理规定了它们各自的性质、状态、变化、发展的方向。这就是道或理。

李侗说："什么是'理一分殊'？"

为了让弟子们更好地理解，李侗问三个童子家里种的植物，他们分别说自家种豆、（西）瓜、茄。李侗说，豆、瓜、茄种在哪都会生长，这是"理一"。但是，它们有诸多不同：一是性质不同。豆是豆，瓜是瓜，茄是茄，三者不可混淆。二是状态不同。豆、茄是挂在枝上的，瓜则长在地上。三是变化不同。豆、瓜、茄除了各自的形状变化外，还有颜色的变化。四是发展方向不同。豆、瓜、茄虽然都是种的，但豆、茄无论如何生长还是菜，瓜无论如何生长还是果。这就是分殊。分殊就是差别，理学家叫差等。

李侗说，动物也能看出分殊。如隼有四种：羽毛深红的叫红隼；通体青灰色、两脚棕红的叫红脚隼；上体灰褐色、下体淡黄色的叫燕隼；体形最小，上体灰黑色，下体纯白色的叫小隼。鸮的种类更多达十种，有草鸮、红角鸮、领角鸮等等。它们都是益鸟，但习性不同。如长耳鸮每天捕鼠二三十只，还会把捕获的老鼠藏在窝里，以备不时之需。鹰的种类有九种，它们多以鼠、野兔、青蛙、昆虫为食，唯有蛇雕以蛇为食，成语"饮鸩止渴"的"鸩"指的就是蛇雕。更奇特的是鸢，也叫老鹰，它喜食动物的尸体，被称为"田园卫士"。同类的鹰食物也不同。"理一"与"分殊"既有联系又有区别。"理一"规定事物的方向，"分殊"是"理一"的具体体现。这既是从物象上说的"理一分殊"，也是从内在之理说的"理一分殊"。李侗说白居易的"人间四月芳菲尽，山寺桃花始盛开"是最好的说明：桃树天南地北都会生长，但深山里的桃花开得慢，这是地理气候的差别。李侗说"理一分殊"是就天地万物全体而言，但并不是说一成不变。相反，它是一种辩证关系："理一分殊"一体两面，二者相互联系，又相互区别。没有离开"分殊"的"理一"，也没有离开"理一"的"分殊"。离开"分殊"的"理一"是空泛的言论，离开"理一"的"分殊"是无目之行。他进一步说，"理一分殊"是一定条件下的认识过程，先要有知才能行，如要先知道杨梅是酸的、桃子是甜的，然后才决定吃还是不吃，这是认识事物的一般过程。但就人的一生来说是一个长期的过程，它像阴阳交替、动静反复一样，也是周而复始变化多端的过程，既可以是理一—分殊—理一，也以可以是分殊—理一

—分殊，还可以是理———理——分殊—分殊，或者分殊—分殊—理—
—理……总之，每个人的情况不同，"理一分殊"也千变万化、千
差万别。所以"理一""分殊"不是孤立的，它们之间相互依存、相
互促进，也就是说"理一"中有"分殊"，"分殊"中有"理一"。

"人事也有'理一分殊'？"童生问。

李侗说，人事的"理一分殊"比万物的"理一分殊"更重要。
理学家说万物的"理一分殊"意在强调人事中的"理一分殊"。一个
人是否知道万物的"理一分殊"倒不重要，重要的是一定要知道人
事中的"理一分殊"。人事中的"理一"是仁、义、礼、智、信，它
是"规定"做人的准则，更重要的是这个"规定"在"分殊"中的
运用。

童生问："李先生很早就授徒，如今罗博文、刘嘉誉二先生如
何？"李侗说，他们在剑浦逗留了一些时日，每天向他请教圣人学说。
后来，朝廷调派刘嘉誉任乐昌（今属广东）县尉。罗博文离开剑浦
后，因祖父罗畴奏请补为将仕郎，授右迪功郎福州户参军。之后，调
任静江府观察支使、江西赣州瑞金知县、宣教郎。

夏秋时节，李侗在九峰山的草寮常常亮起油灯，他昼夜不倦整理
讲义，或赋诗酬唱。友人赠的儒家典籍、理学著作他一遍遍诵读，名
家的训诂、童子的习作他一一校阅，双剑化龙的传说、藏春峡的风骚
他一一吟诵……油灯发出一束束文光，穿透九峰山上空的夜幕，投向
郡城百姓人家，它亲切、柔和、温馨，富有感召力。

朱元晦求师无门　费尘劳剑浦问学

没有妻子的李侗，失去了港湾的温馨，多了一份忧愁。

世界很大，这是因为没有一个人能览尽天下万物；世界很小，这是因为天地公平，给了每个人都有你、我、他的一人一世界。

宋代的闽北行政区划三足鼎立，南面是南剑州，北面是建州，西面是邵武军。南剑州与建州在建溪的中轴上，南北相对。

29 年前朱松与李侗同窗，为孩子日后交结李侗留下一个契机。

李侗在剑浦的时候，北面建州所辖的崇安县（今武夷山市）五夫里有一个后生也在寻找指引人生的导师。这个人就是朱熹。

朱熹（1130—1200），字元晦、仲晦，号晦庵、晦翁。祖籍安徽婺源。出生于福建尤溪。因尤溪本称沈溪，朱熹的小名也叫沈郎。朱松之子。

李侗家的天河坊，也是一山一世界，一丘一舞台。

七月流火的盛夏，李侗家四周蝉声阵阵。宋绍兴二十三年（1153）夏季的一天午后，热得难当的李侗躺在眠椅上闭目养神，摇着芭蕉扇，耳边传来一阵阵悠扬的蝉声。

李侗观物察理，听蝉声也听出了门道。他发现先是一声天籁之音的蝉鸣，由远及近，深旷清远。随后，三两只蝉和鸣，最后万蝉齐鸣。蝉声停止时则相反，先是齐鸣蝉声，由近及远，而后渐渐稀少，留下三两声，最后一只独鸣。如此反复，喧闹山乡。李侗起身察看蝉的踪影，只见许多蝉码在树干上，或独居一处，情闲自在；或三五成群，彼此相拥，有的甚至像小儿，把脚横在另一只蝉的身上，烈日之下，卖力鸣唱。李侗好奇，端来一盆凉水泼在树干上，但蝉岿然不动。李侗笑了一声自语道："真是物各具其性。"

李侗重新回到眠椅上，望着微风摇曳的桂树。随后，把目光移到远处的里弄，发现一位身着布衫的后生向他走来。李侗正想闭目养神，只听见后生叫了一声"老丈"。李侗疑惑地打量着后生，正要开口，又见后生问："是李先生？我是沈郎啊！"李侗还是一头雾水，虽然觉得似曾相识，但想不起来。后生见李侗迟疑，又说："我父韦斋。"

李侗重复了一句"沈郎……韦斋"，而后吃惊地说："哦……哦，沈郎啊！如何在此？"

朱熹见李侗明白了，走上前去，深深地拜了一拜说："前往同安，路过此地……"

李侗起身朝屋里喊道："友直、友谅，快搬椅子来，你们的沈郎弟来了！"李侗一边说，一边走到朱熹的跟前抚了抚他的头，笑着说："哎呀，近20年未见，不敢认了。"

李侗把朱熹带到小书屋。朱熹抬起头来看到门楣上"柘轩"额匾说："此匾有深意。"李侗说："说来听听。"朱熹说："柘长刺，又长花。木材质坚而致密，贵重木材。"李侗说"前一句真实，后一句别说。儒家之道既讲和，又辨是非，都不是空理。"

"快说说家里情形……"李侗迫不及待地催促朱熹。但朱熹好像发现了一些异常，忙问："伯母安好？母亲向李丈、伯母问安！"李侗叹了一声说："四月已故。"朱熹惊诧地问："久病？"李侗说："人很脆弱。"朱熹安慰李侗说："李丈节哀顺变，参加保重。"

随后，朱熹回到李侗说的话题，把近20年来家里的情况说了一遍。

原来，李侗和朱松自从师事罗从彦之后，两人情谊深厚，都把对方的儿子看成是自家的孩子。朱熹小时候随父亲避乱路过剑浦时，李侗见过他们父子多次，只是后来天各一方，往来渐少。朱熹 8 岁寄居浦城，11 岁移居建安。绍兴十三年（1143），朱松病逝，14 岁的朱熹随母迁居崇安五夫。朱松临终前交代朱熹，已经给刘子羽、刘勉之、胡宪三位好友写信了，他们学有渊源，你到五夫要像尊敬父亲那样尊敬他们，听他们训授。朱熹到五夫住在刘子羽为他们母子营造的房子生活了前后十年，在"武夷三先生"刘子翚、刘勉之、胡宪的教导下，朱熹从少年到青年，完成了成家、学业等诸多重要事项：17 岁的时候，娶老师刘勉之的女儿刘清四为妻。次年，参加建州发解试高中乡贡。第三年二月，参加春试（省试），继而殿试，赐同进士出身。但是，朱熹到五夫才几年，学问也刚刚起步，刘子翚、刘勉之分别于绍兴十七年（1147）、绍兴十九年（1149）离世，只有胡宪还健在。这次来剑浦是赴同安主簿任，顺路拜访李侗，想从李侗那里得到一些学问的滋养。

朱熹说："求师无门了。往日先君说李丈学问深厚，今日特来拜见。"李侗问："何处蔽塞？"朱熹没说蔽塞，只说"佛理有趣"。朱熹说话的时候，甚至有些强志博见、凌高厉实的样子。李侗为人简重，好像不太会说话，只说不是。朱熹再三请教，李侗才说："佛理以空为性，主簿何以以空为性？"朱熹说："佛理静修颇有意味。"李侗说："佛家静修为空，儒家静修为实。二者不同。"

朱熹见李侗对佛学有疑问，把在五夫如何受刘子翚佛学影响，如何研读道谦禅师所赠的《大慧语录》，如何向道谦禅师修禅习定，如何随道谦禅师在密庵过寄斋粥的学禅生活说了一通。朱熹还得意地说，发解试时他用道谦禅师的意思随便陈述，试官被他感动，就中举了。

"佛氏可知痛痒？"李侗问。

"僧人也是血肉之躯，如何不知痛痒？"朱熹回答。

"血肉之躯只知血肉痛痒，如何知无室可居、无食可食之痛痒？

如何知鳏、寡、孤、独，废疾者之痛养？"李侗问。

朱熹一时无语。

李侗的理学既来自"道南"杨时、罗从彦一脉，又从谢良佐的理学著作中得到教益。谢良佐的理学具有切问近思的特征。李侗问朱熹的"痛痒"就来自谢良佐的《上蔡语录》，指的是民生的疾苦，朱熹却理解为人身上肌肤的痛痒。

李侗也无语。他知道眼前的朱熹身染禅学，更让李侗觉得无语的是，沈郎发解试用道谦禅师的意思胡乱说一通，试官竟能通过。

李侗心里不乐，心想：有了孔子之后，万古不再是长夜。但是，从洙泗投射过来的烛光到南方已成强弩之末；杨时南传圣人之学的灯火也很微弱，甚至鞭长莫及二百里之外的五夫。

不过，朱熹是客人，李侗不能不给面子。然而，李侗不说，朱熹却说得起劲。一开始李侗蹙起眉头听朱熹讲述，朱熹越讲越多，李侗眉头蹙得越紧。

气氛凝重，场面尴尬。李侗担心冷场，叫友直给朱熹添些茶水。

朱熹感觉情况不对，端起杯子润了润嗓子，然后随口说了五夫的一些生活情况……

"佛子能知能觉，但'明明白白、昭昭灵灵'的大彻大悟也能治国平天下？"李侗没有回应朱熹说的五夫生活，而是用疑问的口气问朱熹佛教之事。

少年时代的朱熹无所不学，但学得杂驳，虽然青年的时候已经发现了这种弊端，改了兼收并蓄的毛病，并且从攻读经史子集转向对经义的融会贯通。然而，朱熹只知其一，不知其二，特别是无法区分儒佛之别。李侗这一问，难住了朱熹。

朱熹想开口，却嘟哝了半天，最终还是把话咽了回去。

李侗觉得朱熹有些凭虚蹈空，对他说："沈郎之学差池了。佛徒在庙，与世隔绝，如何知万物之理？凭空理会眼前事物，理会不了事物之道。道不玄妙，只在日用间，把道切入自家己身，就能发现它的所在。沈郎同安之任，实为临民之政，姑且多读圣贤言语看看如何?"

初出茅庐的朱熹，本来意气风发，而且喜欢笼统宏阔之言，喜欢相同的，不喜欢不同的，喜欢大的，不喜欢小的。可是，24岁的朱熹和61岁的李侗如何能够相比。朱熹不知道道学是义理之学，是道德性命之学，是圣人的心法之学，更不知道此时的李侗经过了数十年的磨砺，不仅是道学的正宗传人，而且深谙道学的理路。

剑浦是南剑州的治所，是出入闽地的重要交通要道。郡城有旅舍，寺庙也有旅馆的功能。朱熹这次是朝廷差遣同安之任路过剑浦，李侗就近帮他找了一家旅舍歇脚。

朱熹躺在床上，回想白天和李侗的交谈，疑窦丛生：李侗为什么要说那么多天理，不就是天下一个理吗？儒家之理与佛家之理有何区别？朱熹心里不大服气。满怀信心求教的朱熹在李侗这里第一次碰了钉子，像是被浇了一盆冷水，全身凉兮兮的。

几天之后，朱熹带着些许沮丧拜别李侗，前往同安赴任。

主簿既管文书，又兼管县学、赋税，这些不是记诵言语能够解决的问题，更不是佛家的"昭昭灵灵"能够解决的问题。初次入仕的朱熹公务也用心。他从儒家民本思想出发，上任伊始，就在县衙大堂揭出"视民如伤"之匾，并以此为核心开展亲民事务。在赋税方面，他把原来的派催改为税前张榜告示。同时，用三联单防止奸人作弊。为了解决赋税不公的问题，他上书请求推行经界法。朱熹还在小盈岭题"同民安"，祈求百姓免遭风沙之害。在教育方面，重修县学，新建孔庙大成殿、经义阁、教思堂；延聘名儒柯翰到县学任学职；公务之余，到县学讲圣贤修己治人之道；制订教规礼仪，整顿学风。在风俗教化方面，建苏丞相祠、赵鼎祠，以励风俗。针对同安乱婚现象，拟订《申严婚姻状》，纠正不良风气。

朱熹在同安为政数年，心态日趋平实。同时，反复思考李侗说的"圣贤言语"，渐渐有味：儒家说的圣人之道与佛寺斋粥之道不同，以前学的释老之学有失，李侗所言果真没有欺骗自己。

朱熹离开剑浦后，李侗像往常一样，一边在州学任职，一边在九峰山讲学。四年后的绍兴二十七（1157）正月，剑浦人还沉浸在春节喜庆之时，朱熹又站在了李侗家门口。

这次是私人问学，朱熹选择西林寺作为下榻之所。

西林寺，在郡城东南，五代梁（907--923）时建。

正月还飘着年味，李侗和几个儿子做了一桌酒菜为朱熹洗尘。

"五夫到剑浦近三百里，穿过建阳、瓯宁、建安三县，贤侄颇费脚力。"李侗说。

"李先生学有渊源，师从罗从彦先生，罗从彦师从杨时，杨时师从二程，圣人之学一脉相承，南剑州鲜有。再远都得来。"朱熹说。

"四年前，曾对沈郎说圣贤言语，不知如何致思？"李侗问。

"《春秋》难看，《论语》难解，'忠恕一贯''理一分殊'更难解。"朱熹说，"李先生虽与先君同窗，但师礼不可少。若不嫌弃，小侄在此拜过先生，日后谨听先生庭训。"没等李侗反应过来，朱熹从袋囊中取出束脩六礼——肉干、芹菜、龙眼、莲子、红枣、红豆，摆放在案台之上，并请李侗坐在厅堂中央，恭敬地说："李先生乃南剑州高才，学有渊源，师范后世。某年某月某日，不才小侄沈郎拜李先生为师，发钥启键，日后耳提面命，谨听师训……"朱熹精心策划的这一出，硬是把李侗推在师座上。

随后，朱熹提出一个又一个问题。先是《春秋》如何看？

《春秋》是春秋时期鲁国的国史。孔子对《春秋》进行过系统的整理。其后，许多学者把《春秋》作为一门学问加以研究，出现了对《春秋》进行补充、解释、阐发的著作，称为"传"，代表作有《左氏春秋传》或称《左传》、《春秋公羊传》或称《公羊春秋》、《谷梁传》或称《春秋谷梁传》。宋代有孙觉的《春秋经解》、程颢的《春秋解》、胡安国的《春秋传》。李侗以前听罗从彦讲过《春秋》，但认为他理解不深。李侗对朱熹说，要熟读诸家写的《春秋传》，长时间品味，心里就会有所领悟。程颐先生说：《春秋》大义有几十个，彪炳如日月，很容易看出来。只有隐晦的要旨，要作出适宜的解释则难，必须详细考察它的历史事件，同时品味人物的浮沉、进退、褒贬才能理解。《春秋》难读大概是因为没有人相互启发，最终烦乱而不能爽朗利落。读书要循序渐进，像程子说的今日理解贯通一件，明日理解贯通一件，道理积累多了，慢慢就能看出来。

朱熹问："滕子来朝？"

滕子来朝是《春秋》记载的历史事件，说的是鲁桓公二年（前413）滕子来朝。滕本来称侯，程颐说他服属楚国，所以贬而称子。朱熹引诸家之说进行对比提出疑问，认为当时楚不通中国，而且滕又离楚国很远，整个春秋都没有事楚，只是附属于宋的一个小国，不知程颐说的是否还有其他依据。朱熹还说，陈、蔡诸国后来归楚，周天子也没有贬他们的爵位。胡安国认为是因为彰显周天子朝威而贬他为子，以此讨伐乱贼之党，滕从此不再称侯，到定公之丧他的子孙来会葬还称子。哪里有因为祖上有罪而贬其子孙的？

李侗聚精会神听朱熹讲了很久。

朱熹还在滔滔不绝的时候，李侗又叫友闻给朱熹添加茶水。

"茶壶水多。"友闻帮李侗、朱熹斟过茶水后，把茶壶搁在小木凳上说："喏，够你们喝的。"

朱熹说完，咕嘟咕嘟地喝了一大盏水。

李侗见朱熹大碗喝水，问："沈郎也品茶？"朱熹说："武夷茶贵如金，如何能品？"

朱熹问："李先生所饮何茶？"李侗说："寄生之茶。"朱熹问："何谓寄生？"李侗说："鸟子将茶籽衔在树上生长之茶。"朱熹说："鸟也播茶种，有趣。"

李侗端起茶盏，连续喝了几口，然后言归正传。他说，滕子来朝一事，要深入考察《春秋》，孔子凡是写到诸侯朝觐的时候，都不说"朝觐"二字。李侗强调，看《春秋》应以胡安国的《春秋传》为准，但事实上胡氏的说法也有可疑的地方，不知道谁的法说正确。胡安国说凡彰显朝威的都是贬。滕子本来称侯，桓公二年来朝觐称子，是贬乱贼之党。李侗还说，《春秋》之所以难看，是因为以常人之心推测圣人，没有到圣人洒脱的地步，怎么不会失误？

朱熹读《论语》也有不少障碍。比如孔子十五有志于学。朱熹说张载和程颐二人说法不一：前者说孔子是做得多然后省察，是自化化人，所以进德明显；后者说孔子修身进德是循序渐进，像流水充满而后才能达到，这是有章法的次序。朱熹对此不解。李侗说，他们二人各发明一义，意味深长。无论是张载说的化而知裁，还是程颐说的盈科而后进，都讲得有力。李侗强调圣人说中庸，以中等智识的人作比喻，十年之功变化气质，也是一大进步。智识不高的人，积习勉力，也能达到圣人的境界。

《论语·八佾》有"或问禘之说"，说的是有人请教孔子祭祀天地的禘礼，孔子说不知道。朱熹对程颐和杨时的解释不是很明白。李侗没有直接解释程颐、杨时的观点，而是以商量的口气对朱熹说，要详细体会主祭人第一次酹酒到孔子指自己的手背，分析孔子表达的是什么意思。事实上，鲁国举行禘礼时，有人请教孔子禘礼，孔子说不知道，并指自己的手掌，比喻如果深通禘礼，治理国家易如反掌，表明是孔子对鲁国的禘礼不合礼法做出的反应。

天河坊、西林寺，朱熹一天往返好几次。吃饭、睡觉、问学，朱熹一连好几天请教李侗，屈指一算塞给了李侗18个问题。

"还有吗？"李侗问。

本来，朱熹还想问"忠恕一贯""理一分殊"，但李侗一问，朱熹反而不好意思开口。

"郎侄读书当在圣贤言语用力。"李侗说。

"谨记先生之言，到同安之后，焚膏继夜读圣贤言语，只是……"朱熹话说一半。

"圣贤言语当与日用常行之道合而为一。"李侗针对朱熹喜欢笼统宏阔之言的毛病，一再强调儒家说的道不是海阔天空、漫无边际。

如果只是求取词义，把它作为知识的资本朗朗诵说，这种学问很少不会滑落到玩物丧志的巢穴中去。

"听起来容易，做起来倒难。"朱熹说。

"圣人之道并不复杂。道学或理学，是有体有用或体用合一之学。孔子说'吾道一贯'，是说圣人之道既贯于体，也贯于用。"李侗说。

朱熹频频点头。

李侗继续说："'忠恕一贯'是义理之学的源头活水。周敦颐的'一动一静，互为其根'是道贯动静、道贯阴阳；张载的《西铭》'民，吾同胞；物，吾与也'讲的是物我一体，是道贯物我。程颐对杨时说，张载的物我有'理一分殊'之旨。'理一'是道，是本体；'分殊'是用，是践履。可见，'理一分殊'与'吾道一贯''忠恕一贯'同义。"

鉴于朱熹身上的佛学之气，李侗特别强调"理一分殊"是儒家与道、释二家的根本区别。李侗说圣人之道是日用常行之道，不要担心人们不知道天下一个理，要担心的是人们不知道理的分殊之用，也就是理在日用中的实践。

朱熹说："李先生之言如乐章，洋洋盈耳。"

朱熹这次到剑浦，友直、友谅正准备考进士，朱熹预祝他们兄弟俩金榜题名。

耕读传家多勉力　二子同登进士门

　　人生是一个舞台，但这个舞台不是吹、拉、弹、唱的艺术舞台，而是衣、食、住、行的生活舞台。这个舞台因环境而设，受环境制约。李侗时代的樟岚有地可种，有田可耕。同时，采集、捕捞并举。在这方山水中，李侗从祖辈那里学到了许多生存的技能，耕读传家，培养儿子一心向道。

　　坐在家里的李侗，常常想起几个孩子在樟岚的情景。三兄弟在乡校读书的时候虽也顽皮，但能帮助做农活，砍柴、挖地、锄草、施肥、捣谷样样都行。更让李侗和吴氏高兴的是，三个男孩相貌出众：友直身材高大，高高的鼻梁，圆圆的大眼，面容清俊，温文尔雅；友谅乌发浓密，面目清秀，眉宇间透着几分书卷气；友闻浓眉大眼，虎头虎脑，一脸稚气，眼神里透着几分机灵，嘴角边的小酒窝笑起来特别灿烂；女儿眉清目秀，玉颜花貌。村里人说，李家兄妹都是美人胎。

　　李侗想起插秧的趣事。他们父子分工合作一条龙插秧：长子友直拔秧，次子友谅挑秧、三子友闻抛秧。李侗自己插秧。

　　抛秧最轻松，友闻最高兴，但抛秧也是一项技术活：间距太宽，插秧时秧苗太远，耽搁时间；间距太密，占据空间。李侗是一介书生，但插秧速度快，而且纵横都笔直。

　　一天傍晚，乌云密布，风起云涌，给人丝丝凉意，李侗摘下斗笠享受着清风的惬意。友谅挑来最后一担秧苗交给友闻后，趴在田埂上享受清凉。友闻一边口里不停地哼哼，一边观赏父亲手下的杰作：取秧、瓣秧、插秧……友闻目不转睛看得出神，但他发现有一把秧苗离父亲有些距离，随即从簸箕里取出秧苗抛向父亲背后。岂料，刚把秧苗抛出就见父亲向后挪了一步，秧苗在空中打了几个转，不偏不倚落在父亲头上。

友闻顿时惊慌失措，脸上红一阵白一阵，双眼盯着父亲，希望从他的眼角里读懂对这个意外的态度。谁知李侗哈哈一笑，口吟一诗："亘古禾苗田中秀，吾儿抛秧头上栽。"友闻听罢，痴笑不已。

李侗勤于农耕，从农事中得出经验，从生活中感悟哲理。一天夜里，他读古诗，看到一首插秧歌，歌词曰："手捏青苗种福田，低头便见水中天。六根清净方成稻，后退原来是向前。"李侗一查作者，原来是浙江奉化岳林寺僧，因常常杖荷布袋，四境化缘，人称布袋和尚。传说，这首插秧歌是他回乡答谢插秧宴请时所作。李侗虽对佛家不满，但对这位布袋和尚却颇为推崇，因为他用通俗的语言，把插秧场景描绘得淋漓尽致。李侗赞叹："此释子，真神人也。"

李侗想起种菜的趣事。春夏之交，李侗拿回家的青菜总是沾满泥巴，吴氏每次洗菜都腰酸背痛。特别是叶小的甕菜、艾菜等，更是洗得头昏眼花，心里很是埋怨。

一年春天，李侗带着几个儿子下到地里，锄草、挖地、播种……不久，大雨滂沱，李侗和孩子们到地里摘菜，一身水一身泥。李侗心情烦躁地蹲在地沟里，一边摘采一边拔起野草，顺手扔在菜地上。此后几天，时而大雨，时而暴晒，李侗再次摘菜回家，妻子发现青菜少了很多泥巴，问李侗什么原因。李侗不明就里，叫几个儿子去地里查看。他们回来说地还是那块地，没有什么变化。不过，友直说只是多了一些枯草。

李侗恍然大悟，问几个孩子是什么原理。友闻摇头，友谅也摇头，友直思考良久后还是摇头。李侗笑着对孩子们说："开动脑筋再想想。"三个孩子还是不知原委。

李侗开诱孩子们说:"雨点、草。"

友直略有所思,而后惊呼:"啊!知道了。"

李侗说:"说来听听。"

友直说:"地上盖枯草,雨点下来后,落在草上再落入地下,不会溅起泥巴。"

李侗说:"对了。"

友谅、友闻说:"真妙。"

李侗说:"天还是那片天,地还是那块地,但人能想出办法改变耕种,而不是天地改变办法适应人类。"

从此,李侗家的菜地总是铺着一层枯草,人们说李侗家的菜地也精致。

李侗想起捕鼠的趣事。田鼠是不劳而获的家伙,还在插秧的时候,它们好像就闻到了稻香,早早把窝安在田埂的四周,等待秋收的到来。稻子成熟之后,田鼠纷纷出动,啃得稻田一片狼藉。李侗砍来竹子,教儿子做鼠夹。每天傍晚,几个孩子把鼠夹放在老鼠进出的洞口。第二天,跑到田里收鼠夹,都是十有八九。孩子们自鸣得意,说是要腊到灶旁做成鼠干。出身名门的吴氏哪里容得下这些东西,她对丈夫和几个孩子说,两样东西不能拿回家,一是鼠,二是蛇。吴氏说,天地之大,能吃的东西多了去,干吗非要吃这些恶心的东西,硬要孩子把田鼠扔去喂大雕。

李侗想起叉鳅的趣事。春夏的夜晚,泥鳅外出乘凉,正是叉鳅的好时机。李侗和几个孩子穿上草鞋,带上铁叉,别着竹篓,举着火把沿着田埂前行,看到泥鳅,猛地一插,拔起铁叉,泥鳅就擒。但是,刚开始时,几个孩子不得要领,或起手太慢,或角度不准,往往落空。李侗对他们说,泥鳅精灵,稍有动静就无影无踪。举火把的人要走得轻,火把不能过高也不能过低,过高后面的人看不见,过低会惊动泥鳅。铁叉不仅要对准,而且高度要恰好:太高铁叉还没落下泥鳅就跑了，太低也会惊动泥鳅……几个孩子渐渐掌握了技巧，一个晚上下来，或半篓或大半篓，外加田螺、蚌、鱼、虾之类。几个孩子情不自禁，友闻更是探头探脑，这边父亲篓里瞧瞧，那边友直、友谅篓里看看，高兴的时候抓起泥鳅、黄鳝。李侗一把抢过篓子警告说："泥鳅、黄鳝千万不可靠近鼻子，不小心钻进鼻子就死定了。"友闻听了心惊。

李侗说，《易》本来是卜筮之书，理学家引易理入儒，为的是仰观俯察，遵守天地之道。但是，人们往往只是口诵，而未能记取，结果可想而知。

灾难来了，樟岚20里外的闽江岸边的崇仁里，对岸有一个村庄叫安济。三月的一天上午九时许，狂风暴雨席卷崇仁里，安济十多个村民没有躲避，而是强行渡舟。距渡头还有三四丈的距离，风暴越发猛烈。一阵狂风吹过，掀翻了渡船，十多人落水遇难。消息传到樟岚，人声鼎沸，哀我同胞。

李侗对乡民说，人最悲哀的莫过于弄丢了自己的性命。之后，他又对"天命"二字进行解说。他说："天用乌云雷声闪电等物象'命令'万物，告诉万物要下雨了，而且雷声无比大，闪电无比剧烈，风也无比强劲，万物都要躲起来，要不然碰到了可能会丧命。安济的村民在码头就看到了天象，他们不但没有躲得远远的，反而强行渡舟，违反了理学家说的天的'命令'。"李侗悲切地说："不要相信那个表面的东西，以为有一个好听的村庄名称就高枕无忧了，无戒难之心，必有后忧。"李侗说完之后，叹息道："真是安济不济啊！"

崇仁里的船难也像闽江之水，过后又恢复了平静，活生生的一帮人瞬间就成为历史，淡出了人们的视线。但是，人们面对天象还是常常抱着侥幸的心理，不断重复生死存亡、悲欢离合的故事——躲过了这一场风暴，下一次的洪水可能轮到自己。

李侗想起吴氏在世时的情景。宋代虽然以文治国，但因为与西夏、金人连年征战，导致百姓赋税负担沉重，有经制、总制、无额上供、折帛等等。李侗家里人多，但有三个孩子帮忙，一家生活还算充裕。吴氏自然是家里的鼎娥，能做出众多好吃的食品，比如粳米粿、年糕、发糕、粉条等等，配饭的特色菜则有浸笋、浸芋等等。吴氏拿手小吃更多，春节的炒粿片、芝麻糕，平常还有苦粿、甜槠、栗子、板栗等等，三个孩子外出游玩的时候，口袋常常塞得鼓鼓囊囊。

几个孩子最喜欢母亲做的馒（类似今天的包粿）、锅巴、锅边、铜钹粉、粽子。馒和锅巴的制作方法是：将大米磨成米浆，然后把锅烧热，抹上一层猪油，再倒入米浆，微火慢煨。其间，用锅铲不断翻搅均匀。许久，起出米粿，再铲出锅底的锅巴，均衡地铺上用香菇、笋干、萝卜丝炒熟的菜馅，两边一折切成方形，香气扑鼻。如此反复，想吃几锅就做几锅。填饱肚子之后，剩下的米粿或搓成粿条，或煮或蒸；或将粿团压扁，包入菜馅即成馒，蒸熟即可。另一种是粳米做的馒，制作方法是：把粳米蒸熟倒入石臼捣烂，搓成粿团压扁，包入菜馅即可。粳米粿还可搓成粿条，做年夜饭时切成条状，加入菜料炒熟即可食用。多余的粿条则泡入水缸，外出劳作带上几根，挖一个小坑，堆上树枝燃起烟火，把粿条埋入火堆慢煨。午饭时拨开炭灰，取出粿条，味道极佳。锅边、铜钹粉的做法则简单，将磨好的米浆淋在热锅四周，须臾，铲入沸汤之中。重复数次，放入佐料熟煮，叫锅边；把米浆淋到铜钹上，潜入烧沸的锅里烫熟起锅，用竹签挑入碗内，加入高汤，叫铜钹粉。

吴氏做的粽子不仅味道不同，形状也奇特，按味分有甜、咸两类。甜的是豆沙粽，咸的有肉粽、红豆粽。吴氏能包四角粽，还能包螺丝粽、母子粽，看着就可爱。孩子们常常把粽子吊在胸前，或用粽叶把粽子接得老长放到河里，说是如果有鱼吃，表明屈原有灵……

李侗想起三个儿子的趣事。有一次，他们见母亲磨粿大汗淋淋。友谅说："种地难，做吃也这么难。"随后赋诗一句："不食盘中餐，无须面背土。"友直听了之后说"懒人说话"，也赋诗一句："天生一张口，为食四方走。不食盘中餐，何必要双手。"

友闻看到两个哥哥你一言我一语斗嘴，自知能力不足，不敢凑趣，只是一个劲地笑。

看到三个儿子，李侗常常想起夭折的女儿，如果女儿还在，自己早当上外公了。

时光荏苒，时不我待。转眼间，三个孩子依次到了谈婚论嫁的年龄。李侗想起分别和三个孩子谈心的情形。李侗强调，完婚之后，角色不同了，从孩提时期转入为人之夫、为人之父，应该有更多的家庭和社会担当。李侗还说，社会担当不是一定要做官，儒家提出的社会担当是从每个个体开始，从自家开始。三个儿子弱冠的时候，李侗又分别为他们举行弱冠礼并取字，友直取字端父，友谅取字诚父、信甫，友闻取字季父。行冠礼的时候，李侗亲手为三个儿子戴上帽子，并说加冠是成年礼的仪式，表示从少年到成年，帽子要戴紧，古人说要正衣冠，衣冠不正则人不正，而正衣冠需从自家开始。

为人之夫、为人之父的友直、友谅谨遵父亲教导，他们读书耕作两不误……

宋代是科举制发展的鼎盛时期，比唐代更为完备。如实行糊名制、减少考试科目、增加录取人数等等。其中，糊名制是为了防止作弊。好在科举没有年龄限制，不论是否成家都可以参加。友直、友谅婚后，一边维持生计，一边读书。李侗除了负责樟岚租谷之外，也帮助他们照看孩子，有时间则辅导孙子们的学业。李侗对孙子们说得最多的是先要把字写好。他举例说，绍圣元年（1094）进士榜单出错，状元本来叫"毕渐"，誊录时写成了"毕斩"。李侗说，还好那个状元不姓"立"，否则可能变成"立斩"了。除此之外，李侗援道入儒，教儿子道德性命之学。他强调修身是脸皮越修越薄，不是越修越厚。脸皮越修越薄叫知廉知耻，越修越厚叫厚颜无耻。

李侗的教育为两个孩子打下良好的基础。李侗家搬到郡城后，为两个孩子提供了更好的读书条件。两个孩子也聪明伶俐、勤奋好学。更让李侗高兴的是，友直、友谅兄弟两相差两岁，但学业不相上下。

友谅看到哥哥走在前头，奋起直追，砥砺前行，终于兄弟齐轨等待最后的冲刺：他们约定同年参加进士考试。

一天上午，李侗和友直、友谅坐在厅堂，小鸟在树上叽叽喳喳叫个不停，李侗问友直，眼前物象用什么词语概括最佳。友直脱口而出"有凤来仪"，友谅说"凤穴歌声"。李侗听了笑着说："真有你们的。"

距两个儿子考进士还有一年时间的时候，李侗想也许祖先修德，惠泽我儿，能够双凤齐鸣。李侗知道，读书不是为了当官，但既然参加科举了，如果朝廷放官也不能不要。果真如此，父子就可能离别了。于是，他以谢良佐的"痛痒""近思"为核心，操笔撰写家训，内容有八条：

一要孝。父母面前无违拗，在生不见子承欢，死后念经有何效？尔子在旁看尔样，忤逆之人忤逆报，当为孝。

二要悌。兄长面前无使气，手足痛痒本相关，尔争我妒终何益？有酒有肉朋友多，打虎还是亲兄弟，当知悌。

三要忠。富贵贫贱本相同，譬如替人谋一事，能尽其心便是忠，一点欺心天不依，弄得钱来转眼空，当知忠。

四要信。一诺千金人所敬，譬如约人到午时，不到未时终是信，若是一事不践言，下次说来人不信，当知信。

五要礼。循规蹈矩无粗鄙，先生长者当尤尊，子弟轻狂人不敢，况我侮人人侮我，到底哪个饶了你，当知礼。

六要义。事大遇幼无不及，譬如一事本当为，有才也要留余地，又如好事不向前，懦弱何无男子气，当知义。

七要廉。百般有命只由天，口渴莫饮盗泉水，家贫休要昧心钱，巧人诈得痴人谷，痴人终买巧人田，当知廉。

八要耻。好汉原来一张纸，含羞忍辱骗得来，哪知背后有人指，寄语男儿当自强，甘居人下何无耻，当知耻。

李侗总结他的家训就是孝、悌、忠、信、礼、义、廉、耻，这是儒家的核心思想。李侗写好家训后，把它交给友直、友谅，交代他们各抄一份带在身上，如果以后外宦走到哪带到哪。李侗特别强调，礼、义、廉、耻四字是管子提出的国之四维。他说："此语载于《管子·牧民》，原话是'国有四维，一维绝则倾，二维绝则危，三维绝则覆，四维绝则灭。倾可正也，危可安也，覆可起也，灭不可复错也。何谓四维？一曰礼，二曰义，三曰廉，四曰耻'。"李侗解释说，四维像四根柱子，是治国的四大纲领。但这根柱子不是用金、银制成的，也不是用玉石制成的，而是用精神制成的。它是治国的纲纪准则，没有比精神更为牢固的柱子。因为金、银、玉石都是物，世间之物可灭，唯有精神不灭。

一分耕耘，未必有一分收获，但没有耕耘，一定不会有收获。友直、友谅的努力有效果。绍兴二十七（1157）春，就在朱熹正式拜李侗为师离开后的几个月，友直、友谅兄弟一起进京参加科考，等候在家的李侗焦急万分。他预计考试已经结束十几天了，但至少要等个把月，儿子来信才知道消息。

这天，剑浦县一位衙吏兴冲冲地敲开了李侗家门，交给李侗两封函件。李侗拆阅之后吓了一跳：两封函件一模一样，都是朝廷公布的王十朋进士黄榜，上面分别有友直、友谅的名字。但是，令李侗不敢相信的是函件不是官方的信封，更让李侗不可思议的是衙吏还要讨赏。

莫非有诈？李侗向时任州学教授的江鹏了解情况，但是江鹏的解释却让李侗喜笑颜开。

原来，北宋时期考中的进士，由礼部寄出录取通知，称为"榜帖"。咸平元年（998），朝廷为了节省成本，取消了"榜帖"。于是，县、府低俸禄或无俸禄的衙吏做起了报榜人的行当。他们看到街上的黄榜之后，把它原原本本刻印下来，然后速递到考生家里，报榜讨赏，人称"喜虫儿"。

李侗虚惊一场，高兴地给了报榜人赏钱。

大半个月后，友直、友谅回到剑浦时，也收到他们从京师寄回的两份报喜信笺——"泥金帖子"和具有通讯录性质的《登科小录》。兄弟二人与族人分享了考试的经过，其中最得意的是"临轩唱名"。所谓"临轩唱名"，就是礼部把新科进士召集在一起，进宫朝见高宗皇帝，大臣当众报出每个进士的姓名、籍贯、名次，这一环节有两层同意，除了显示皇帝重视科举外，还有一个就是防止誊录进士名单时可能发生的错误。之后，新进士们聚在一起，编辑刻印《登科小录》，每人一本，里面有每个人的姓名、字号、籍贯及通信地址等等。

这一年剑浦县中进士的共有五人，其中李侗一家就占两位。

剑浦人奔走相告，李氏族人更是举族欢庆。

几十年朝夕相处的儿子要离家了，李侗很舍不得。临行前的几天，李侗在两个儿子面前唠叨着。他对儿子说："千年前无我，千年后无我。千年前有我，非我；千年后有我，非我。"意思是说，要珍惜当下的人生百年，不能有瓜田李下的苟且之事，更不能招徕骂名。因为儒家所谓孝，不只是犬马之养之孝，更重要的是精神之孝。李侗还写了一首哲理诗赠给两个儿子，题为《过与恶》，诗曰："人可有过，不可有恶。有过可改，有恶难过。"

友直、友谅中进士后，朝廷以李侗有功于名教，就近给他两个儿子授官，长子友直安排到300里外的江西铅山县任县尉，次子友谅安排在百里之遥的建州建安县任主簿。

李侗悬在心上的一块石头终于落了下来。

昼访西林寺　夜归道统门

南剑州、剑浦县一城二府（州、县各一府），可游可赏处甚多，城里的文化遗存有衍仙堂、琴堂、绿阴亭、共乐亭、双溪阁等。远的地方有城东黯淡院前的妙峰阁，城北百丈漈有越王台，城西有溪山伟观台。衍山之下景观更多，有水云村、尊经阁、环演阁和衍山、魁星二堂及遥碧轩、肃容亭等。

迁居郡城的李侗既可领略比樟岚更多的山水，又有机会品读更多的人文历史。闲暇的时候，李侗只身一人漫步在东溪、西溪、闽江合流之畔。

一天，他从家里出来后，沿着河边曲折前行，一座翘角小阁进入眼帘。他仔细观察匾额，只见上书"醉吟轩"，他知道邓肃曾在此留下诗赋。李侗转了一个身，拐入另一条小道，又见岸边一座小阁称画屏轩，柱间有蔡襄（1012—1067）诗二句："画屏曾倚孤舟看，今日孤舟看画屏。"李侗估计，此诗为蔡襄主持北苑贡茶途经剑浦所作。再往前，李侗来到一条熟悉的小道上，那里有泰山大人的仪郑堂，是吴觏去世后，其子吴方庆所建。李侗在此驻足良久，颤巍巍地抚摸吴方庆内兄邓肃写的《仪郑堂记》，脑海里想起岳父和妻子在世时的情景，心里一阵愁怆。在这里，李侗还看到剑归阁。他听说此阁原有李纲写的碑文，但四下打量未见踪影。

州学的童生有乡村的，也有城里的，但郡城也像乡村：开门见山、见水，还有阵阵扑鼻的泥土芳香。李侗喜欢跟童生一起闲聊神话故事。有一次，几个童生聚在一起谈天说地。比如在深山打柴，闷热的时候，大家用力呼叫，就有风吹来。有的说乡间传说，山上有一种叫狐或狸的动物，会把小孩迷走，最后在什么山坑里找到，嘴巴、鼻子、耳朵都塞满了泥巴。有的说河里有水鬼，人之所以会溺水，是被水鬼拖住的。李侗也听说过这些传闻，但没办法解答，只好瞎猜。对人能呼风一事，李侗猜想可能是空中充满着气，人呼叫时，把气吹走了，后面的气又往前充，所以感觉好像有风吹来。但又觉得好笑，几个人就能把气吹走？真是自圆其说。李侗说，吴方庆告诉过他，人们可能把水獭当成是水鬼。有人曾在闽江见过，水獭身长60—80厘米，体重6—10斤，尾长30—50厘米。四肢短圆，趾间有蹼；头扁而略宽。全身毛茸茸的。据说，水獭在水里能把鼻孔和耳朵都关上"闸门"，不让水进去。水獭有一个重要特征是会像人一样站起来，前肢交叉放在胸前，但没听说水獭会拖人。不过，如果在河里见到水獭，肯定也会吓半死。至于那个迷人的狐或狸则不得而知，谁也没经历过，只是道听途说。但李侗还是提醒童生，自然界像乐园，也暗藏杀机，存在凶险，凡事须谨慎，事先估计可能发生的不测，并做好应对之策才是道理。

很多理学家都有崇佛的经历，程颢、杨时、游酢等都一度倾心佛学，但不能一说学佛就认为大逆不道。因为儒佛有同有异，从杨时、罗从彦一路传下来的默坐澄心、体验天理的圣人之学，看似禅静，其实是修习方法。

宋代的福建道、释二教兴盛，大山深处，重林巨构。南剑州的剑浦也不例外，特别是佛氏更是兴盛一时。李侗生活的家乡除了有林重寺外，还有开平里的开平寺，建于后梁开平四年（910）。天宁报恩光孝寺在剑浦算是巨构。这座寺庙建于唐天宝二年（743），其后更名为广济、景德、崇宁、天宁，政和七年（1117），加朝廷所赐"万寿"二字。郡城内更有一座华丽壮观的寺院叫西林寺，在李侗家东面二三里许。

自从林重寺静坐之后，李侗极少光顾寺庙。迁居郡城后，因为朱熹几次剑浦求学住在西林寺，一来二往，李侗对西林寺也熟络起来，没事的时候经常到寺院转悠。

西林寺的住持是惟可禅师，李侗和他话语投机。

他们讨论人心。惟可说："佛家心性，乃众生本性或心之本性。佛家以心为本体，而性又是心中不变之本体。但从根本上说，本心即本性。"李侗说："儒家既讲天地万物，也讲心的主宰地位。从根本上说，心即性，性即理。"惟可说："佛家心体不离理体、心性不离佛性。二者观照。"李侗说："儒家心体不离物体，心性不离物性。二者融为一体。"

他们讨论善恶。惟可说："佛门以为心存善念方可善。"李侗说："心主身，心存善念如同儒家正心。心正则行正，行正则事体正。"惟可说："佛家主张人性本善，人人皆可成佛。"李侗说："儒家也主张人性本善，人人皆可为尧舜。"惟可说："人有佛性，才是善性。"李侗说："尧、舜之性是孝悌之性，孝悌之性不是佛性，而是德性。"

他们讨论生死。惟可说："道家讲生，但不得不死；佛门讲死，但目的在求生。"李侗问："谁定生死？"惟可说："命定生死。"李侗又问："命是何物？"惟可故意不答。李侗接过话题说："命是天。孔子的弟子子夏有言：'生死有命，富贵在天。'"惟可问："命与天何别？"李侗说："命与天同义，皆是理。"惟可笑着说："哦，难不倒儒者。"

数十年的涵养灌溉，李侗天资劲特，气节豪迈，充养完美，义理磨去了他的棱角锋芒，他的脸上表现出的是精美纯粹之气。他与人交往，脸色温谨，言语严厉，心神安定，态度和蔼，说话沉默，举止端庄，泰然自若。平时诚实谦恭，在事物面前好像不知可否，一旦遇到需要应变的事物，一定会用义理评判区分界限，不会受到冒犯。

同而和，不同则难和。起初李侗与惟可聊天谈的都是相同或相似的话题，很是投缘。但是，一旦矜己之长或道人之短，则多有微词，甚至有口舌之辩。

西林寺规模宏大，除了天王殿、大雄宝殿外，还有地藏、观音、普贤、文殊四个配殿，每当佛期之日，善男信女人头攒动。一天，李侗得知惟可禅师为信众开示，想听听这位具有大德的高僧如何体悟，如何为信众实修、亲证。

李侗到西林寺时，惟可还没到场。李侗四处打量，见有佛像、法座、法披、钟鼓等法器，颇为庄严。俗话说入乡随俗，李侗知道禅堂的规矩，也一本正经地端坐、挺胸、摄心。

惟可话语不多，只说万物禀性而生，而禀性在心，开示弟子要如理思维。

李侗听了之后，觉得有理，但细想又觉得与理不符。随后，李侗与惟可有一场争辩——

李侗问："佛氏以空为性，以性为本。心空，空如也，如何思维？"惟可说："世间之事，禀性而生，如何是空？"李侗问："道家以无为有，有生于无。无是无形无影，可感知而不可目见。佛氏心无田桑、无人事，所思何事？"惟可回说："思善恶，存善去恶。"李侗说："佛氏遁入空门，晨钟暮鼓，未见善恶。"惟可说："克己去恶，即是善端。"李侗说："善恶二端，去恶只是克己，天下之善在于复礼。"惟可说："佛门弟子克妙欲、妙色，去欲去恶。"

李侗面有难色。

李侗知道儒家心法的由来。他认为儒、佛的根本区别在于"理一分殊"。但是，话虽这么说，要分出一个是非你我还真不容易。李侗这样的理学宗师也常常觉得有些力不从心。

佛门援儒、道入佛，是儒佛莫辨的重要原因，但儒家学者主动靠近佛门也是重要原因之一。佛教传入东土之前，儒、道二家彼此和谐，春秋时期，孔子还向老子求道，老子赠孔子以言。但是，战国时期，学者夹杂黄老之学，形成了黄老学派。他们的思想主要是修行、经世，主张修身养性、长生久视、丹道之术、无为而治等等，与儒家渐行渐远。而儒、佛则自古对立，形如枘凿。

李侗与惟可从论心开始，从形上到形下，说长道短，到后来追溯源流，言语越发激昂。一天午后，李侗与惟可又是一场交锋——

李侗说："儒家心法早于佛家，尧、舜'人心惟危，道心惟微'就是儒家心法之原。"惟可说："儒家取道、释之长。道为道家之道，儒家以理代道而已。"李侗说："道为天地之道，儒家经典之一《尚书》有'道''天命''民命'之说。"惟可说："先生知其一，不知其二。周敦颐太极图、邵雍阴阳八卦从何而来？伏羲是人文始祖，他创八卦，后世方有道体之说。"

李侗郁闷了。

原来，周敦颐的太极图来源于穆修，穆修来源于种放，种放来源于陈搏。陈搏是华山道士，号希夷，人称"希夷先生"。周敦颐还从学于润州鹤林寺僧寿涯。

惟可见李侗不语，接着说："佛门立雪在千年前的汉代。神光求法达摩，立雪断臂，儒家鹦鹉学舌。"

李侗说："儒家'理一分殊'，不以空为有。"

惟可说："儒家何以学佛氏静坐？"

李侗说："儒家以敬为静，敬为专一之意。"

惟可起身对李侗说："来，带你看一物。"李侗跟着惟可到了僧舍门前，惟可指着上方的一块匾额说："达观轩。"李侗上前仔细端详后说："写得好。"然后，左看看，右看看，仿佛若有所思。

回到座位上，李侗与惟可又继续讨论刚才的话题。这时惟可好像高傲了许多。他说："佛家也食烟火。"李侗说："佛家烟火与儒家不同。"惟可说："我祖释迦牟尼在菩提树下静坐，最后顿悟成佛。"李侗说："菩提本无树。"惟可说："心就是菩提树。"李侗说："儒家天下一理，一理万殊。"惟可说："佛家'以一统万，一月普现一切水；会万归一，一切水月一月摄。'儒家'理一分殊'源自何处？"李侗说："佛氏心空，儒家心通，通有无，通幽明，通人事。"惟可说："乡间尚有诸多斋妈……？"

李侗招架不住了。没等惟可说完，李侗立马起身说："时间不早，告辞。"

李侗知道惟可说的"斋妈"。他估计惟可接下来要说的是：你李侗说"理一分殊"是儒佛之别，但乡间斋妈多有，年纪小的三四十岁，大的七八十岁。她们居家念经并没有离开你李侗说的"分殊"之用。她们不仅勤于家庭事务，而且相夫教子、事亲敬长。也就是说，她们既知理一，也知分殊，而且良淑贤德。只是无事时挎着经篮喃喃而语或走桥，每有庙会，入庙祈愿。难道斋妈罪过？

与惟可论辩是业余之事，李侗还有端正童生品德的正事。

州学的童生多数品学兼优，但天下之理有些也说不清道不明，即使再高明的学正有时也难断是非曲直。州学在山顶，虽有多条小道上山，但雨后山道泥泞。那是一场春雨之后，北面山道横跨小沟上的木头年久腐烂，一位童生前脚踏上，木头突然断成两截，童生掉进小沟；紧跟在后面的童生被翘起的木头绊了一脚，扑向前面的童生。前面的童生受到重力撞到石块，额头瞬间肿起一个血包。

两位童生拉扯到了李侗面前。前面的童生说，本来掉进沟里只是弄脏了衣裳，并无大碍，因为后面的童生扑在自己身上，导致自己受伤。后面的童生说，因为前面的童生跨越时踩断了木头，木头后面一端翘起绊倒了自己。二人相互指责。

原因导致了结果，结果是同一个原因。李侗拍了拍前面童生的肩膀之后，拿来巾帕为受伤的童生擦去泥水，然后耐心地开导，矛盾迅速化解。但是，两位童生的家长却不依不饶，硬要分出一个寅卯。然而，在操存益固、涵养益熟、精明纯一、触处洞然、发必中节的李侗面前，再凶暴强悍的人都心悦诚服。他对两位童生家长说："怪谁呢？怪前面的童生，还是怪后面的童生？"两位家长你看看我，我看看你，没有言语。李侗又问："怪木头？"两位家长面面相觑。李侗说："木头也不怪，死了的木头日晒雨淋，必然腐朽。此为木之理。"两位家长更是一脸疑惑。后面的童生家长说："前面的童生踩断了木头。"李侗问："换你踩木头就不断?"前面的童生家长说："后面的童生扑到我儿身上。"李侗问："如果你绊脚不摔?"

李侗见两位童生家长不语，对他们说："事情总要找到原因。跟这件事有关的是人和木头，也就是物我。既然木头不可怪，还是怪人。你们俩都不可怪，怪的是人不小心，包括州学的师生都有责任。因为我们只见木头，不见腐木之理。如果早发现换掉木头，岂有今日之事?"

两位童生家长眉头渐渐舒展……

李侗看了看受伤的童生，交代回家后用蜂蜡涂抹伤处，十天半个月就好了。受伤童生的家长问："蜂蜡可有效?"李侗肯定地告诉他，效果极佳，自己以前拇指被抽屉夹过之后，关节的地方增生了，疼痛不已，后来用蜂蜡连续几天涂抹就好了。

妻子去世后，家里家外的琐事都落在李侗身上，但他再忙都没有忘记读书。一天夜里，李侗翻阅《上蔡语录》想起手抄本，第二天把它寄给了朱熹。

自从那次与惟可攻驳之后，李侗知道自己不是惟可的对手，但心有不甘。一天，李侗在街上碰到一个面容憔悴、衣衫褴褛的中年男子向他乞讨，说肚子饿要李侗给一个馒吃。李侗把中年男子带到路边一个馆子，买了几个馒塞给他。李侗见中年男子狼吞虎咽，问："如何流落至此?"中年男子只是摇头。再问，中年男子只说："无家可归。"李侗心里一阵寒酸。

李侗思忖半天，想不出办法。良久，生出一计——把他带到西林寺。

惟可倒是好人，见了李侗，爽快地把中年男子收留下来。

可是，李侗前脚刚进家门，惟可后脚就把中年男子带了过来。他对李侗说："此男子父母连接病故，'三年之丧'前后六年，男不能

159

耕，女不能织，妻离子散，无家可归，还是交给儒家吧！"惟可还搬过一把凳子，对中年男子说："坐这。这位先生帮你安顿。"李侗一听，吓出一身冷汗，慌忙推笑对惟可说："得罪，得罪。"

惟可说："佛家只知理一，不知分殊；儒家既知理一，更重分殊。"说完走出门外。

李侗追了上去，拉住惟可说："佛家颇有心度。那只是学术而已，禅师不必计较。"

惟可一边走，一边对李侗说："儒家不是济世吗？如何不扶助生活无着的苦难者，让他们还俗。明天我把寺中的弥陀人家一并给你带过来……"

李侗急得像热锅上的蚂蚁，大声嚷道："禅师，禅师，赔罪了。今且先带他过去，改日为佛烧高香。"

惟可说："当真？"

李侗说："岂能有假？"

惟可带走了中年男子，李侗的精神却几近崩溃。

从此，李侗不敢造访西林寺。

但是，郡城只有巴掌大小，抬头不见低头见。一天，李侗外出路过西林寺，恰好见惟可禅师送客门外。惟可一见李侗，双手合十说："阿弥陀佛。"李侗驻足不前。惟可见李侗没反应，说："李先生健忘？香没烧呢！"李侗还在踟蹰之际，惟可上前把李侗拉进了西林寺。

因长时间没到西林寺，李侗对那天说的"烧高香"早已忘得一干二净，而且也是情急之语，并没有往心里去。但是，惟可却记得紧。

李侗心想，儒家讲诚信，佛前更无戏言。烧吧，一炷香岂能碍事？

李侗取来香火，虔诚地站在大肚佛前。

惟可说："免了吧！佛家以自觉觉他觉，岂能差强人意。"

李侗说："佛前无戏言。"

惟可哈哈地笑个不停，而后拉着李侗读柱联："大肚能容，容天下可容之事；开口便笑，笑天下可笑之人。"惟可读了之后问李侗：
"看到了？"之后，又把李侗拉到另一大殿，说："再看这一副：'做
事奸邪，任尔焚香无益；居心正直，见我不拜何妨。'"

李侗说："我可没奸邪啊！"

惟可见占了上风，趁机说："儒家有，那个被孟子骂的似是而非
的'乡愿'难道不是？当今那些口是心非的又岂不是？儒家也伪。
读书求利，以资诵说。"惟可还问李侗："能克己的是儒士还是
佛徒？"

惟可的话像一根根刺刺在李侗的心窝。

李侗想，本来只是想让惟可明白儒佛之别，岂料"道高一尺，魔
高一丈"，弄巧成拙。也是，谁让儒家士人不争气，授人以柄。李侗
深知惟可是贤圣僧，不是凡夫僧，自己难以匹敌。李侗常常做梦呼
唤："朱松在哪？邓肃在哪？邓迪在哪？"有时则梦见师友呼唤："李
侗在哪？"

李侗出入西林寺的事情传到了州学，有人开始议论，但教授、学
录、斋长、斋谕们说，放心好了，他昼访西林寺，夜归道统门。

的确，与惟可禅师交往给李侗深刻的教训，不过李侗与惟可仍然
保持交往，因为李侗觉得一种学问未必十全十美，不能故步自封。同
时，李侗也没有继续在惟可面前造次。但李侗对释氏的邪僻十分清
楚，一听到不合正道而隐伏诡谲的佛理，就能从细小隐约之间辨出是
非邪正。所以，异端之学难以进入李侗的心腔。

求圣域论学不辍　天趣园察识天趣

朱熹 29 岁正式拜李侗为师，是想进入儒家的圣人之门，但没那么容易。因为街上看不到圣人之门的招牌，只有通过观察哪位是道德纯备的人物，才能引领他进入圣域。朱熹两次向李侗问学，认定他就是引路人。其后，每隔一两年或两三年就会到剑浦向李侗当面求教。

绍兴三十年（1160）冬，南剑州、邵武军、建州正值酷寒时节，朱熹又来了。

这次到剑浦，朱熹做了充分的准备，除了洗漱用具之外，还带了几身换洗的衣裳，他准备至少要在剑浦待几个月。

朱熹很关注友直、友谅的仕途，一进门就问两位兄长的去向。李侗告诉朱熹，朝廷恩赐就近放官，友直在铅山、友谅在建安。

李侗还是把朱熹带到小书屋。朱熹见这次小书室有些不同，李侗在书房里摆了文竹和兰花，让人觉得盎然生机。书屋的墙上有三首诗，其中以《柘轩》为名的两首。朱熹以前见过，只是来去匆匆，顾不得品读。这次到剑浦，心情轻松，把三首诗一一咏过。

第一首曰："耕桑本是吾儒事，不免饥寒智者非。出处自然皆有据，不应感念泣牛衣。"

"牛衣"典出《汉书·王章传》：汉代的王章在长安求学，衣食困难，坐在牛衣中向妻子涕泣。后人以"牛衣对泣"形容寒士贫居困厄的凄凉之态。李侗以此自况。

《柘轩》二首，其一曰："五亩之宫植以桑，孟轲此举助谈王。轩前蒙密知何意，要见经纶滋味长。"房屋狭小，但知足常乐。李侗把小屋比喻为五亩宫室，前后桑树环绕，孟轲不就是在这样的环境中与齐宣王、梁惠王论仁政的吗？李侗以茂密的桑叶养蚕为喻，探讨朝廷大事就像整理蚕丝那样滋味深长，表达自己远大的志向和抱负。

其二曰："三春采采为蚕供，衣被生灵独有功。野外谩多闲草木，可惭无计谢东风。"开春的时候，李侗屋外的桑树繁茂，他们一家采来桑叶喂蚕。茧衣和缲具有制衣被之功。但是，户外的闲花野草需要东风滋润才能茂密，以此比喻人需要儒家义理灌溉才能成为上品。

"郎侄做甚工夫？"头尾隔了三年没看到朱熹的李侗，急切地问。

朱熹把近几年在五夫的生活说了一遍：前年春到剑浦拜见先生之后，当年夏天游学到了顺昌，经过筼筜铺时，见墙上有道家所题诗，作《宿筼筜铺》："庭阴双树合，窗夕孤蝉吟。盘礴解烦郁，超摇生道心。"之后，在五夫一边读书，一边交友。绍兴二十八年（1158）十一月，朝廷要他为官，他以亲老食贫为由，请求给予祠禄闲职。果然，十二月，朝廷就把他差遣到了潭州（今湖南长沙）南岳庙。朱熹还说，以前家里有括苍吴任写本《上蔡语录》，后来李先生又寄来曾恬、胡安国所编的《上蔡语录》，在胡宪先生的指导下，对不同写本作了认真研读，于绍兴二十九年（1159）春二月，校订成《谢上蔡语录》三卷。同时，作《谢上蔡语录后序》。这年八月，因尚书右仆射、同平章事陈康伯举荐，接到了要他进京的圣旨，朱熹又以向来患有心气病、脚病为由上状辞免。十一月，朝廷催促他尽快到任，朱熹还是辞免。此时，朝廷授胡宪先生秘书省正字，他用"只为苍生未敢行"为胡先生送行等等。朱熹最后高兴地说，这年有一个叫刘清之的年轻人到五夫向他问学。

李侗听了之后对朱熹说，31岁就有人向你拜师，了不起啊！只是道心不能摇摆不定啊！李侗还提醒朱熹说，学者之病，在于不能冰解冻释有滞碍的地方。即使有力持守，也只不过苟且避免怨恨而已。

果真如此，仍然不足称道。又说，今天的学者与古代不同。就像孔子的几个弟子，他们整天在一起，相互切磨学问，又有孔子的学问作为依据，通过日用之间观感而化也多。学问要理解消化，不是讲学就能解决的。

朱熹一边听着李侗讲话，一边把目光移到厅堂，看到吴氏遗像，起身上前点了三炷香，拜了三拜。

李侗问朱熹："还住西林寺？"朱熹说："是。与惟可熟络。"

李侗对朱熹亲近佛氏心里有些不是滋味，只是表面上不露声色。

李侗问："有何疑问？"朱熹说："太极、理一分殊诸多难解。"李侗针对朱熹知体不知用的毛病，因病发药。他引用周敦颐之语说："天地一太极，物物各有太极。"朱熹问："人也有太极？"李侗解释说："人也是物，如何无太极？"

朱熹问："物有太极，事是否也有太极？"李侗说："事是物事，有物有事。天地间，无无物之事，无无事之物。事也称物事，物事岂能无太极？"李侗还强调："做学问要安静思考，从细微处入手，逐渐深入剖析，才会有所得。"

朱熹白天在李侗家论学，晚上回到西林寺。

夜晚的西林寺，寒月在天，寒雀声声……一天晚上，朱熹往窗外看了看，只见片片白云。朱熹仔细观察，发现当晚月夜与往日不同：往日月夜，云过处遮住月亮，而当晚云不遮月。朱熹想，月不知几万里，难道云比月还高？朱熹不知是何天象。

朱熹到李侗家，经常看到他都是端坐，而且神采精明，没有一点精神不振的感觉。

李侗与朱熹深入论学，连续十几天讨论太极。接着，换了一个主题——理一分殊。

朱熹问："《诗经》说'有物有则'，须是见物见则，瞎子未见物，如何知有则？"李侗说："五官皆可'见'物，瞎子眼不能见物，耳可听风、听雨，如何不'见'物？"朱熹问："既瞎又聋又哑之人如何见物?"李侗说:"鼻能呼吸,口能食,如何不'见'物?"朱熹问:"鼻不能呼吸,口不能食,不能言语,如何见物?"李侗说:"那是死物。"

朱熹以为自己说了错话,但李侗却对朱熹说,万物一理,物物各具其理,如何分活物、死物?李侗举例说,竹有生死,生之竹有生笋之理,死之竹绝无生笋之理,但死竹有死竹之理:锯成两截,可以为器;削成篾片,可以为篮为箩,可为渔具;用于菜圃,可以为篱;编成竹筏,可浮于江河湖海……

李侗说生死也有"理一分殊"。他引谢上蔡说的不知痛痒阐述死物。李侗说:"谢上蔡说的'不知痛痒,非仁。非仁是死物'说得极好。但死物也有'理一分殊',只是有的人不知'理一分殊'。比如,人们常说的'麻木不仁'。"李侗强调,讲学重要的是深潜缜密,才能气味深长,蹊径不差。如果只知道理一,而不察理一中的分殊,就会流于疑似乱真而不自知之弊。

朱熹告诉李侗西林寺所见月夜,说:"总归天下只是一月,又有上弦月、满月、下弦月、蛾眉月诸多不同。但西林寺所见之月,月在云下、云在月上却是罕见,不知是何天象?"

李侗说:"天象鬼神不测,不知是何缘故。"

朱熹果真把剑浦当成了半个家,一住就是几个月,而且收获颇丰。

没错,朱熹还记得绍兴二十八前(1158)正式向李侗拜师时写的《题西林壁》二首。其一曰:"触目风光不易裁,此间何似舞雩台?病躯若得长无事,春服成时一岁来。"29岁的朱熹对为官并不在意,对求学却很用心。他把拜师李侗比喻为孔子与弟子在洙泗之滨讲学,如果身体允许日后每年春天都来剑浦问学。其二曰:"巾屦翛然一钵囊,何妨且住赞公房。却嫌宴坐观心处,不奈檐花抵死香。""檐花"比喻儒家思想。朱熹把惟可禅师看成是唐代高僧赞公,西林寺可以悠闲静坐观心,但抵不住檐外的"檐花"之香。

与前两次相比不同，朱熹这次到剑浦，还常常跟着李侗外出铺观山水、史迹，闽江源头的一泓剑潭、茂密葱翠的九峰山、人头攒动的下小水门码头都一一观览。每到一处，李侗都对朱熹说，眼前物事须是仔细观察。李侗还带朱熹渡过东溪，登上屏风山揽溪江之胜，探藏春之幽。他对朱熹说，据说当年吴仪、吴熙兄弟与诸多学者唱和，喧闹一时。犹记得黄裳的《隐鳞阁》称，二吴"隐居求志非求名"；杨时的《老圃亭》称"亭下十余畦，蔚蔚有嘉蔬"；王汝舟的《藏春峡》称"短楼矮阁小亭台，中有高人避世埃"；罗从彦作《挽吉溪吴助教》二首，其一曰"室富真儒业，门多长者车"；沙县的邓肃作《醉吟轩》称"二子风流不可追"。朱熹外出泛游也常常有感而发。在百丈山，朱熹看到山中精庐，感慨赋诗《百丈山》。在九峰山，李侗对朱熹说，三江之畔许多浮家泛宅，称为疍民。他们常年浮游水上，以捕捞为业。朱熹看到九峰山的冷风阁，作《题冷风阁望演山》。

朱熹剑浦之行，收获不少。朱熹不否认佛家有克己之功，但他往返于西林寺与李侗家之间，耳闻目睹了惟可与李侗、西林与州学、佛事与日用诸多事象，由此得出结论，儒家与道、释判然不同：致治之道，非道、释二家。因为儒家要求不仅要学问广博，更要撮取精要，复归于简约的日用常行之道。

就像当年罗从彦接纳李侗为弟子一样，李侗收纳朱熹为弟子也十分高兴。他给弟子罗博文写信说，元晦读书很努力，乐于向善，敬畏义理，我们儒家少有。晚年得到这个人商量疑问，很是欣慰。又说，这个人聪慧过人，竭力实践，让人敬畏。讲学非常细微，辩论疑难问题，能发现儒家脉络，找出纰漏，从源头上体认万物之理。我自从跟罗从彦读书后进到儒家门墙，后来就没有朋友了，现在得到朱熹，非常有益。他从源头上下功夫，从事物的本质上体认。朱熹没有别的事，一味游心儒家学问。刚开始讲学的时候，很多方面受到束缚，现在已慢慢地融入日用生活，专心在这方面下功夫。这方面慢慢成熟，体用就合一了。儒家的道理要在生活日用中纯熟，如果静的时候能说出道理，动的时候不能实行就不对了。

回到五夫的朱熹，次年二月和八月，分别给李侗写了一封信，向他请教知行合一问题。

就在李侗给朱熹回信不久，又有一位年轻人向李侗问学。李侗问明情况得知他叫刘坪。刘坪（1138—1185），字平父、平甫，刘子羽季子，刘子翚继子。崇安五夫人。早从家学，父亲去世后，听朱熹说起李侗，也到剑浦求学。

李侗对刘子翚印象深刻，早在朱熹问学前就知道他的名字，因为刘子翚曾到过剑浦，留下好几首诗。更重要的是朱熹到剑浦时，说过他的岳父刘勉之迁居建阳考亭萧屯（也称璞石，土名"破石"）后，以种瓜为业，刘子翚常为刘勉之写瓜诗，方圆百里都知道他的西瓜。当时，李侗还对朱熹说："谁说儒者迂腐，不懂民生，不懂物理？"

时光匆匆，一晃数年。绍兴三十二年（1162）春，朱熹又到剑浦，这次是护送李侗来的。原来，这年正月，李侗从友谅家回剑浦，朱熹从五夫到建安护送他返乡，顺便问学。

这次朱熹请教的是存养、持守及涵养工夫。

存养、持守、涵养都是为学工夫，看似大体相同，但仔细分析却是一种递进关系。李侗说："存养实际上应该分开解释，存是存心，养是养性。孟子说：'君子与常人不同，在于能存心。君子以仁存心，以礼存心。仁者爱人，有礼的人敬人。爱人的人，人也常常爱他；敬人的人，人也常常敬他。'"

朱熹说："从先生所说看，存心也是志向，存心于仁就有仁的存在，存心于礼就有礼的存在。"李侗说："大体如此。《中庸》不是说'诚者物之终始，不诚无物，是故君子诚之为贵'吗？心之不存，何以有物；心中无物，何以有礼？"朱熹问："人皆有心？"李侗说："人人有心，但心之用不同。常有人说，无德之人，无礼之人，就是心中无德，心有无礼。无德无礼之人何以有心？"朱熹问："存心是存物之心?"李侗说:"物之心也是事之心,对牛弹琴无益。"朱熹问:"性如何养?"李侗说:"子思说:'天命之谓性,率性之谓道。'"朱熹问:"道与性何别?"李侗说:"道性一体。先贤先儒有言:'性即道,道即性。'"朱熹问:"如何持守?"李侗说:"如饥食渴饮,循环往复,继继不已。这就是持守。"朱熹问:"如何涵养?"李侗说:"滋润培养。"朱熹问:"如何培养?"李侗说:"以德修身,以德养心,切于日用,勉勉成性。"朱熹问:"德字泛博?"李侗说:"儒家之宅方方正正,门称礼门,路称义路,所以把宅称为仁宅。孟子教人'居天下之广居,立天下之正位,行天下之大道'。涵养化育,化是德溶于心,育是育出新生,见诸事才是涵养之功。"朱熹说:"李先生涵养深厚,明白透彻,小侄受益匪浅。"李侗说:"贤侄年纪不大,所知甚多,颇有器观。"

朱熹与李侗如影随形……

李侗离开樟岚十多年了,他想回老家看看,顺便也带朱熹看看溪边风物。

李侗与朱熹、友闻渡过剑潭,沿闽江下行,先是来到十多里外的罗源,看到的是鞠为茂草的南斋书院。之后,又下行十几里来到老家。宗亲族侄热情招待,长夜宴语,共话桑麻。

李侗家乡之行,最难忘的是重访杜溪里(今福建省南平市延平区炉下镇)。

杜溪里因杜溪得名,杜溪发源于岭兜,流经磊石口、蛇村、龙村、田头、下井、洋洴、瓦口、斜溪汇入闽江,长十数里。溪边风物有古樟、金山林重寺。李侗少年时游历过那些地方,特别是林重寺,李侗有一段静修的经历,甚至差点滑入佛氏的坐禅。

正是惊春时节,杜溪溪边草木繁茂,李侗的心情也一如春色。他和朱熹沿着杜溪的日光风绪曲折前行,时而娱观,时而欢笑,时而咽语。朱熹看到满山白灿灿的山花说:"繁花似锦。"

李侗游览不忘讲学,讲学不忘物理。他对朱熹说:"万物顺天命之性。人们常说春暖花开，这是概说，事实上一年四季花开不败，有的绽于春，如桃如李；有的绽于夏，如荷如兰；有的绽于秋，如桂如菊；有的则晚笑于寒冬，如蜡梅、水仙等。总万物而言是理一，四季绽放则是分殊，物之性使然，不待人安排。"

龙门村附近有一棵古樟400多年，李侗、朱熹走累了，憩赏树下。朱熹抬起头来略有所思，问李侗："万物也有存养、持守、涵养之功？"

李侗分析说："有天地之心，有万物之心。竹木也有生之心，昼夜不息存养、持守、涵养，吸收日月之精，滋润根脉，方能日日以长，枝叶繁茂。但人、物不同，物之心本于金、木、水、火、土五行，人之心本于仁、义、礼、智、信五常。"朱熹说："李先生妙趣横生。"

林重寺在龙门村的一条岔道上，庙貌依旧，物是人非。李侗问朱熹可曾见过庙田，朱熹说见过。李侗说："我说的是庙中之田。"朱熹不解地问："庙田不就是庙中之田？"李侗说："人们说的庙田指的是寺庙田产，我说的庙田是田在庙中。"朱熹说："庙中有田倒未见过。"李侗说："带你去观赏观赏。"

朱熹随李侗跨进"金山林重寺""福海禅林"两道山门，只见殿前荷池，四匝水环。中间一方濒水天井，细竹翠柏，琪花瑶草，一派生机。荷池周遭廊庑环护，白墙红柱，盆景花卉形形色色：岩岩风骨的铁树、烛照红妆的海棠、娇嫩如水的仙人掌、雍容华贵的山茶花、勃发怒放的月季……一座梵音之地，如一方园林之秀。荷池游鱼，时而闲情悠游，怡然自得；时而嬉戏寻欢，逐光弄影，可谓"轻盈照池水，掩敛下瑶台"。见过武夷山天心永乐禅寺、武夷宫等名观巨构的朱熹对林重寺也叹为观止。

师生走出侧门，只见围墙内方田半亩，禾田青秀。朱熹惊叹地说："林重寺多胜概。"

杜溪溪小，只是一垄山水，越往里面走，溪水越浅，如沟如涧。

溯杜溪源头岭兜，景致优美：四周群山环峙，佳木荫森，境绝幽雅。更有清泉涌出，一水盘曲；两边梯田数十亩，田间奇石或大或小，如丸如卵。其中一石称磐陀，方广丈余。

溪涧宽不盈丈，田埂如堤，竹木林列，如屏如画。师生二人坐观风物，申说物理。

李侗见埂堤竹木整齐，对朱熹说："竹木也知生死，知'顺天者昌，逆天者亡'之理。所以既不生于田，也不长于涧，而是长在沟涧、田埂之畔。"

朱熹哈哈地笑着说："有理。"

李侗问朱熹："田中之石如何如丸如卵？"朱熹说："生来如此。"李侗说："不对，天地雕琢之功。"朱熹问："如何雕琢？"李侗说："风雨。"朱熹笑着说："有理，有理。"李侗说："天趣园风物可知，人不如天地。天地不仅有生物之心，还有点染修饰万物之力。"朱熹问："何谓点染修饰？"李侗说："侯师圣说邵雍有言：'造化从来不负人。'你看春来群山遍绿，秋来层林尽染。千山万水，自古皆然，未见一日败象。岂非点染修饰？"说话间，山风吹过，树叶飘零，一片叶子飞在朱熹眼前，之后转了一个头，不偏不倚夹在朱熹端坐不远的石缝间。李侗见状，对朱熹说："你摘一叶试试，抛向天空，看看能否让它插入石缝？"朱熹说："千万次都不能。"李侗静坐一动不动，思考着张载的"一故神，二故化"，然后对朱熹说："人不如风啊！"李侗还说，人之所以观感万物，是因为"籁天之灵"。

朱熹说："天趣园果有天趣。"

李侗对朱熹说，寻趣是为了寻理。李侗说要把"胸中洒落，如光风霁月"气象存在心腔里，大概应事接物，义理就稍稍进了一步。

离开剑浦前，朱熹向惟可道别，并在西林寺壁题"鸢飞鱼跃"，表达对仰观俯察、体认天理的喜悦心情。人们由是称朱熹逃禅归儒，但这是十年之功。

剑浦的春风滋润朱熹的心田，他在西林寺住了近一个月。

　　回到五夫后，朱熹写了《题西林可师达观轩》："窈窕云房深复深，层轩俄此快登临。卷帘一目遥山碧，底是高人达观心。"诗中描写惟可禅师的僧舍妖冶隐深，宏敞巍峨让人急不可待想登临观赏。揭开帘子远眺，群山屏翠，像是参悟很深的高人具有达观之心。又作《示西林可师二首》。其一曰："幽居四畔只空林，啼鸟落花春意深。独宿尘龛无梦寐，五更山月照寒衾。"可师的僧舍四周是渺无人迹的树林，只听得鸣啼的鸟声，落英缤纷透露春院的深意。寺中的佛像独自睡在蒙着厚厚尘埃的神龛之内，彻夜盖的是像山月般冰冷的被子。这首诗的内涵意在说明儒释之别。朱熹虽然住在西林寺，但他深知惟可释家不知人间烟火，表明朱熹已从沉迷佛氏转向儒家。其二曰："身世年来欲两忘，一春随意住僧房。行逢旧隐低回久，绿树莺啼清昼长。""清昼"指白天，喻指儒家的入世思想。朱熹似乎想忘却曾经沉迷佛老的经历，但西林寺妩媚的春意还是让他住进了僧舍。不过，朱熹明白儒释之异不在于形式，徘徊流连佛寺无关紧要，只要心中具有儒家匡扶济世的情怀，并在白天的绿树莺啼中努力实践，住僧舍又有何妨？

家寒贫箪瓢屡空　志不渝家居有常

友直、友谅在家的时候，一家大小十多口，拥挤不堪，现在却显得空空荡荡。

李侗从原来在三个儿子家里吃派饭，现在只能在友闻家吃饭。

本来，三个儿子有稻田20多亩，如今友闻一家几口，农事做不过来，稻田渐渐荒废，只留下十几亩。按理说，每年稻谷百石没问题，但友闻习武，不善农耕，加上天灾不断，稻谷歉收的年份多。

农事也有很多窍门，友闻耕田倒也勤快，但技巧略为逊色。他不知道为葫芦、金瓜、冬瓜搭棚是帮助它们化育，让它们长得更多、味道也更好的道理，种子播下去不管不问，多数都是半死不活。秧苗插下去之后，紧接着必须耘田、施肥、灭虫、拷田等等，少一个环节对稻谷都有影响，友闻也不能把握时令。

那几年的气候也不好，不是旱就是涝。一年春天，李侗和友闻插秧之后，持续干旱，县衙、府衙官吏率百姓祈雨无果。水稻扬花抽穗的时节，又遭几场暴雨袭击，最后多是冇谷；一年春天，同样插秧后却遭遇洪水。几场大雨过后，秧苗泡在水里。李侗帮助友闻重新育苗，抓紧补种，但八九月间，又遇到几场暴雨，山坡上泥水涌向山垄，稻田多被冲毁。

李侗无奈，友闻也难。折腾几次之后，友闻不愿再搭理。

"田不要了吗？"李侗问。

"全毁了，没几个月整不起来。"友闻说。

"人铁饭钢，田没了拿什么过日子？"李侗问。

"想想别的办法，三溪水域辽阔，或许像疍民讨海度日更为可靠。"友闻说。

"鱼能当饭吃？没鱼可以，没饭可不行。"李侗说。

"可以换些稻谷。"友闻说。

"农家稻谷多是自给，很少交易。"李侗说。

"有我吃的就有父亲吃的，放心好了。"友闻说。

友闻虽不是儒士，但也有良知良能，知道"羊羔有跪乳之恩，乌鸦有反哺之义"。但是，事与愿违：友闻没有木船，甚至连简单的竹筏都没有，只能拿一些小网在河边摆弄，要不然就在岸边垂钓。然而，垂钓须有"工"。所谓"工"，就是花时间，等候愿者上钩。拳打脚踢的习武之人，哪有端坐的耐心。再说，垂钓不是观风景，晴天箬笠，太阳暴晒；雨天蓑衣，风吹雨打。更重要的是要全神贯注，但集中精力容易打盹，常常一觉醒来，连渔竿都无踪无影，友闻常常弃竿而逃。

老年人的饮食与子孙不同，年轻人不论食物软硬，李侗则要吃软的烂的。李侗生活困难，跟儿子商量还是独自开伙，要求儿子每月提供一定的米谷。友闻有些为难，担心父亲不能照料自己的生活。但是，不自己开伙又不行。

李侗的担心是有道理的，稻田不足就有隐忧，因为"民以食为天"是古训。知道讨海不易的友闻重新整理了一些稻田，但一家四五口，本来就捉襟见肘，每月给父亲的米谷有限。李侗的生活常常陷入困境。

李侗虽然跟儿子分开过日子，但房子紧靠在一起，儿子一家每天的起居、洗碗洗锅、家人讲话都听得一清二楚。那年中秋过后，距新谷收成还有一个多月，李侗渐渐发现，儿子家经常中午只有讲话声，没有锅碗洗刷声。一天午饭后，李侗到儿子家，看到儿媳一人，眼里含着泪水。见到公公，儿媳起身让座。李侗走到灶旁，儿媳急忙赶了过来摁住锅盖，对公公说："别看了。"但李侗闻到了一股浓浓的青菜味。

从表面上看，李侗好像若无其事，但他从事象中知道了原委。

一天，李侗趁儿子一家外出，又到儿子家。他打开米缸，发现见底。李侗又打开谷仓，也是空空如也。

母爱如山，父爱也如山。李侗四处籴米，但多数人家种的粮食都是自给，哪能买到粮食？李侗想到宗亲，但俗话说"一代亲，二代表，三代过后无人晓"。李侗的寿命一人活过两三代人的岁数，到李侗六十七八岁的时候，宗亲已到曾孙、玄孙辈，李侗哪敢开口。无奈，李侗只好到家里取出大米，偷偷地倒入儿子家的米缸……

责备儿子没意义，因为生活维艰不只是儿子一家，贫穷人家满街都是。李侗倒想要责怪还不如责怪自己，如果当初听父母之言，没有误入歧途，也不至推迟结婚，友闻也不至于到现在还要承担上有老、下有小的生活压力。

"唉……唉……唉……"李侗不断叹气。

在李侗眼里，这世上有万物，唯独缺少一物，那就是后悔药，否则自己一定会重新做人。

友直、友谅任职的铅山、建安地理跟剑浦相似，他们估计父亲的生活可能出现隐忧，每个月都按时捎来一些银两。李侗知道两个儿子家里人口也多，生活不易，又把大部分银两退了回去，剩余的则常常补贴友闻家用。

李侗生活越来越艰难了。他给儿子家的米不多，每次也就是几两，因为他不想让儿子知道，以免他们一家担心。但是，几两米对李侗来说却是一餐，因此李侗做饭的器具常常是空的。因为没米下锅，水瓢、锅铲都用不上。

但是，李侗是一个心思细腻的人。他担心儿子儿媳可能发现自己的窘境，于是把两餐的饭当成三餐吃。夏天，李侗中午煮一餐，分成午、晚两餐；冬天，他煮一天的饭，分成三餐。李侗还巧妙地掩儿子一家的耳目，每餐都把饭菜热一热，动动锅铲、水瓢、餐具之类，发出响声，有意让儿子儿媳听到父亲一日三餐正常，生活无虞。

绍兴末，李侗几次收到两个儿子的来信。先是长子友直叫他去铅山，李侗回信说："以前不是跟你母亲说好了，我哪都不去，就在家里。你那里太远，没法去。"接着，友谅也来信叫他去建安，李侗也是这么跟二儿子说。两个儿子反复来信，李侗还是没答应。

一年春节，友闻带着他的妻儿到岳父岳母家过年了，李侗一人在家过着清闲的生活。岂料，大年三十中午吃饭的时候，牙齿碰到一个硬物，只觉得一阵发麻。到了晚上，牙痛开始发作，李侗不能饮食。好几天之后，牙病才渐渐好转，想淘米煮饭，发现米缸的米所剩无几……

联想儿子来信和春节时的病痛，李侗开始郁闷养老问题，并与州学教授鲍乔作了探讨。

李侗问："儒家说大同社会，'老有所终'，何处可终?"鲍乔说："儿子奉养。"李侗问："外宦之子，如何奉养?"鲍乔说："随子迎养。"李侗问："有女儿没儿子，如何迎养?"

鲍乔不语。

李侗又问："鳏、寡、孤、独、废疾者，如何迎养?"

鲍乔又不语。

李侗没有深究鲍乔不语的原因。

不过，李侗虽然生活贫困，多少也有一些忧虑，但他仍然像颜子那样保持平常心态，生活起居一如既往。

礼的落实在于无过不及，家庭事务则可以极致。

李侗在意生活环境，在他看来吃多吃少无所谓，重要的是心情。

为此，李侗用心整理家务，用具器具条理归类、井井有条。同时，用瓦盆种七里香、逐蝇梅、驱蚊草，减少蚊蝇。饮食方面，除了细心清洗之外，更重要的是剩菜剩饭每餐重煮，防止病从口入。

友闻夫妻需要养家糊口，没有太多时间整理家务，李侗隔三岔五过去帮忙。但是，儿子儿媳不让他多掺和，因为李侗做事虽仔细，但毕竟年老，特别是甲子之年后，视力越来越差，心有余而力不足，甚至事与愿违，引起儿子儿媳的反感。然而，年老的李侗有时候也固执己见，时间长了，父子之间扞格不入。

多一事不如少一事，既然儿子儿媳不满意，李侗只好自娱自乐。古稀之年的李侗，没有改变学海无涯的本色。他常常想起 50 岁左右给曾任州学教授石公辙写的两封书信。在《与教授公书》中，李侗尊称石公辙为"鼎元秘教"。"鼎元"是状元的别称；"秘教"或称"秘校"（进士登科人初官，多授试秘书省校书郎）。这封信写于端午梅雨季节。李侗告诉石公辙自己的生活近况，说住在小山旁边，已经没有了过去那些师友，无法听到道义的师训，只是早晚茫然地端坐。好在上天有灵，还能从过去所学的知识中抽引推求事物之理，以此警醒冰释精神上的空虚。信中还祈愿石公辙万事顺达、事业有成。[①] 这封信后还附《又小简借遵尧台衡录》向他借书。

在《又与教授公书》中，李侗说石公辙捎来的书信已抄录给门人，这封信像是一幅难以形容的美妙的心画。李侗告诉石公辙，现在孤独地一人居住，不知不觉度过许多日子。老友来信告知趣向，足见你的品德修养之深，让人钦佩。李侗还说，自己不会写文章，朋友逼

---

① （宋）李侗《与教授公书》说："侗顿首再拜鼎元秘教尊兄座前，侗不见颜范甚久，咫尺时闻动静，深以自慰。梅雨方郁，伏惟燕居爽垲颐神尊候万福。侗块处山樊，绝无曩昔师友，不闻道义之训，朝夕兀坐。赖天之灵，尚得以旧学寻绎，以警释贫急而已。其他亦何足言！苦于无侣，可以纵步前造斋馆，以承近日余论。临纸驰情未间，伏冀顺序，为远业加卫，以须升用。至叩、至叩，乘便谨上状，不宜。重午后一日，侗顿首再拜上。"

迫写了两首小诗也寄去，请他不要吝啬赐教。①

有人说，李侗不著书、不写文章，其实他写过一些读书笔记。比如《萧山读书传》《论语讲说》《读易管见》，可惜没有留传下来。但人们传说，乡间咏哦的《养兰口诀》也出自李侗之手：

> 正月安排在坎方，黎明相对向阳光。晨昏日晒都休管，要使苍颜不改常。
>
> 二月栽培更是难，须防叶作鹧鸪斑。四围扦竹防风折，惜叶犹如惜玉环。
>
> 三月新条出旧丛，花盆切忌向西风。提防湿处多生虱，根下犹嫌太肥浓。
>
> 四月庭中日乍炎，盆间泥土立时干。新鲜井水休浇灌，腻水时倾味最甜。
>
> 五月新芽满旧窠，绿荫深处最平和。此时老叶从他退，剪了之时愈见多。
>
> 六月骄阳暑渐加，芬芳枝叶正生花。凉亭水阁堪安顿，或向檐前作架遮。
>
> 七月虽然暑渐消，只宜三日一番浇。最嫌蚯蚓伤根本，苦皂煎汤尿汁调。
>
> 八月天时渐觉凉，任它风日也无妨。经年污水今须换，却用鸡毛浸水浆。

---

① （宋）李侗《又与教授公书》称："侗顿首再拜鼎元秘书契旧，昨便中传示诲幅，并录示盛制，一睹心画，如见颜角。玩味以还，慰感未易可言，区区欲即嗣状，窃聆车马近与日者他适，以故未果于奉书，惟积倾仰耳。秋暑尚炽，远惟即日以还，庆侍候尊，动止万福。侗块处山间，绝无过从，赖有经史中古人心迹，可以探赜。虽粗能遣释朝夕，然离群索居，不自知其过者亦多矣。尚何敢疏一二于吾兄者邪？忽得不外，指示所志，一一谛思，足见别后造道之深。钦服，钦服。侗文采鄙拙，未尝辄敢发一语。近为朋游见迫，有一二小诗，辄不揆录去求教，取笑而已，非敢以报来辱也。便次有以警诲者，千万勿吝。至恳，至恳。咫尺未期会合，且冀勉励，以赴省闱大敌。行席巍科，为交游庆。此外加爱为祷。七月十四日，侗顿首再拜。"

九月时中有薄霜，阶前檐下好安藏。若生蚁虱防黄肿，叶洒茶油庶不伤。

十月阳春暖气回，来年花笋又胚胎。幽根不露真奇法，盆满尤须急换栽。

十一月天宜向阳，夜间须要慎收藏。常叫土面生微湿，干燥之时叶便黄。

腊月风寒冰雪欺，严收暖处保孙枝。直教冻解春司令，移向庭前对日晖。

李侗深刻体会到，天下万物都生在一个理的规定之下，但物物又各具其理，必须根据不同的物之性不同对待。兰花就是其中之一。李侗的《养兰口诀》总结兰花四时培植的方法，读来有趣。

李侗老的时候，常常想起往事，更想弟子。朱熹频繁到剑浦求学，李侗想起了弟子刘平甫。刘平甫自从九峰山求学离开后，李侗很少有他的音讯。李侗从朱熹那里得知他历任从事郎、修职郎、邵武军司法参军之后，辞官隐居武夷山下筑室，名曰"七者之寮"，自号"七者翁"。李侗知道，刘平甫的毛病在于不能静心体察，担心他的学业出现滞碍，于是因材施教，给刘平甫写了一封信。信中说，学问的道理不在于说得多，重要的是默坐澄心，体验天理。发现义理，虽然只是一点点私欲就必须退让，长时间在这方面下功夫，或许就明白讲学的意义了，这才是学问的功力。李侗年老健忘，几天之后，又想起上次给刘平甫的信只有十来句话，而且没有表达清楚，于是又给他写了第二封信，还是强调要静坐思考。他说，大概有疑问的地方，都要静坐深入体察考究，这样就会明白君臣、父子、夫妇、兄弟、朋友及各种尊卑长幼关系。一定要详细考察天理，在日常生活中下功夫，就可以看出它的头绪。

每个人睁开眼睛就见万事万物。李侗想着朝廷的事，想着南宋朝廷还要向金人称臣，每年上贡；想着朝廷什么时候能够恢复元气，重整旗鼓，收复失地。但事情太大太远，作为一个南宋子民虽有忧国情怀，但只是一腔热血而已。他所能做的就是身边事、眼前事、当下事。

李侗不仅生活有条理，而且关注民生疾苦。南剑郡城的环境与樟岚不同，这里三面环水，居民沿岸居住。从建筑结构来说，像建州的竹笘厝；从地理上说，又称虚脚楼。因为为了节省挖土的工力，人们往往在河边立柱，地基半实半虚，故有虚脚楼之称。李侗听祖上说过，太平兴国七年（982）七月，溪水暴涨，毁坏民居140多家。更大的洪水是天圣四年（1026）六月，毁坏官民庐舍千余家，淹死百人。朝廷震惊，下诏赈济灾民每户米二石，官府出钱帮助掩埋溺死者。

是因为图方便，还是因为没有记性，一拨人走了之后，另一拨人紧随其后又建起了虚脚楼。洪水来了，许多人家的柱子泡在水里，摇摇欲坠；漂在水面的树木、房屋撞在柱子上，更是险象环生。一夜暴雨倾注，河水奔涌而来，倒塌的房屋撞到下游的房屋，如同多米诺骨牌效应。知道死的一夜坐到天亮倒没死，侥幸能够避免的却常常遭殃……

洪水过后，还是繁星灿烂，劫后余生的人们坐在岸边仰望星空，哭天的也有，喊地的也有；叫爹的也有，喊娘的也有；骂天的也有，骂地的也有……许久之后，天地还不断遭人唾骂怨恨："老天无眼啊！老天作孽啊！"

李侗本是一个豪迈的人，见人有难，自然要出手相助。但是，个人的救助杯水车薪，也苍白无力，更多的是分析事理。

有人说："天地也有神经紊乱的时候！"李侗说："天地紊乱是天地的事，与人无关，重要的是人要想到天地的紊乱，变无常为有常，事先做好防备。"为了说明天地之理，李侗进一步解释说：人可忧，天不可怨。因为风雨雷电是天之性，不知天之性才是人之忧。虚脚楼

179

之所以倒塌，是因为有倒塌之理。你不将虚脚楼建在河边，何忧之有？此其一；虚脚楼建得牢固，何忧之有？此其二。所以说人可忧而天不可怨，或者说忧人有理，怨天无理。李侗还说，古有杞人忧天之说，从肉眼可观的形下角度说，杞人忧天多虑，因为天是物，但天只"破"过一次，后来女娲炼五彩石补上了，而且也只是传说。然而，从形上角度说，杞人忧天有理。因为天在理学家那里指的是道或理，风霜雨雪是天之理。所以，见天就要想到天会下雨之理。有天之理就有天之忧，就会尽早防患。如果只见天而不见天之理，或者侥幸可以避免天之害，反而有害。由此验证古语"人无远虑，必有近忧"。

李侗总结说，人有智愚两种：智者，忧心忡忡而不死；愚者，自信满满却遭殃。智者，先忧后喜；愚者，先喜后忧。世间之事，常常如此。李侗最后赋一首《观理》诗："千载悠悠，物理可究。不想远虑，何不近忧？"

人们说，李侗的分析鞭辟入里。

或许是年纪大的原因，养老成了李侗挥之不去的阴影。日有所思，夜有所梦，他常常做养老之梦。一天夜里，李侗梦见自己站在悬崖边，突然一人拽住他的脚，向他求救。李侗蹲下身子拽住那人的手想把他拉上来。不料，刚一伸手，又有一人拽住他的另一只脚，也向他求救。李侗一手拽一个使尽力气往上拉。可是，拽他脚的人越人越多，不是年老无妻就是丧妻的男子，不是年老无夫就是丧夫的妇人，还有父母双亡的孩子和断手断脚、半身不遂的偏枯者。李侗大声呼救，但没有一人回应。李侗只觉得脚下一阵悬空，翻下悬崖……

噩梦醒来已是早晨，惊醒的李侗摸了摸额头，捏了捏手臂，感觉自己还是活物，长长地舒了一口气，心里默语："哦，还好。"

这一梦，点醒了李侗。他从个人养老引申到对天下养老的关切。李侗想，梦中所见，都是"大同社会"中所说的鳏、寡、孤、独、废疾者，儒家不是说天命之性吗？并且要让他们"老有所终"，这是天理的规定，为什么没人关注他们的生活？李颙觉得"大同社会"说得多、做得少，甚至只是墙上饼而已。但是，儒家人物又让李颙不敢有丝毫支离，他甚至觉得有这种想法都是离经叛道，除非将来有一天，儒家也能海纳百川，把墨子、管子的兼爱纳入儒家，或者援墨、援管入儒才有可能。

李颙算是膺服义理了，并且是膺服终生，他矢志不渝把圣人之学作为指导人生德业的指南。

操存涵养深厚　侯伯拥篝迎迓

　　李侗有点忙，因为既要在州学为童生拨云驱雾，又要读书，还要经常给朱熹写信讨论学问，但忙得快乐。不过，生活却很孤单，特别是在家闲着的时候，常常是孤苦伶仃端坐村头。

　　儒家讲的静虚是虚其心，以便充入义理，但生活就是义理。李侗最思念的是妻子，虽然人人都知道俗语说"夫妻本是同林鸟，大限到时各自飞"，但轮到自己头上，却很难从痛苦中解脱出来。李侗也不例外。

　　李侗端坐的时候，妻子的身影好像就在眼前，妻子的仁爱情怀常常充斥他的内心，想到伤心处，不禁泪流满面，哽咽不已。

　　家是精神的港湾，静虚对做学问的人来说有益，因为李侗也告诉人们心下热闹做不成学问，但缺少烟火的生活对人有害无益。老年人最悲苦的是冷清：冷屋、冷灶、冷床。回到家里的李侗，脑袋里只有妻子的音容笑貌：灶台旁，妻子娴熟地操厨；饭桌上，妻子关心地言语；溪水旁，妻子用心地捶衣……李侗想起妻子对家人饮食的调理：她用板栗根炖猪脚为公婆治脚痛；她用黄芪煲鸭汤、骨汤，全家都不牙痛。

　　夜晚的李侗专一而静，更是难熬。窗外，不是涟涟幕雨，就是一庭寒月。李侗常常取出梳子，想起妻子在世时的温馨，不禁泪水一片……李侗做梦时见妻子对他说："夫君，别哭啊！天地生恩不能报，唯有活好每一天。"

但是，李侗毕竟是儒者，他不能让人看出他以泪洗面，凄凉的境况没有影响李侗的生活。他想，妻子的话是对的，过好每一天才是正理。

剑津的岸边没有缺少李侗的身影。清晨或傍晚，人们看到那个蜿蜒曲折走路的老人，就知道是李侗，只不过步履比以前蹒跚了许多。

年近七旬的李侗，已是从心所欲不逾矩了。从表面上看，李侗好像若无其事，话也不多，但应事接物则规矩有方。无论是怎样的品德节操，无论事理多么曲折多端，他都能透彻了解，并依次化解，像河流的脉络泾渭分明，大到天地所以高厚，小到事物所以滋养化育，以至于经籍细微的义理的解说，日用中的小事物，都能从容中道，处理得恰到好处。

南剑州州学是有名的学府，入校的童生来自南剑州各县，且大多是大户人家的子弟。虽然童生每年更替，但一些新生骄奢难驯，目的茫然，在家既不读书，也不做事，口口声声都是虚无缥缈的高谈阔论。针对此类童生，李侗还是从心性入手，矫正他们的品行。

绍兴后期的几年，朝政大体都是常规之事，但朝廷与金人的关系时而紧张，时而缓和。绍兴二十八年（1158）二月，朝廷谥张俊为忠烈。三月，秦桧的党羽宋朴、沈虚遭放外，前者遣徽州居住，后者送筠州居住。八月，置国史院，修纂神宗、哲宗、徽宗朝正史。朝廷与金人也是常态性的往来。五月，金人派使者萧恭等入宋贺天申节。十月，朝廷派沈介出使金地贺正旦，黄中贺金主生辰。绍兴二十九年（1159）正月，朝廷在慈宁殿为皇太后举办80岁庆寿。但是，宋金之间表面平和，暗地里却有些小动作：先是皇太后庆寿礼的当月，金人拆掉了边界的市场。次年二月，宋廷也做出反应，除保留盱眙一处市场外，其他市场也拆了。四月，出使金地半年之久的黄中返回朝廷，禀报金人又有进逼开封的动向，提出尽早整饬边务。宰相怒。五月，金人派王可道入宋贺天申节。六月，王纶等为金国奉表称谢使。九月，王纶返朝，称金人与宋和好。同月，皇太后韦氏崩。

朝廷之事与千里之外的李侗无关，李侗还是一如既往地过日子。李侗的生活很有节奏，也很有规律，他以鸟鸣作为每天晨起的时间。起初，李侗感觉郡城的鸟鸣声音洪亮，甚至有些气势汹汹，日子久了，习以为常。

李侗忙着，朱熹也忙着。望孔子门墙不入的朱熹一边求学，一边交友。宋代闽北南传圣人之学主要有两支：一支是南剑州的杨时、罗从彦、李侗、朱熹，另一支是建州崇安的胡安国、胡宏。胡宏是胡安国的儿子，他从师事杨时转到侯师圣门下，其学又传张浚的儿子张栻，形成湖湘学派。绍兴三十年（1160）春，朱熹经胡宏介绍，了解了在永州的张栻。

时间像溶解剂，它能溶解细小的事，也能溶解重大的事。"靖康之变"前十多年，跟罗从彦读书的那段历史，李侗本来记忆犹新，但随着年龄的增长，更因为精力的衰退，有些事已经想不起来了。午饭的时候，李侗想起罗从彦写的诗，晚上把它写在了给朱熹的信里。李侗说，还记得罗从彦的《颜乐斋》《濯缨亭》《邀月台》，但《独寐榻》《白云亭》两首忘了。记得坐在白云亭内，可以看见罗从彦先生母亲的墓，所以诗以白云为题。当时，罗从彦写《邀月台》时，李侗觉得后两句不太满意，曾妄自请罗从彦修改。罗从彦果真改成"也知邻门非吾事，且把行藏付酒杯"。这时候的李侗还不知道宋金矛盾的根由，以为二者之间不过是"邻斗"而已。因为那是国是，非个人之力所能为也。

朱熹虽然年轻，但却多次辞官。绍兴二十九年（1159）十一月，朝廷催促朱熹入朝廷对，朱熹辞免。李侗得知朱熹屡有辞官之事，在信中肯定他守定的做法："那些紧迫纷乱之事，与我何干？如果从义理方面看可行，则可不受约束。我曾说遇到事情，如果心里没有丝毫的阻碍，就是洒落，就是廓清私欲，心胸开阔而能顺应万物的道德境界，没有彼此的偏倚，如此近于道理一贯。如果发现事情不符合常道，心里未免有偏倚，有偏倚就有阻碍。重要的是心与气合而为一。"

剑浦县背山面水，百姓沿东溪、西溪交汇之畔而居。剑潭岸边北走，是下小水门，有舟可渡屏风山。李侗最喜对岸渡头景观，乱石林立，绿树几棵，根枝蟠虬，挺立石上，宛如盆景。初秋的一天，李侗端坐岸边，看着对岸的景观，又看了看东溪与西溪交汇形成的闽江，突发奇想——如果三江交汇处再横一座大山，剑浦岂不成了天河？如何能有眼前的景观？真是天理之理啊！

郡城不大，加上李侗在州学任教，认识的人不少。第二天，李侗又只身来到渡头，刚刚坐落，一位郡城颇有名望的友人上前打了个招呼之后，与李侗并坐。友人问李侗，听说理学家讲物、讲理、讲气，还说要心与气合。心与理合说得过去，心与气合难解。李侗觉得气还真有些难说，有时候说物我一体，有时候说心理合一，有时候则说天即理、天即性，甚至说心即性。

李侗沉默了片刻，把物、理、心、天、地、人的关系梳理了一下，解释说：那个提出"为天地立心，为生民立道，为去圣继绝学，为万世开太平"的张载说，万物都是由气派生出来的，也就是说，气的聚散产生万物。但这个气既有本体之意，又有气禀之意。从张载所说的"气之聚散于太极"这句话看，讲的是本体之气。本体之气与气禀之气不同。气禀之气是后天之气，是血肉之气。操守存养的目的是使气禀之气复归本体之气；本体之气是本然之气，能终万物、始万物。气充塞太极显然是本体之气，是天理。学者说话简单，有时以天为理，甚至以心为理。比如程颢就说："天者，理也""只心便是天，尽之便知性"。气禀之气是血肉之气。血肉之气有清浊，张载说的"凡气，清则通，昏则壅，清极则神"就是血肉之气。

李侗解释说，程颢说的心就是天，是说心所具有的主宰地位，并不是说心就是理，而是说没心哪有理在？比如父母提示火不可玩，须是心里记得住火之厉害；心中无火之厉害，何以有火之理。李侗强调，心与气合，实际上是心与理合，就像物我一体是心与理同为一体。只有心理合一，才有可能在万事万物中发生作用。否则，物是身外之物，事也是身外之事，与己毫不相干。

友人说："值得玩味。"

年纪大了，李侗的眼睛有些模糊起来，读书力不从心。但他知道不能间断操存涵养，更重要的是李侗舍不得把时光消磨在闲事上，于是拨弄起在罗源时的笔记，尽可能把想得起来的内容补充完整。比如罗从彦说司马光"言治乱"，李侗在册子空白处写下司马光"尝谓治乱之机，在于用人，邪正一分，则消长之势自定。每论事，必以人物为先，凡所进退皆天下之所谓当然者，然后朝廷清明，人主始得闻天下之利害"。意思是说，天下太平还是混乱的关键在于用人，分清邪正，好的事情就会自然出现，不好的事情就会自然消失。司马光阐述大事，一定先说人，凡是进退去就都是遵循天下当然之理，然后朝廷才会清明，人君就会听得到天下之事的利与害。在"富弼言畏天"的一旁，李侗写"神宗熙宁中，召拜左仆射平章事，弼既至，未见有于上前言灾异天数，非人事得失所致者，弼闻之叹曰：'人君所畏唯天，若不畏天，何事不可为者？'"意思是说，神宗熙宁年间（1068—1077），朝廷授富弼为左仆射平章事一职。富弼到任之初，没听说有人在皇上面前说灾异不是天的气数，不是因为人事的得失所致，富弼叹气说："皇上所怕的只有天，如果连天都不怕，什么事不能做？"

李侗在州学担任学正，端正了童生的学风，许多童生原本把学业当成是鲤鱼跳龙门，后来渐渐开始明白了读书的目的是为了修正自己的品德，成为道德纯备的国家人才。不学自通的人毕竟不多，大多数孩子是可以改变的。童生进校后一段时间，经过李侗的洗心，像变了一个人。家长们认为，有其师必有其徒，孩子改变心性，必然是先生教化的结果，操存涵养深厚的李侗获得了人们的赞誉。

一天傍晚，李侗一边打着蕉扇沿着剑潭岸边漫步，一边观赏溪边风物。李侗刚在路边坐下，只听得背后一声"李处士"的叫唤。李侗回过头来，见一老者，身着交领大袖宽身袍衫，头戴东坡巾，脚履布鞋，一副遗老形象。老人说："先生之教，宗孙一改容颜。"李侗问其故。老人说："宗孙在州学，书倒能读，儒经朗朗上口，只是行为乖僻，叫唤不得。进州学数月，大为改观，不但自觉，且能读懂大人脸色。"李侗说："人性本善，不善是气禀的缘故，教而后善，不足为怪。"

第二天傍晚，李侗依旧外出散步。他在岸边打了一个转，然后朝剑津渡头走了过去。渡头岸边有数人纳凉，李侗经过他们身边时，几个人齐刷刷地站起来，向李侗施礼、让座。李侗看了看，除了熟悉的朋友之外，还有几个似曾相识，寒暄之后才知道他们或住城西或住城东。

李侗刚坐下，一个中年男子向李侗施礼后问："听友人说先生讲学，主张心与理一。请问心与理一与理与心一有何不同？"

李侗嘿嘿一笑，问："你何时睡觉？"

"晚上。"中年男子说。

"为何晚上睡觉？"李侗问。

"白天干活，晚上睡觉。"中年男子说。

"为何不白天睡觉，晚上干活？"李侗问。

"这……"中年男子支支吾吾。

李侗见中年男子不语，知道人们理解这个话题困难，于是进一步说："是你抱被子睡觉，还是被子抱你睡觉？是你乘船，还是船载你？"你不乘船，船何以载你？大家听了哄然而笑。

一位老者说："有意思，真有意思。李先生学问果然与众不同，日后请至寒舍小坐。"

秋收过后，官府和百姓都没太多事务。一天晚上，郡城一户府望人家上门对李侗说："先生学有渊源，且讲的都是日用常行之道，妙趣横生。家里上下都打扫干净了，趁着闲暇时日，请先生到家里做客聊天，好让族亲子弟也知得一二。"李侗说："勉为其难了。"来人说："哪里话？理当如此啊！"

李侗应约上门了，见一拨人整整齐齐地端坐厅堂。

李侗笑了笑说："还是讲一讲不久前在剑津渡头讲的那个'心与理一'吧。自从杨时接续儒家道统，把圣学南传到南剑州后，罗从彦先生又拜其为师，人们多少知道些许理学与圣学的关联，但其中最核心的'心与理一'却生疏。"

李侗说："讲理学不能离开生活，不能离开日用，否则就不知理在何处。'心与理一'实际上很好理解。心是人，是主动；理是物之理，是被动。比如洪水来了，你知道水会淹死人，所以心里紧张；水也'知道'如果不小心，你会被淹死，但它无语。大火来了，你知道火会烧死人，所以心里紧张；火也'知道'如果不小心，你会被烧死，但它无语。雷电来了，你知道雷电会劈死人，所以心里紧张；雷电也'知道'如果不小心，你会被雷电劈死，但它无语……"

李侗看似温和，但说起话来言语犀利，因为他觉得天理对人来说生死攸关，恭维的话可能会让人丢了卿卿性命。在场的人听得目瞪口呆。

李侗进一步说，把心与理为一，说成理与心为一，是钻牛角尖。大千世界，只是一理生万物；但物有千万种，且物各具其理。理本是"死"物，理之用才是活物。理之用是心用。理与心合，虽然物是物，但非己物；心与理合，物是物，且是己物。己物就是心中有理。心中有理比心中有物更金贵，因为心中有物，未必见物之理；心中有理，则有理有物。原因是物为理之表，理为物之本。李侗举例说："父母告知汤中有骨，鱼中有刺，意在提醒孩儿小心饮食，以免骨刺鲠喉。孩儿须把骨刺鲠喉之理纳入'我'心，时时谨慎，方可无虞。侯师圣在樟岚时说过管子讲的一句话：'道之在天者，日也；其在人者，心也。'意思是说道从自然的角度说是天，从人的角度说是心，强调的是心的重要性。"

李侗还举例说："天地之理自然而然。一日十二时辰，大体昼夜各半。如果夜九个时辰，昼三个时辰，还是眼前的万物吗？如果昼九个时辰，夜三个时辰，还是眼前的万物吗？"李侗说："我朝葛邲（1131—1196）说得最好：'十二时中，莫欺自己'。"李侗还说，"莫欺自己"提醒的是《中庸》里说的"率性之谓道"。不知高处之寒，没有戒慎恐惧，必然粉身碎骨；不知水之深，临渊不惧，必然漂溺；不知虎狼之凶，防患未然，必然遭其噬啮。乡村人家此类事多有。这是天地自然之理。理是天理之节文，也是人事之仪则。不知孝悌，必然人伦无序；不知礼义，必然邻里不和；不知廉耻，必然行为失范。乡村人家，此类事也多有。这也是天地自然之理。总之，人生天地间，需以礼制心，以义治事，才不会自欺。

李侗讲学的消息不胫而走，一时间人们奔走相告。当地长官、名望人家或族亲争相洒扫庭除①，站在门口迎请李侗讲学……

在城北一户名望人家里，李侗讲人物之别。李侗说，人与万物生而无别，喜、怒、哀、乐，吃饭、睡觉都会，只是方式不同而已，这是天命之性，是自然之理。但是，人与万物又生而有别，人有自知之明，可以修身进德，物则无法教化；人有礼义廉耻，物则弱肉强食。一位朋友开玩笑说："李先生观物察理，请他吃饭，他一定不是想饭好不好吃，而是想人家请吃的饭能不能吃。李侗与众不同啊！"李侗对在座的朋友说："说得有理。我想人家请我吃饭能不能吃，讲的是理在前，饭（物）在后。"

李侗说，所谓治道修己，就是以天地之道的标准修正自己的行为。因为道不偏不倚，至公至善，它用平等的"胸怀"对待万物，给万物开了一个生生的途径：不因树之高大而让其生，不因草之微小而不让其生；不因白冠长尾雉体态华丽而让其生，不因蝼蟥的丑陋而不让其生。对人来说，道同样大公无私，东、南、西、北，凡有山水处，人皆可以生活。人之治道就是以自然天道为准绳，用道德灌溉人

---

①　（宋）朱熹《祭延平李先生文》说："侯伯闻风，拥篲以迎。"侯伯即地方名望之家。

生，使自己的行为举止符合道义的原则。

李侗说，治道不是行政之治，不能一说治道就想做官，似乎只有做官才是治道，府、县衙门没那么多差事，更多的是寻常百姓人家生老病死。物我一体是心与物契合。物我一体这个"物"指人物，也指事物。比如，先生教书，小儿当理会读书何用，把心放在书中的义理之内，行事规矩整齐，就是外物成为己物。商铺买卖，童叟无欺，彼此契合，也是外物合为己物。程颢先生说"治道在于修己"，己身不修，何以能治道？何以能治人？治道修己要在日用上下功夫，不能只是说说而已。

在城北的一户名宗人家里，李侗讲恶念。李侗说，人心有大恶念、小恶念，大恶念容易制伏，最难的是那些不大的恶念。因为只是计较利害、乍往乍来的念虑，相继不断，很难驱除。李侗把静坐与循理联系起来。他说，所谓静坐，就是除却心中的杂念。杂念就是那些计较利害、乍往乍来的念虑，消除了这些杂念，道理自然就会彰显出来。李侗强调，道理理会得明白透彻就是静。道理越明，心就越明净。

最后，李侗提示人们，静坐不是程颐批评的与事不干涉的佛氏摄心禅坐，而是收敛身心的静坐，这种坐静的目的是观察本体，也就是物之理。如果只是讨要静坐，就会滑入佛氏的坐禅入定。李侗强调，儒家人物的气象重在分殊，重在社会道德实践。没有道德实践，理只是空谈，空谈也就虚伪。虚伪比佛、道二家更可恶。因为佛、道与儒家的区别人们看得很清楚，而空洞的道德言语则会迷惑大众，与孟子抨击的似是而非的"乡愿"同样可恶，与魏晋以来那些把儒经当作佛经一样诵读的学者同样可恶。

文化如同春风化雨，滋润心田。李侗所到之处，郡城呈现出彬彬然道义之乡的文明气象。

倾慕洞天揽胜　寓居沙阳讲学

　　缘于"天下一家，中国一人"的博大胸襟，理学家把万物看成一物，一物也是万物。李侗一生极少外出，就是缘于这种理念：一理生万物，一物具万理，剑浦风物也是天下风物。但在人生即将落幕之前，李侗的名声越来越大，乃至延播邻邑的沙县。沙县也是理学名区，早在罗从彦时代，沙县就已人文荟萃，名贤众多，到李侗晚年的时候，沙县的名流多已故去，在南剑州称得上理学宗师的只有李侗。李侗是罗从彦的弟子，罗从彦去世后，他的后人又以李侗为师，李侗的弟子中就有沙县罗氏宗亲。一年盛夏，沙县罗氏宗亲邀请李侗讲学。

　　沙县有洞天岩，李侗耳熟能详，20多年前去过一次，但来去匆匆。这次沙县罗氏宗亲邀请，李侗十分高兴，只是山高路远，有些为难。罗氏宗亲说："来吧！这几年路好多了。你能来，是我们宗亲的荣幸。"李侗想起为罗从彦扶枢时山路难行的情景，还是婉言说："路远了些，现在年纪大了，不方便啊！"

　　罗氏宗亲说："要来啊！我们这里也需要做人的学问。"

　　李侗回复说："罗先生的后裔天生就有天命之性的资质，我都是从你们祖先那里搬来的。"

　　罗氏宗亲更打趣说："那这样好了，把我们祖先的东西还给我们吧！"

话说到这份上，李侗不敢再开口了。人家一心向道，而且还是恩师的子孙，请你讲讲与恩师的过往和读书心得，还敢推三阻四？

罗氏宗亲抬来了一把轿椅。李侗说："能走是一种幸福，走不动你们再抬吧！"

秋染层林的时候，李侗开始了暮年的沙县之旅……①这是李侗第二次沙县之旅。第一次是问学，这次是讲学。

罗氏宗亲把李侗安排在罗从彦曾经居住的斋舍之内，并对他说，你的学友朱松所居在山麓，离罗从彦修建的颜乐斋、颜乐亭、寄傲轩也近，斋堂、斋舍都有，讲学、起居方便。罗氏宗亲还特意告诉李侗一个秘密，说罗从彦的斋舍也叫"行窟"。

原来，当年李侗离开沙县后，侯师圣在洞天岩与罗从彦等文人雅士唱和。谈及罗从彦地籍时，宗亲们说罗从彦一人两个家，有的说他是沙县人，有的说他是剑浦人，彼此争论不休。侯师圣见这般场景，机灵地对他们说："皇帝出巡时所住之地称'行宫'，洛阳邵雍出行所居之地自称'行窝'，罗从彦出行洞天岩所居之地就叫'行窟'吧！"

罗氏宗亲说："行窟虽比不上行宫，但比行窝雅致。"

笑声此起彼伏。

在沙县的头几天，罗氏宗亲带李侗到洞天岩山上山下转了一大圈。李侗对这里的胜景有了概要了解。

洞天岩有山有水。沙洲村小径蜿蜒山麓，两旁田畴高下，阡陌纵横。沙洲村居民数百家，桑柘梨栗成林，颇具胜概。远望，山势峭

---

① 清乾隆十七年修、同治六年刊本影印《福建省汀州府志》卷之三十五《流寓》的概述中记载李侗在沙县讲学史实："汀非衣冠辐辏地，然如郑监门、李忠定、李延平、朱徽国、文信国诸贤，或以谪，或以游，或以讲学，或以募兵，皆于汀乎信宿焉。"《流寓》的人物中则说："李侗，字愿中，延平人。尝受业于罗仲素之门，寓归化之沙阳讲学焉。"同志《建置》说明了沙县行政区域的变更："明成化六年（1470），同知程熙以地当将乐、沙县、宁化、清流之交，民梗难治，请于巡抚滕昭奏析四县地为归化县。"故有李侗"归化之沙阳讲学"之说。推测讲学的时间在绍兴二十九年（1159）至绍兴三十二年（1162）之间。

拔；近观，杉松戟列。山麓有石阶数十级，石峭如屏，上镌"通幽"二字。石阶尽处，雄崖壁立，古藤盘绕，岩上镌"沙阳第一"四个大字。岩分二景：左有古佛庵，朱书"洞天岩"匾额；右为莲花峰，相传是李纲与定光佛相遇的地方。

"李忠定遇定光佛数十年前早有耳闻，可有此事？"李侗问罗氏族长。

"或许吧。定光佛姓郑名自严，泉州同安人。传说他 11 岁出家，17 岁游豫章。后到沙县，自南溪凭虚而渡，履水登岸，忠定公遇之，卜以将来事。僧援笔作偈：'青着立，米去皮，那时节，再光辉。'靖康改元，复诏入相，始知偈中之意，乡人奇之。"罗氏族长说。

李侗说："吉人自有天助。"

"山中尚有李忠定之迹？"李侗问。

"宣和元年六月，李忠定谪监沙县税、摄武平县事寓兴国寺，作《寓轩记》一篇及《游洞天诸胜》诸诗。"罗氏宗长说，"洞天岩七朵山也是忠定更名。"

在李侗的脑子里，天下万物大体相同，无非是山水森林修竹，但李侗发现洞天岩分殊的精彩：除了有像剑浦林樾万木之外，更有岩石峭壁、山壑林泉，野花灼烁。古佛岩，如定光佛睡像，憨态可掬；佛祖岩，石乳滴泉，泉称圣泉，水称圣水。洞天之瀑，更是构出斑斑景观：瀑如素练 20 余丈，飞泻长空；水湍巨石，曲波如枕，有字曰"枕流"，径约方丈。永和洞，悬石覆上，流水淙淙。水出石门，有太极园池，也叫"三才池"。所谓"三才"，即天、地、人，出自《易》，意为天人合一。池形上圆下方，寓意天圆地方；中曲相配，意为中中有曲，曲中有中，用理学家的说法，就是"一理"中有"分殊"，"分殊"归于"理一"。池前还有拂云石、涵清洞、源泉洞诸胜。

春是生之意，秋是藏之始。如同"田夫野老"的李侗对秋景了然于心，但洞天岩的秋色还是让他羡慕：秋阳、秋水、秋浪、秋花……满目秋韵，盈耳秋声。

李侗说："大自然鬼斧神工，秋风如同五彩笔，轻轻一抹，斑驳一片。"

人文是洞天岩的一大景观，李侗一一领略，还了解了罗从彦与罗畴、罗荐可、张志远、邓肃、邓祚、邓季明、邓右文等交往情况：他们书信往来，或相互酬唱。其中以陈渊与学者交往为多。如他写给沙县曹载德的《寄曹载德谏议二首》，写给罗从彦学友、吴方庆妻舅邓肃的《答邓志宏正言》，写给沙县李侗学友邓迪的《次韵邓天启贺茅舍新成二首》《次韵酬邓天启》，写给《南剑州重建州学记》作者张致远的《答张子猷给事致远》。陈渊给罗从彦的书信也多。如《答罗仲素》《和罗仲素寄子静长篇》。此外，陈渊还频繁与闽北其他县的学者书信往来或酬唱。如给邵武李纲写的《次韵李伯纪舍人招饮》《再和李伯纪舍人韵》，给朱熹之父朱松的《答朱乔年吏部》，给顺昌廖用中的《致廖用中》《答廖用中侍郎》《与廖用中中丞》，给光泽李光祖的《次韵李光祖南山四偈》《次韵李光祖避地眉溪十绝》《次韵光祖闲居感怀》，给崇安五夫胡宁的《答胡宁和仲郎中》，给浦城萧子庄的《道出南浦见萧子庄十首》。罗从彦的门生之间也相互酬唱。如朱松赠邓迪《次韵邓天启游南国》。李侗很少给学友写信，也很少赠诗，觉得有些愧疚。

更让李侗惊讶的是，罗从彦在洞天岩讲学，也把在罗源建的颜乐斋、颜乐亭、寄傲轩、濯缨亭、静亭、邀月台及所赋之诗复制到洞天岩。

罗氏族长开场白说："李先生用大半生的知识积蓄为我们宗亲讲学，大家用心倾听。"

李侗说："讲学不过是'拨弄'是非。不过，我所说的'拨弄'是非，不是搅乱是非，而是明辨是非。从春秋时期的孔子，到战国时代的孟子及我朝的周、程、张、邵，乃至杨、罗二君无非都是明辨是非。孔庙配祀是朝廷定夺的大事，崇宁三年（1104）王安石经朝廷恩准进入孔庙配享，靖康元年（1126）降为从祀。人都死了40多年，但杨时还不依不饶，靖康二年（1127），他上疏要把王安石的牌位黜出孔庙。为什么？因为杨时认为，王安石变更祖宗法度，毒流后世。天子一言九鼎，是是是，非也是是。你们的祖先罗先生也大胆，连皇帝老儿的事也敢管。我听罗先生说过宋初人君的故事。有一次，宋太祖赵匡胤在后苑用弹弓射鸟，一个臣僚进来禀报有急事请见。太祖看完之后却是一桩小事，责问臣僚。臣僚回答说：'总比皇上射鸟的事急。'太祖愤怒举起斧钺撞断了臣僚两颗门牙，臣僚捡起两颗牙齿揣进怀里。太祖怒骂说：'你拿两颗牙齿告我吗？'臣僚说：'臣不敢告，自有史官记下这件事。'太祖顿时消了怒气，赐给那位臣僚金帛以示慰劳。罗先生把太祖的是非'拨弄'出来，为的是让天下人知道何者为是，何者为非。明辨了是非，就能区分善恶，抑恶扬善。"

随后几天，李侗讲了四个主题。

第一天讲观物察理。李侗说，万物可以离开人类自生自灭，人却离不开万物而生。人自呱呱落地之日起，就与万物相伴，每天睁开眼就看到万物，比如洗脸、煮饭、吃饭、劳作皆与物相关。我们做事之所以不差池，就在于不仅能观物，而且能察物之理。原因是物物各具其理。比如锄头的作用是锄草，柴刀的作用是砍伐，斧的作用是砍、劈，拿错了工具做事就事倍功半。

第二天讲人事之理。李侗说，物之理与事之理相同，物各具其理，事也各具其理。乡村人家礼尚往来，但有远近亲疏之别，既要斟酌缓急，又要权衡轻重。天下一理，是从全体上说，但不同事物之间用理不同。比如喜事不能用白礼，白事不能用喜礼。物尽其用，事尽其理，是理学所谓分殊。分殊就是差别，但这种差别必须符合一个理的原则。

第三天讲心。李侗说，工具器物是有形的，肉眼可见；理也像工具，但它无形，只存于人心，生产生活积累日多，道理知晓也越多，不同事物就可以用不同的理。而人之所以能辨明物和物之理，起主导作用的是心。心的官能是思。人的五官各有功用，眼观物、耳听闻、鼻呼吸、口品味，物之形、色、味以及事之理纳入我心，经过心官思考判断是非正误。所以《大学》说"正心"。心不正，理不正，事物也不正。他还引用程子说的"一心可以丧邦，一心可以兴邦"说明心的重要性。

第四天讲公私。李侗举上蔡之说：天理与人欲相对，有一分人欲，就灭一分天理；多一分天理，就多胜一分人欲。如果人欲肆虐，天理就全部没了。天理与人欲讲的就是公私的关系。只凭私意杜撰做事，私欲就会极度膨胀。天实际就是理，比如视听举止，一切都是理。圣门学者要以克己为本，能做到克己复礼就算没有私心了。李侗还举上蔡说的佛氏私心的原因。因为学佛的人想脱离生死，难道不是私心？李侗说，克己要克性之偏，克去己私，心就静虚了。心静虚就能观察出天理。

一天入暮时分，李侗看着山下一弯流水，耳边传来一阵凄厉而苍老的乌鸦鸣叫，一股离乡愁绪涌上心头。李侗掐指一算，到洞天岩已有大半个月，他告诉罗氏族长自己要返程了。罗氏族长说："请先生来一趟千难万难，不妨多住些日子，山中还有许多景物。"李侗说："能看一县风景，不能看一郡风景；能看一郡风景，不能看天下风景。岂能因风景未尽而不舍离去？"罗氏族长再三挽留，李侗还是执意归去。

洞天岩通往县城的山道上，人来人往，李侗的马车行驶在一侧。一道弯口的地方，前方一辆马车急促而来，发现李侗的马车后紧急避让，只见车身摇摆不定，险些掉下路崖。李侗惊出一身冷汗。马车交会时，李侗看到两位马夫打了个照面，知道他们彼此同道。约莫过了二刻，李侗的马车进入更弯曲的山径。突然，后方传来一阵马蹄声，紧接着是一阵呼喊声，马夫听得出是刚才碰到的那位驾友，把缰绳一个侧拉，马车缓缓停在了路边。

"李先生留步！李先生留步！"李侗循声望去，只见一个身着公服的男子迎了上来，口里还连连称"失礼、失礼"。罗氏族长上前向李侗介绍说："县老爷得知李先生在洞天，今日迎请李先生，却不料……"李侗听了罗氏族长的介绍，明白了八九分——刚才那辆遇险的马车就是县令的座驾。

李侗又回来了，回到了洞天岩。

原来，在洞天岩听李侗讲学的多是罗氏宗亲，他们中有在县衙当差的衙吏，把李侗讲学的事传到了县衙。

"久仰李先生大名，得知李先生在洞天，本当远迎，无奈公务繁忙，至今登门拜访，不料在山道擦身而过，失敬，失敬。"接着县令说明来意，"圣人之学，庶人之学也，望先生为沙邑小吏开示临民之法。"

李侗不动声色。

县令说："既来之，则安之。"

李侗说："难安呐！出来许久，犬子一人在家，另作打算吧！"

"先生难安，沙县难得；难安易解，难得难解。州郡的名儒来敝邑，可谓有幸。"县令嘴里这么说，但心里也有些犯愁。他想了想，对李侗说："我倒有一计，将令郎接来如何？"

李侗急忙说："小儿也是一大家子，如何接？"之后，又是一阵沉默。

许久，李侗见县令为难，松口说："那就恭敬不如从命吧！"在一旁的罗氏宗亲打趣道："'从命'才是恭敬。"县令和李侗一阵欢笑……

县衙的厅堂后，李侗开始了人生第一次由官府为他安排的讲学。听讲的人不多，只有县令、县丞、县尉、主簿以及恩典朝奉郎、谏议大夫等朝廷恩赐的人士十数人。

李侗知道，县衙虽然是地方最低一级行政机构，但他们担负着治理一县之事的职责，所以讲学不能一直讲天地万物，应该侧重于治事，也就是县令所说的临民之法。李侗把理学的渊源作了概要的介绍，而后切入人事之理。人事之理涉及理学家说的"理一分殊"，往前推又需追溯物我关系，而物我实际上会通儒道二家的天人感应。所以，李颙先从物我感应入题，而后引申到人事之理。

李颙说，纵观理学先贤先儒以及原始儒道二家，实际上核心是两个字，即感应。在自然界，万物感天地之气而生：春风一吹，万物复苏；夏天温高，物感而长；秋风一来，物感而敛；穷冬之际，物感而藏。风吹江河，水起波澜；风吹草木，枝叶飘舞。天地之间，无一物不感而生，无一物不感而动。《周易·咸卦》说"感而遂通"，就是万物相感而生生不已。万物相感也包括人在内，因为人也是物，是物中最灵通灵敏的。一方面人与万物相感，家养鸡、豘，招之来食，这是鸡、豘与人相感；牛负犁而耕，或左或右，或前或后，这是牛与人相感。人有疾，煎药而服，这是人感于物，消除疾病，便可顺死安生。另一方面人与人也相感，俗话说："良言一句三冬暖，恶语伤人六月寒。"以礼待人，人亦待之以礼；待人以善，人亦待之以善；待人以恶，人亦待之以恶。儒家经典之一的《诗经·大雅·抑》说"投之以桃，报之以李"，即为此意。

李颙说，物我为一，就是遵守物我之道。人与人相感，是物我感应的具体体现。县衙奉朝廷之命治理一邑之政，无论农耕、徭赋、恤民、盗捕、狱讼、教化等都必须持守物我为一的理念。治一县之政，当以民为本；以民为本，当"视民如伤"。"视民如伤"语出左丘明《左传》："臣闻国之兴也，视民如伤，是其福也。其亡也，以民为土芥，是其祸也。"《书》曰："天矜于民，民之所欲，天必从之。"《大学》说："诗云：'乐只君子，民之父母。'民之所好好之，民之所恶恶之。"朝廷之上，君臣亦以物我为一相待。孟子对齐宣王说："君之视臣如手足，则臣视君如腹心。君之视臣如犬马，则臣视君如国人。君之视臣如土芥，则臣视君如寇雠。"

如何做到以民为本、视民如伤？李颙的解释就是公私义利。公就是去欲，就是义行；私就是私欲膨胀，就是以利害义。李颙引用罗从彦讲学时所说："圣人无欲，君子寡欲，众人多欲。"李侗解释说，这句话富含哲理。圣人遁迹山林，或优游，或静修，或养性，随其自便。这里说的君子指的是人君，也包括大臣、权贵，他们用权易如反掌，必须减少或克制私欲。大众则可以多欲。这是因为没有男耕女织，没有天工百家，就没有丰富的物质生活和精神生活。但是，大众多欲也必须在符合道德和法律的前提下进行，否则彼此感应，相互效法，就会造成社会混乱。从理学的角度说，私欲人人都有，与生俱来，这是一理，但是圣人、君子、众人之欲不同，这是差别，是分殊。

李侗引罗从彦"朝廷重教化，则士人有廉耻；士人有廉耻，则天下有风俗"分析教化、廉耻、风俗三者之间的关系。李侗说，这是人与人相感的最好说明，也是"理一分殊"的最好例证。教化的目的是为了整齐风俗，这是朝廷、士人、百姓的共同愿望，也是天下共同的道理，但朝廷、士人、百姓扮演着各自的角色。教养化育是朝廷最重要、最优先的任务；廉耻是士人的美好节操，风俗是天下的大事。朝廷重视教化，士人就会有廉耻之心；士人有廉耻之心，天下就会有良好的习俗。如果朝廷不重视教化，而责备士人没有廉耻；士人没有廉耻，而希望天下有良好的习俗，能达到这样的目的吗？朝廷、士人、百姓三者之间要自上而下相互影响，没有朝廷的重视，没有士人的榜样，就无法化民成俗。县邑之官，职位有高低，俸禄有多寡，但修身没有贵贱之分，没有贫富之别。《大学》说："自天子以至于庶人，壹是皆以修身为本。"上自人君，下至百姓，都要把修身进德作为做人的根本。

从孟秋到仲秋再到季秋，而后霜重，李侗在沙县寓居了几个月。寒冬即将来临的时候，李侗结束了难忘的沙县之旅。后来，人们在撰写志书时，把李侗在沙县讲学的历史记录了下来。

逆东溪二子迎养　古稀年两过武夷

从洞天岩回来后，李侗又回到了往常的生活。

但是，岁月不饶人，李侗已是暮年。李侗对州学的教授鲍乔说："我年纪大了不能再干了。"鲍乔说："你对州学来说很重要，还是留下吧！"李侗说："不行啊！两个儿子催我去他们家。"鲍乔说："那这样，你去一段时间，回来再到州学也行。"李侗说："可能一去不复返了。"鲍乔叹了一声说："太可惜了。"

绍兴三十一年（1161）年底，李侗辞去了州学的职事。

春节还是在剑浦过，因为这个地方熟人多、朋友也多，到了正月李侗起身前往建安。他从下小水门码头登舟，小心翼翼地渡过"要命滩，十船过去九船翻"的建溪最险滩——黯淡滩之后，经过埂埠、大横进入建安与剑浦交界的房村、大瀛洲（后改为大仁洲）、小瀛洲（后改为小仁洲，现称博爱村），再经过小雅、南瓦口、太平、鲁口、白水源……一路上，李侗还看到许多溪边景观风物，最称殊胜的是大横、房村、大瀛洲、小瀛洲的那道河段。大横到房村河床笔直，但有高阳河逆流在房村交汇，形成滩居三之二，水居三之一。河水湍急，篙桨乏力，舟子命纤夫岸上拉船。房村过后，一道河弯七八里，呈"S"形，左右田园，至小瀛洲则弯出一片沙滩，形如月牙，人称"月亮弯"。沙滩对岸山峰陡立，人称金斗山，山腰有金台寺，甚为壮观。一路行来，经过50多处滩濑之后，终于到达建安。

　　建溪之畔的通天门码头，友谅与妻儿早在这里等候。

　　友谅在建安为官几年，朝廷还按例赠予他左修职郎。

　　李侗有伯逢、叔逮、道圣、道隆、道明五个孙子，其中前两个出生在剑浦，七口之家加上李侗，一大家子。

　　晚饭的时候，祖孙满堂其乐融融。

　　李侗感慨说："哇，建安城大。"友谅笑着对父亲说："小心走失。"李侗也笑着说："非小儿，岂能走失？"

　　友谅说："建安设县与剑浦同时，但建宁府城比南剑州城大，南剑州附郭（州、路、府驻地的县）只有剑浦，建宁府则有两个附郭，坊市以行都司直街为中轴分出建安、瓯宁二县，东南面是建安，北面是瓯宁。"

　　建宁府城始建于汉建安年间（196—219），时称"子城"，三国吴永安三年（260），建安太守王蕃筑城于溪南覆船山。唐建中元年（780），刺史陆长源迁城于黄华山。王延政称帝时，大兴土木，扩建城池，营造宫室，修造御苑、太和殿等。因城建规制，留下一城三衙门、一城三庙学、八门九关公等诸多古迹。

　　休息两天之后，媳妇、孙子带着李侗在城里转悠。建宁府城也是两溪交汇，西面是南来的崇阳溪，在城北长源与南浦溪交汇形成建溪，东面是松溪（东溪），两溪在城下交汇南下剑浦。李侗今天逛坊市，明日逛城门，后天逛庙宇，走遍了大街小巷。建溪、资化、建安、宁远、西津、临江、水西、朝天等九个城门，他一一观览；登科坊、魁第坊、进士坊、礼义坊、文林坊、书院坊、理学正宗坊，他一一踏访；都御坪、城隍庙、钟楼、东岳庙，他一一领略……李侗发现建安、瓯宁的街坊名称各有特色：建安的街坊名称多含儒学思想。如礼义坊、文明坊、进士坊、孔夫堂巷、教授巷、文林巷、书院巷等；瓯宁的街坊名称则多有商贸遗风。如钞库巷、席巷、笼巷、豆腐巷、盐巷、板巷、熟肉巷、葡萄巷等等。

　　建宁府文庙始建于宋宝元二年（1039），位于仓长路，由照壁、棂星门、泮池、戟门、两庑、拜台、明伦堂、尊经堂、藏书阁、聚星亭、大成殿等组成，堪称巨构。鼓楼雄居街市，风雅独韵，是建宁府标志性建筑。原为建安"子城"的南门，城门洞深 17 米，并列三拱洞，主洞高 5.4 米，宽 5 米，左右两边洞高 5.2 米，宽 4.7 米。王延政时，改为五凤楼。李侗以理观物，叹为观止。

一天，儿媳和孙子带着李侗在鼓楼流连。李侗在鼓楼三个拱洞来来回回走了几遍，然后抬起头来看牌匾：南面是"雄镇南天"，北面是"恩迎北极"。李侗看得津津有味，不知不觉转到楼上品味文字，全然忘了媳妇和孙子，等到人们渐渐散去，李侗才发现自己走失了。

媳妇和孙子急匆匆赶回家告诉友谅说父亲走失。友谅问在哪里走失，媳妇说在鼓楼。友谅说，别怕，父亲自有一套……

李侗知道迷路了，想找原路返回，但建安、瓯宁一城二县，三十六条街，七十二条巷，加上方言不通，李侗晕头转向。李侗分析建安县衙的大致方向，从鼓楼街向右前行，穿过大龙须巷，转到铁井栏，再右拐从小龙须巷出来，打了一个圈又回到鼓楼街。李侗郁闷，正在徘徊之际，突然想起刚到建安的那天晚上，儿子最后交代了一句"哪里走失就在哪里等"。于是，李侗赶忙又向右拐回到鼓楼……

当晚，儿子开玩笑对父亲说："不听老人言，吃亏在眼前。"李侗说："哦，30 岁的毛孩就称'老人'了。"友谅说："建安方言说'对老人要像对待团仔（小儿）。'原因是老人智力衰退，像小儿一样没记性。刚才说的'不听老人言'意思是'不听智者言'。"李侗说："这话我倒爱听。"

正月，建安人拜年的拜年，吃春酒的吃春酒，热闹非凡。友谅是外乡人，没有那么多人情世故，正好陪父亲在家聊天。李侗问友谅："你也品茶？"友谅说："北苑茶贵如金，有人说：'金可得而茶不可得。'中书、枢密院各赐一饼，四人分之，我哪有资格品？但茶家自家炒茶，倒也好喝。"李侗说："茶乃口腹之资，就是那位写《大观茶论》的宋徽宗丢了江山。"友直说："写不写关系不大，不写也可能丢江山。关键是心术。"

李侗常常漫无边际地遐思，却也能想出一些原来想不起来的事情。他和儿子聊天的时候，脑子里突然闪过惟可禅师带他看的西林寺"达观轩"匾额，觉得像友直的字体。李侗问友谅，但友谅没有正面回答，而是说："小事一桩，何必计较？"李侗说："异端之学，何谓小事？"友谅说："何谓异端？存在就是理。建安寺观多了去，你能力挽狂澜？关键是能像孟子说的对待似是而非的'乡愿'那样，修正复兴儒家学说，百姓就会感兴趣，就能压住邪恶，而不是一味指责其他学说。"

李侗一时无语。

街巷逛了，坊市也逛了，只剩下城外最有名的凤凰山茶园。友谅对父亲说："建安人文风俗比南剑州深厚多了。建安是斗茶、茶百戏的发源地，瓯宁是建盏的发源地。有空带父亲去北苑茶山看看，那里还有喊山习俗。"

凤凰山在建安城东部。闽龙启元年（933），张廷晖在此辟茶园方圆30里。其后，将茶园献给闽王作为皇家茶园，称北苑御茶园，所产之茶称"北苑茶"。宋代，有官私焙1366处，所产之茶有龙凤团、上龙团、密云龙、龙团胜雪等数十个品种。陆游（1125—1210）称赞："建溪官茶天下绝。"宋徽宗则说："建溪之贡，龙团凤饼，名冠天下。"北面的瓯宁县与建安唱和，建安造茶，瓯宁造盏，斗茶习俗风靡朝野。

阳春三月，正是春茶摘采时节，友谅带着父亲观赏北苑采茶。晨曦微露，茶人已漫山遍野。茶山设有鼓亭，好像戏台一般。五更鼓过，千人齐声呼喊："茶发芽！茶发芽！"俗称喊山。友谅对父亲说："看到了，壮观吧？"李侗说："也是一趣。"友谅说："欧阳修（1007—1072）作《尝新茶呈圣谕》诗曰：'万木寒痴睡不醒，惟有此树先萌芽。'"李侗说："欧阳氏也算忠君了，连茶树都长在万物之先。"友谅说："欧阳氏愚忠。"李侗戳了戳友谅的脑门说："儒门弟子岂能如此说话?"友谅调皮地说:"儒门弟子讲是非、讲善恶。为了赶制头纲,不惜民力,且万物都不能先萌芽。好在万物都是天理规定,否则真可能不让它们萌芽。"

儿子迎养老父天经地义,但李侗住三个月就待不住了。因为该看的看了,该逛的逛了,更重要的是眼力越来越差了,书没法看,事也不好插手,百无聊赖,总不能天天去压马路吧。他对友谅说:"痛起来要命的牙疼,冷也不是,热也不是,三天两头发作,搞得全家都很辛苦。我要回去了。"当然,生活也不习惯,但李侗没说,因为担心儿子为难。

在五夫的朱熹关注李侗的行迹,他得知老师要回剑浦的消息后,赶到建安护送李侗。离开建安前,朱熹带着李侗看了位于水南桥以前的住家环溪精舍。精舍还在,只是20年风雨侵袭,已经破败不堪。

李侗回到剑浦的第二年,也就是隆兴元年(1163)六月,高宗把皇位禅让给孝宗。孝宗诏告天下士人陈述得失。朱熹给李侗寄了《致李先生书》,随信附上草拟的封事。李侗反复修改推敲,提出意见,并强调自己屏居山野,没有表达忧国忧民的途径,希望奏章尽快寄出,了却自己多年的心愿。

传统的农耕社会,老人多是居家养老,所以有三世或四世同堂的佳话。但是,学者出仕为官后,居家养老变成一大难题。这年初夏,李侗又接到长子友直来信,要他去铅山。

铅山位于江西东部,地处赣东北的武夷山北麓,与武夷山毗邻。从南剑州到铅山也是逆东溪而上,但比到建安的路途多了三分之二,途经建安、瓯宁、建阳、崇安四县,行程三百多里。李侗知道路途艰难,做了充分的准备,并带了一个族侄陪护,或舟船,或车马,建安小住之后,一路北行,两三天到了建阳,又从东北面的崇雒里逆芹溪而上来到五夫。

潭溪边上的紫阳楼人家欢天喜地,朱熹的母亲祝夫人和朱熹夫妇及11岁的朱塾、10岁的朱埜、两个女儿喜笑颜开。朱熹的妻子刘清四厨艺精湛，今天做馒，明天做粉丸，后天做锅边，招待远道而来的客人。因为正值暑天，刘氏每天还给李侗煮莲子汤。李侗弟子刘平甫和刘勉之、胡宪的宗亲也纷纷前来看望问候，热情邀请李侗上门做客。

五夫不大，朱熹带着李侗在村里转了转：童年读书走过的小巷，兴贤街的社庙、刘氏家祠，村头的奶娘庙，紫阳楼边的山泉，以及绽放的荷花，李侗备感舒心。朱熹还带李侗看了正在兴建的纪念"武夷三先生"之一的胡宪的兴贤书院。朱熹解释说，兴贤之意是兴贤育秀、继往开来。

在籍溪之畔，朱熹和李侗路过三圣庙。朱熹请教李侗何谓三圣。李侗说："剑浦三圣庙也多，庙中所祀周、陈、王三位。俗称唐时土人，生而正直，死见灵异，土人祀之。"朱熹说："原来如此。在五夫十多年，问乡人竟一无所知。"

夜晚，朱熹、刘平甫和众多乡亲齐聚紫阳楼外的樟树下，一边纳凉，一边给李侗讲五夫的人文故事。李侗说："五夫比樟岚更灵秀，有莲，有泉，有井等等。辛弃疾的'最喜小儿无赖，溪头卧剥莲蓬'像是描写五夫荷塘之景。"朱熹说："先生夸奖，先生夸奖。其实，五夫地势局迫，没有剑浦大江气势。"

李侗说："去铅山路走了大半，弹尽粮绝，只好到五夫补充'粮草'。"祝夫人说："先生见外。且不说先生与夫君同窗挚友，就先生十年教养犬子，也是情如恩星，岂敢见外？"朱熹听了母亲的话，伤心地对李侗说："愚侄何其有幸，一人四师，如今刘子翚先生、泰山刘勉之先生已故，去年师事时间最久的胡宪先生也离世。在世的只剩李先生一人了。"朱熹说完，眼里含着泪珠。

五夫的夏夜，月朗星稀，蛙声欢唱。深夜之后，李侗与朱熹长谈。李侗问起朱熹妻子刘氏，又谈起刘勉之。朱熹对李侗说："五夫刘氏对我朱家恩重如山。刘氏入闽分东西二族，东族即五夫刘氏。宋代五夫刘氏有子孙两代称为'二忠一文'，'二忠'即刘韐（1067—

1127）谥忠显、刘子羽（1086—1146）谥忠定；'文'即刘子翚（1101—1147）先生，谥文靖，刘子羽之弟。泰山刘勉之源出麻沙，称为西族。曾祖刘滋，祖刘照，父刘元振。泰山与刘子翚、胡宪居相邻、世相好，志趣相同，人称'武夷三先生'。绍兴十六年（1146）愚侄与刘清四完婚之前，泰山迁居建阳上考亭萧屯。"

其实，李侗说粮草不足只是一个借口，实际上他是想当面交代朱熹应诏"所宜言"，强调他在信中的观点是与金人不共戴天。

李侗在五夫住了几天之后，重整行囊，往铅山而去……朱熹望着远去的李侗，突然想起一件事，追上去对李侗说："八月，我的从表叔汪应辰会到武夷山，先生如果回来路过武夷，一起相会。"李侗满口答应。

友直是县尉，也是左修职郎。

李侗在铅山的孙子倒不多，只有仲连、季达两个，小户人家。

如同剑浦、建安一样，李侗没有改变晚年的生活习惯，在铅山也是吃饭、睡觉、散步……但铅山城小，没几天就逛完了。

友直提醒父亲，人老了颐养天年就好了，其他事不用操心。

江西饮食喜辣，友直到铅山几年，习惯了辣味，但李侗不习惯。好在儿媳十分用心，煮菜的时候，先盛出不辣的给父亲，但因为锅都是辣的，菜还是辣。更要命的还是牙痛病经常复发，一边好了，另一边又痛。严重的时候甚至发烧，饮食不进。儿子儿媳倒很孝顺，时常问寒问暖，或寻医问药，帮助料理饮食。

天下父母都一样，总想帮子女分担一些家务。但老人眼不明、手不灵，有时候反而是帮倒忙。李侗也一样。他看到儿媳一人忙里忙外，也帮助着生火、洗菜、洗碗之类，再没事则帮助捣谷。一天，李侗捣谷之后，见地上白花花的一片，于是蹲下身子一粒粒把米捡了起来，谁知手上的汗水也沾了沙子。吃饭的时候，大家不时咬到沙子，儿媳一脸怒气，一把将米饭倒去喂鸡鸭，连那一臼白米也都拿去煮猪潲了。李侗视力不好，尽管洗菜细心，但还是没能洗干净，家人常常不是吃到头发，就是吃到菜根烂叶。一天午饭时，孙子竟然发现菜碗里有一条蚯蚓，儿媳又是一脸怒气，端起菜就往外泼。

当天晚上，李侗听到儿媳对丈夫说："以后叫你父亲只管吃饭就行了，别管家里的闲事。"第二天，友直又提醒父亲："您吃好饭、睡好觉就行了，不要到哪家管哪家的事。"之后，儿媳不让李侗做任何家务。但年老的李侗固执又啰唆，本来达观轩一事已过去多年了，李侗也知道自己比不过西林寺的惟可，但他偏偏想保持儒者气象，又想维护儒家的尊严。他用疑问的语气问"达观轩"这三个字是不是友直所题。友直没有正面回答，而是笑着说："海纳百川，有容乃大。"李侗又争辩儒佛之别。友直说："如果县衙、府衙乃至朝廷百官都有菩萨心不好吗？"李侗说："儒门出身，你还不为儒家说话，反而为佛家张目！"友直一听火就蹿上来了，他对父亲说："您以为儒士个个都是楷模吗？听胡安国之子胡宏说的儒家人物了没有？"然后背几句给父亲听："伊洛老师为人心切，标题'天理人欲'二句，使人知所以保身、保家、保国，保天下之道。而后学者多寻空言，不究实用，平居高谈性命之际，亹亹可听，临事茫然，不知性命之所在者，多矣。"意思是有些儒士只会背诵儒家经典，实际上对道德性命之学茫然不知，更不知道德性命之学有何用处。友直继续说："儒士中装腔作势的也有，曲学阿世的也有，装模作样的也有，更有男盗……"

友直觉得话太难听，不敢往下说。

夫妻失和，父子也失和。也只三个月，李侗又待不下去了。李侗对友真说："语言不通。在建安我是半聋半哑，在铅山我是全聋全哑。我要回去了。"友直问："回去谁养？"李侗说："过一天算一天呗。"友直说："要不这样，您到建安友谅家住三个月，再来我这里待三个月，轮流吧！"李侗说："路途这么远，两头跑，把我累死了。"友直说："那也没办法。"

李侗还告诉友直，他跟朱熹约好了，八月回去路过武夷山，朱熹的从表叔汪应辰要来。友直说，儒家不是父亲一人的儒家，道学不是父亲一人的道学，提醒父亲把日子过好就行，不要扯太多事。

天空瓦蓝，疏烟细风。八月的一天，李侗回剑浦路过武夷山，果然见到了汪应辰。

汪应辰（1119—1176），字圣锡，江西信州（今上饶市信州区）玉山人。学者称玉山先生。初名洋，绍兴五年（1135）18岁高中状元，宋高宗为他改名。历官镇东军签判、敷文阁学士、四川制置使、成都知府。参与朝廷隆兴改元的典礼。在秘书省正字任上，因上疏忤秦桧，外放建州通判，未赴。绍兴三十二年（1163）十月，以左朝奉大夫、集英殿修撰知福州兼福建安抚使。汪应辰学有渊源，少年从学喻樗、张九成、吕本中、胡安国，后与吕祖谦、张栻相善，而与吴芾、王十朋、陈良翰最为正直刚健。

李侗见到45岁的汪应辰意气风发，十分高兴，对他说："三生有幸，见到天子门生，果是人中俊秀。"汪应辰谦虚地说："郎侄朱熹随先生读书，如时雨之化。"

随后几天，朱熹陪同二人畅游武夷山，玉女峰、大王峰、幔亭峰、天游、桃园洞一一领略。在竹筏上，李侗看到船棺，朱熹说武夷山是仙窟，李侗啧啧称奇。

晚上，李侗与汪应辰、朱熹三人对榻长谈。李侗一再提出想分享汪应辰高中状元的场景。汪应辰说，中得状元之后是游街，朝廷封荆室为诰命夫人，赐凤冠。李侗听得出神……

李侗在武夷山待了好几天。九月十八日，李侗告别汪应辰、朱熹。因为朱熹接到廷对诏命，要在当月二十四日赴铅山候命，于是三人相互拜别。

两次分别到儿子家的李侗，回来后总结出三条经验：儿家不是自家，别管太多事，此其一；宁可把烦心事带进棺材，也不要带给儿子，此其二；打理自己的时候，半个时辰做完的事做两个时辰，一个时辰做完的事做两个时辰，打发无聊的时间，此其三。

赋诗酬唱怀远志　含悲唁吊忆故人

文以载道，先贤先儒的书够多了，如果能够把他们写的书全部读完，并且付诸实践，也不枉一生了，还写什么书？这大概就是李侗的学问之道。

但是，读书是一种乐趣，没有长篇大论，也会有些心得，写出来孤芳自赏也是一趣。

李侗家里还有一个宝贝，那就是他的诗集。李侗迁居郡城后，除了读书之外，有兴致的时候也写诗。从铅山回来后，他整理书籍翻出诗集，饶有兴致地欣赏几十年来创作的诗作。

和静庵山居自咏

胜如城市宅，花木拥檐前。

一雨晓时过，群峰霁色鲜。

采荆烹白石，接竹引清泉。

车马长无到，逍遥乐葛天。

理学家讲的义理，不是天高地远，不是处低瞻高，而是亲亲、仁民、爱物，是做眼前事，是内外兼举。李侗把家打理得井井有条，他说我家像城外的农舍，有花草树木簇拥在房前屋后。清晨一阵风雨过后，把四周群山洗得一片翠绿鲜艳。采来荆条烹煮传说中的食物，用竹子接引山中甘甜的清泉。没有往来不绝的车马，生活却有似晋代诗人陶潜、唐代诗人韦应物赋诗田园之乐。

李侗生于乡野，但因为崇儒重道，师从名儒，结交了很多朋友。

剑浦是南来北往的交通要道，中原入闽、福建出省大多要经过剑浦。李侗的家乡樟岚离城里近，友人经过剑浦，他常常应邀相聚。李侗记得早年，在外为官的陈瓘路过剑浦，他的好友邓肃正好在妹夫吴方庆家，五夫的刘子翚和任尤溪县尉的朱松也在剑浦，于是跟着罗从彦参加他们的泉林雅集，品茗酬唱。

陈瓘（1057或1060—1124），字莹中，号了翁，福建沙县人。宋元丰二年（1079）探花，授官湖州掌书记。历礼部贡院检点官，越州、温州通判，左司谏等。给李侗写信指导学业的陈渊就是他的侄儿。陈瓘不仅精通易经，而且书法像他的气节人品。李纲评价说，了翁的书法，没有固守古人成法，而是别具一格。看他的书法，可以知道他坚毅的气节。邓肃则说，翻开陈瓘的书法就有一股凛然之气，像铜的筋骨，洗空千古，颜真卿之后只有他一人。

那次聚会，他们游观藏春峡。陈瓘作《藏春峡》四首，邓肃作《醉吟轩》七言古诗，表达儒士对大宋政局的期待。李侗则作《咏归堂》：

> 咏归堂里静怡神，更步芳亭识趣新。
> 爱竹心虚初长笋，观梅香散渐含仁。
> 云将膏雨过桐岭，水泛桃花出剑津。
> 生意峡中藏得否，自家收拾满腔春。

吴仪、吴熙在藏春峡创建别业，让李侗羡慕不已。"咏归"取孔子与弟子在沂水之滨优游后"咏而归"之意。咏归堂外亭台楼阁林立，有"老圃""暗香""虚心""容照岩""市隐""清宁""百花台""隐鳞洞"等。这首七言诗描物摩景，绘声绘色；以物抒情，咏物咏志。

首联咏"咏归堂"之静，让李侗心旷神怡。移步于芳草萋萋的亭台楼阁，仰观匾额上的题字与景观相映成趣；颔联描写竹、梅。"心虚"出自《晏子春秋》："竹直心虚乃吾友，水淡性泊是我师。"

李侗写竹子清秀高雅、虚怀若谷的品格，也是以竹自况。梅花寒冬迎霜雪，已有君子气象，何况渐渐散发香气之后，又饱含着仁的情怀，只有理学家才有这样的感悟。颈联从形下之物深入形上之理。在李侗眼里，雨是滋润万物的膏雨，这里借指吴氏兄弟在藏春峡雅唱，如同膏雨滋润身心；他们淡泊的品格如同桃花灿若锦绣，从闽江之滨泛出剑津，远播大地。尾联把"我"与藏春峡的盎然生意作了恰到好处的关联：藏春峡的自然生意由天理规定，心腔里的文化生意则是吴氏兄弟自家整治的结果。李侗通过对二吴的赞美，寄望收拾自我的心性，像春花那样和顺于内、英华发外。

那次相聚，刘子翚赋诗最多。他从遂五夫附近的崇雒芹溪乘船到剑浦，经过东溪的黯淡滩，作《黯淡洪涛》；他观览双溪楼，作《双溪阁》；他与友人李似表友善，游览剑潭之后，作《剑潭赠李似表》。

北宋的覆亡对大多数百姓来说没有太多的感受，因为他们是看日出日落过日子，但学者则不同。"靖康之变"在李侗心里留下创伤，隐藏在内心深处，数十年无处宣泄。朱熹的封事勾起了他的伤感，他从平常饮食的甕荠中得到感悟，诉诸笔端，写了一首《甕荠》：

> 怜君真率意，清白出天然。
>
> 性定馨难变，身藏味始全。
>
> 能添高士供，偏助野人筵。
>
> 堪叹豪家子，珍馐空荐鲜。

甕荠悉心尽意的清白为物之性所规定。它的香味隐藏在内部，无法人为改变。它本来是可以奉献给高贵人家子弟的食物，却偏偏只有农家独得这道美味佳肴。慨叹豪门弟子，不知道祭献的祭品中少了这类珍奇名贵的鲜蔬。李侗讽诵吟咏甕荠，但这个甕荠是物吗？不是，是人，是李侗自己。他以甕荠自喻，虽然生在山野，但也关注高庙之堂的大事，大宋朝廷的政治本应有来自民间的声音，却偏偏只在乡间空发议论。这是李侗不为时用之叹，也是李侗岩骨之气的写照。

如果说《甕荠》的内涵隐晦，那么《梅林春信》则径直唱响恢复中原的心曲：

> 积雪千林冻欲摧，倚栏日日望春回。
>
> 天公为我传消息，故遣梅花特地开。

全诗以"梅林春信"为题，以物抒情，以情寄物，文辞之雅、意境之高，突出了梅林信使的主题。作者处在一个内忧外患的时代，通过这首诗可以读出一位闲居剑津之畔数十年的乡间平民力主抗金、恢复中原的寄盼。

李侗表面上与道释和谐相处，但内心却极力排斥，只是当面与道释辩难觉得力不从心，于是他巧妙地用诗歌的方式，隐晦地表达反对异端之学。

武夷山太有魅力了。隆兴元年（1163）盛夏，从武夷山回来的李侗，抑制不住喜悦心情，写了五首《题武夷》。其一曰：

> 远隔烟霞到武夷，桃园深处路途歧。
>
> 岩前翠绿疏残榻，山里云堆罩短篱。
>
> 呼友不闻鸟语静，逢朋无事漏声残。
>
> 黄粱枕畔堪消遣，急水源头共所思。

李侗没有直接说道家是非，而是用路途歧、残榻、短篱、鸟语、声残、黄粱隐晦地说道家的长生久视、羽化成仙不合世道。

其二曰：

> 三十六峰飞翠寒，手携玉杖叩玄关。
>
> 神仙昔到留遗迹，天地始来有此山。
>
> 木杪楼台浮海止，月中箫管奏云闲。
>
> 天宫借得宁王笛，骑取箫郎赤凤还。

武夷山三十六峰天造地设，深翠凝寒的大山深处，留下了神仙寻找众妙之门的遗迹。流羽们漫无边际，在树梢楼台亭榭中遥望海天，在月夜中用箫管之乐吹奏闲云。最后两句，李侗用"宁王笛""赤凤还"的神话讥讽道家只知修道成仙，不知人民痛痒。

其三曰：

秋香随我过仙家，玉犬眠云石径斜。

九曲溪山闲日月，万年宫刹老烟霞。

吟印尚带瑶阶萍，渡舫会撑翠竹沙。

回首云深何处觅，洞箫吹落碧岩花。

　　层林尽染的武夷山暗含秋香，山间石铺的小路上仿佛看到睡在云端的仙犬。九曲溪的溪山在日月中悠闲，万年宫刹披着古老的烟雾和云霞。遥想当年，汉武帝遣使者祭祀武夷君多么隆重，连九曲溪的竹沙间都挤满了游舫。但是，回头看只是浮云一片，道人的管乐之器只能吹落碧岩花。作者看似称赏道教，实则具有讥讽之意。

　　其四曰：

延剑来游冲佑观，道人指引看仙踪。

扁舟荡漾三三水，一日还回六六峰。

仙蜕有函丹灶冷，洞天无锁白云封。

寻真欲觅桃园路，回首苍烟隔万重。

　　冲佐观是武夷山巨构，道人引导李侗一行观览仙人留下的踪迹。九曲溪畔环绕的众多山峰，留下诸多道人羽化的函蜕，但炼丹之灶灶冷灰冷，流羽其实性空心空，洞天福地不过是白云遮挡下的神秘之地。

　　其五曰：

一年两过武夷山，翠壁丹崖叹莫攀。

药宠烟消人已老，櫂歌声断水流闲。

虹桥未许秦皇识，鹤驭空随汉使还。

会是隐屏峰下客，谩教猿鸟笑诗悭。

　　李侗一年两次经过武夷山，虽惊叹丹崖翠壁高不可攀，但笔锋一转说炼丹之灶早已烟消云散，炼丹人也已老去，那些道人吹奏的管箫之音像溪水自在地闲流。不要说秦始皇未必知道虹桥传说，那些自诩成仙得道的流羽驭鹤也空随汉使悻悻而还，隐屏峰下的羽客，不过是过着远世绝物与猿鸟同乐的生活。

因为写诗，李侗想起已故的吴方庆。因为吴方庆也喜欢写诗，而且还编过诗集。

人生在世，有喜也有悲，二者相随相伴。一天傍晚，李侗饭后正准备外出，突然吴方庆的儿子在李侗面前长跪不起。李侗忙问何故。只听到他泣泪报诉——先君仙鹤。

李侗顿时脸色青紫，浑身上下如同坐入蒸笼。绍兴二十七年（1157），吴方庆停下了人生的脚步……

吴方庆是妻舅，与李侗情如兄弟。剑浦到昭武（今福建省邵武市）二百里，路途漫漫，但必须去：从西溪逆流而上，水陆兼程……

灵堂肃穆，灯火幽明，暗香绕梁……昭武的亲友得知吴方庆的噩耗，纷纷前来吊唁，寄托哀思。吴方庆的家人规劝李侗歇息，李侗久久不肯离去。他哽咽着对吴方庆的家人说："让我陪他最后一程啊！我俩情同手足，不是他先陪我，就是我先陪他。"

在吴方庆的灵柩旁，李侗凝神沉思，吴方庆生前的故事一幕幕划过眼前。

剑潭之滨，江流漫汗，辽阔而致远。仰可望苍穹，俯可观游鱼；远可望群山，近可观园圃；动可观飞禽，静可观星月，俨然是一方水木清华。

李侗记得，他们听鸟音趣味横生。李侗说："小鸟常常雅集秀鸟音，但一个地方的鸟音好像是固定不变的。"吴方庆说："一方水土养一方人，也养一方鸟。它们知道你那个地方宜居，所以常来。"

李侗记得，他们讨论人物之别。

"人与物何者为长？"吴方庆问。

"物长于人。鱼游于水，无论深浅，或水漫滔天，无所畏惧，人入水则溺，我不如鱼也；鸟翔于天，不论山之高、峰之耸，人不能凭空而走，我不如鸟也；蛇能囫囵吞枣，生吞活削，人食不慎，则鲠在喉，我不如蛇也……"李侗滔滔不绝。

"人能捕猎。"吴方庆说。

"虎、蛇能食人。"李侗说。

……

李侗与吴方庆一问一答，讨论人物长短，但他们都承认人的综合能力比动物强。李侗说，荀子的《劝学》论人物最精彩："登高而望，臂非加长也，而见者远；顺风而呼，声非加疾也，而闻者彰。假舆马者，非利足也，而致千里；假舟楫者，非能水也，而绝江河。君子生非异也，善假于物也。"

从动物的技能他们又讨论人与动物的自我意识。李侗说，动物的自我意识比人强。他举例说，溪河暴涨，未见动物尸首漂浮；山洪过后，未见动物横尸遍野。但是，虎、豹立于悬崖，也会惊恐万状，四肢发颤。这是动物的天性。人溺于水、死于山火则多有。吴方庆说，生吞活削，是动物天性之长，但也有天性之愚。蛇无所不食，不知风险，见刺猬也敢张嘴，必死无疑。

由动物引申到人，他们讨论礼。吴方庆问："礼是日用常行之道的重要准则之一，是否见人都要施礼？"李侗说："礼说的是大概，是否见人就拱手要视具体情况而定。乡村人少，不是姻亲就是邻里，再不济也是老乡，偶尔见到用拱手之礼不难。郡城则不一定。因为城里人多，如果凡见人都行拱手礼，一路上手都放不下来，人家看了还以为你是疯子。"李侗还说，凡事要掌握分寸，不能一讲礼就以为越有礼越好，否则人家以为你居心不良。

在男儿眼里，水可戏，但人戏水无痕，水戏人则可能要命。李侗记得，那年盛夏与吴方庆在东溪岸边渡河。吴方庆告诉李侗，河床阔30丈，中间急流之下是深潭，泅渡须掌握缓、急、缓三字要领：即水缓处慢游；至急流处有流沙，只能奋力，不可停留；过了急流处，耗了体力，则又放缓。然而，李侗下河后，把吴方庆的话当耳边风，十丈见宽的缓流处，李侗破浪前行，一路领先，但到急流处则缓了下来。吴方庆见他不时在水中沉浮，急忙上前推了他一把。李侗穿过急流后咳了几声，发出吭吭的喘气声。吴方庆问李侗何以如此，李侗只说"歇脚"。

李侗坐在岸边，惊魂未定。吴方庆知道李侗发生意外的原因，斜着眼对他说："流沙是沙之末端，就像断崖，沙之断崖如何可立？"李侗看了看吴方庆，一声不吭。

这回轮到吴方庆打趣李侗："我出没江河多年，若不是我推你一把，你性命休矣。阎王不认贫富、不认贵贱，只看名册！"

李侗听了吴方庆之言，摇了摇头叹道："命大。"吴方庆问："命为何物？"李侗说："命即天。"吴方庆问："天何以能灭夏桀、商纣王……"

吴方庆见李侗愣在一旁，问他："《中庸》有'天命之谓性'，后面一句呢？"李侗"哦"了一声，知道遵守天命之性在己。

吴方庆年长李侗4岁，算是李侗的兄长。最让李侗感念的是，吴方庆对自己婚姻的帮助。

其实，李侗还有不知道的内幕，比如吴方庆还对父亲说，李侗天性聪明，只是气禀之偏。这些故事着随吴方庆的离去而化为尘埃。

吴方庆的履历简单。他从遂安军节度推官卸任后，以通直郎致仕，结庐称"真佚"，过着闲暇的生活。

因为思念吴方庆，李侗想起去世25年的邓肃。李侗记得，邓肃被驱出太学后，到过剑浦妹夫家，说起蔡京、童贯搞的花石纲，义愤填膺。李侗还见证了邓肃诸多义理事迹。他为人刚正，因李纲推荐，得钦宗召对便殿。金人举兵犯中原，他出使金营，被扣为人质50天，坚贞不屈，在敌营了解金人军情。建炎元年（1127）八月，李纲因坚持抗金再次罢相，邓肃为他申辩，触怒执政者，罢官返乡。一个为朝廷扶危、为社稷分忧的义士，最后死于携母避乱福州途中。

因为思念吴方庆、邓肃，李侗又想到李纲、陈渊、朱松、邓迪。李纲（1083—1140）在李侗心里占据很重的分量。因为李纲不仅在吴方庆参加发解试时，认为他为国家做事妥帖，把他擢为解元，更重要的是李纲一生三起三落。政和二年（1112）登进士第，历官兵部侍郎、尚书右丞、太常少卿。靖康元年（1126）冬，金兵犯汴京，他任京城四壁守御使，击退金兵。高宗时，起用为相，革新时政，但仅77天又遭罢免。后又复起为湖南宣抚使兼知潭州，不久又被免职。绍兴十年（1140）病逝，追赠太师。去世12年的陈渊对李侗是恩重如山啊！他寄来的《上蔡语录》《春秋传》，对李侗帮助极大。可惜，绍兴十一年（1141），陈渊因支持何铸为岳飞辩解被罢官，后来复职主管台州崇道观，四年后的绍兴十五年（1145）去世。朱松也是硬骨头，他因反对秦桧议和被贬之后再也没有任官，绍兴十三年（1143）病逝，只活到47岁。邓迪自从离开罗源后，生死不明，杳无音讯。

李侗伤心，他失去了妻舅，更失去了挚友。同辈的吴氏中，再也没人了；同道的学友中，再也没有别人了。

李侗用泪水为吴方庆写下了行状。

勤论学与朱子书　系天下伤时忧国

　　李侗一生给弟子罗博文、刘平甫、朱熹都写过信，但给罗、刘的信不多，而给朱熹的信却多达24通。时间在绍兴二十七年（1157）六月到隆兴元年（1163）七月的七年间。其中绍兴二十七年（1157）1通、绍兴二十八年（1158）3通、绍兴二十九年（1159）和绍兴三十年（1160）各2通、绍兴三十一年（1161）5通，绍兴三十二年（1162）7通（《延平答问》将"辛巳八月七日书"置于"壬午七月二十一日书""壬午八月九日书"之间，但从"某归家，凡百只如旧"看，应指建安返剑浦之后的事，故将此信移至壬午年）、隆兴元年（1163）4通。

　　李侗不忘儒家道心，一门心思写信指导朱熹，涉及的内容有涵养、存养、理一分殊、《春秋》、三年无改父志、以父母之心为心、犬马之养、孝敬之心、礼义之心、与物同体、道理一贯等几十个。其中最重要的是内外之道、心与气合、心气合一、夜气、养气等等。

　　李侗和朱熹是师生关系，但不是一般的师生，而是情同父子，所以常常把自己的生活告诉朱熹。李侗61岁那年妻子去世后，就开始孤独了，只是因为两个儿子面临科举，李侗没时间孤独。李侗65岁的时候，友直、友谅考上进士外任后，留下李侗和友闻一家，李侗倍感孤独。

　　绍兴二十八年（1158）七月十七日，李侗给朱熹的信中就说，我住在村里，一切都跟过去一样，只是一些不可不应接的事务，很难怠惰而中止，免强度日。早晚都没事，牙齿、头发也脱落了，筋骨也不如从前，从以前和师友的交往中求取事理之心竟然也不得力，很是恐惧。后来，每每给朱熹写信，都表达生活的孤独感。

不过，尽管如此，封信中还讨论了"三年无改父之道""孟武伯问孝""子游问孝""终日不违如愚""子张学干禄"等五个问题：朱熹对孔子"三年无改于父之道"和苏东坡所说"可改者不待三年"有些不解，认为当改而暂时不改的可以隐忍迁就，为的是让事体慢慢趋向中正，这样不会留下改变父志的痕迹，如此可见孝子之心。李侗则说，把三年无改说成是隐忍迁就失去本义。要理解前人的言外之意，日月易逝，如果稍不称心，就随意改变父志，哪里还有孝子之心？当然，如果大部分或主要的有害，立即更改又有何疑问？如此恐怕没必要说隐忍迁就，非要让人感觉没有改变父志的痕迹。朱熹把"孟武伯问孝"，孔子回答说父母最担心的是子女的疾病。以往说的作为儿子不胡作非为之外，唯有疾病让父母担。朱熹则认为孔子告诉孟武伯的不是这个意思。因为父母之心慈爱，对自己的子女关爱之至，疾病是人所不可避免的，所以担忧子女患病，其他也就不用多说了。作为人之子要知道这个道理，以父母之心为心，那么就会善待父母留下的身体（即父母所生之子女），力求避免身体遭受"亏辱"，哪里只是说疾病呢？这是曾子所以战战兢兢，举手投足都知道要避免"亏辱"的缘故。不远游，游必有方；不登高，不临深，都是这个意思。李侗则在信中说：父母最担心的只是儿子的疾病，应当如上面所为是。以前的说法简单，就是要让人知道所以自求自得，只要深入体会就可以用力于此。

同年十一月十三日给朱熹的信中说，我端坐在村子里一无所为，也因生计窘迫遇到事情多思索不通，每每因为古人贫穷难堪感到自惭形秽，不过啜菽饮水也自然有余，还有什么话说呢？

人们说，死或许不可怕，怕的是人老而孤独，怕的是疾病而难以过老。随着年纪的增大，李侗的寂寞感越来越迫切。绍兴三十年（1160）五月八日，李侗给朱熹的信中说，晚年没有别的事，只有求道的心很迫切。虽然偶尔也能窥测出一二事理，但心里还是觉得有滞碍而不能洒脱，因此端坐时心里烦乱而不愉快。过去的朋友一个都没有了，没有人可以倾诉，可叹可怕。因为孤独，李侗常常想见朱熹。还是这年七月，李侗写信给朱熹说，我端坐在村子里，早晚都没事，如果你能来一趟就好了。向你致以千万之意，但又觉得这是非分之想，因为担心你母亲没人侍奉，如果老人不高兴就不必勉强。绍兴三十一年（1161）五月二十六日，李侗给朱熹的信说，我住在村里一切如旧，没人可以说话，但常常为人情世故束缚，心里很不快乐。这是人生晚年的情境，天理可能就是这样。这年十月十日，李侗给朱熹写信说，我晚年碌碌无为跟过去一样，恨的是中年以来，就被师友抛弃，自己一个人读书没人帮助，又牵扯很多人情世故，真是灰心失望。但还持守着初心，可以找到一些头绪，还有些微的认识保存在记忆里，并经常浮现眼前。绍兴三十二年（1162）七月二十一日，李侗从建安回到剑浦后给朱熹写信说，我并不喜欢建安，因为以前我和妻子商量好的，只在剑浦，但儿子们催促，不能敬慎持守和妻子的约定，于是到了建安。因为我独自一个人在剑浦，也不方便，不得已往来于剑浦和建安之间，很不快乐。① 又说，建安养老百日回剑浦之后，家里一切如旧，儿子平庸低下，房子出现颓敝的景象也不整顿，以致因为疏漏房屋出现凋敝的样子，景象很是不好。回来之后，难免要粗略收拾修整，才能大致完备。但儿孙们外出没拿定主意什么时候回来，多有不便，也想将就随便收拾，这样更能慢慢趋近于道理，其他

---

① 《延平答问》记载李侗七月二十一给朱熹的信中说："某在建安，竟不乐彼，盖初与家人约，二老只欲在此。继而家人为儿辈所迫，不能谨守，遂往。某独处家中，亦自不便，故不获已往来，彼此不甚快。"

就不敢多想了。一个劲地责备，有败坏家风的感觉，这是没办法的事。[①]

儒家的"大同社会"海阔天空，儒家的爱有差等也无法解决老年人的养老问题，更无法解决"鳏、寡、孤、独、废疾者"的问题。

晚年的李侗日子不好过：生活贫困、房屋破落、养老困难、精神孤独、境遇凄惨。此外，随着年龄的增长，原有的疾病也留下隐患。李侗年轻时那次饮酒之后，身上时常搔痒。吴氏在世时，常为李侗熬药，但李侗的病时好时坏，有时候一抓就出现一大片疹子。特别是晚上，常常半夜发作。

李侗无奈，走进一家药铺。

郎中望、闻、问、切之后，开了一个药方，抓了三贴药。

李侗看了看，欲言又止……

"李先生很多故事。"郎中说。

"郎中认识敝人？"李侗问。

郎中把方子推到李侗面前。李侗"哦"一声，随后带着疑惑的口气问："几粒决明子、几朵小菊花、几朵桂花？"郎中说："药非充饥之物，岂可论多寡？每次一小撮，热汤冲泡三分之一刻即可饮。先饮数月。以后如需要还可换成金银花、牛蒡根、枸杞。"李侗问："何故？"郎中说："肌能失调，不能排解。"李侗问："何故不能排解？"郎中解释说："病根作孽。从理学的角度说，病是物（事物），病根是理。这个理决定事物发展的两个面向：病治愈就有身体康泰之理，留下病根就有再病之理。"郎中见李侗迟疑，对他说："如效果不佳，可将艾叶烧成灰后煮蛋吃，试试看。"李侗更是一脸疑惑。郎中见李侗不答，解释说："天地生万物，总有一物可以对症。与其受

---

① 《延平答问》记载李侗八月七日给朱熹的信中说整修了破败之屋："某归家，凡百只如旧，但儿辈所见凡下，家中全不整顿，至有疏漏欲颓敝处，气象殊不佳。既归来，不免令人略略修治，亦须苟完可尔。家人犹豫未归，诸事终不便，亦欲于冷落境界上打叠，庶几渐近道理。他不敢恤，但一味窘束，亦有沮败人佳处，无可奈何也。"

病痛折磨，不如试试。"李侗问："郎中贵姓?"郎中回答说："免贵姓罗。"李侗问："罗从彦先生族人?"郎中给了李侗一个大灿烂。李侗说："啊! 难怪、难怪! 郎中看病也能说出个'理在万物之先'来。"

一个月后，李侗只是感觉艾叶灰煮蛋有些许效果，就对郎中说："艾叶灰煮蛋有奇效……罗氏既治身病，又治心病。"

李侗生命的最后三年中，给朱熹写信越来越频繁。其中绍兴三十一年（1161）二月至十月写了五封：分别写于元宵、二月二十四日、五月二十六日、七月十六日、十月十日。但正月十五、五月二十六、七月十六日、十月十日的信不长。如元宵这天写的信只有 52 个字，讲的是心的重要性。他说，过去得到师友学问的残余，认为学问没有闲适的地方，要从自己心里找原因。如果能至诚立身，就有清明通达安和快乐的感觉，就是自得，希望朱熹在这方面努力。

五月二十六日，李侗给朱熹的信也不长，除了开头说了一些自己的生活外，重点是讲两个问题：一是对朱熹融化了以往滞留心里的疑问表示肯定，认为这是道理进步的效果。同时，指出如果思考问题有障碍，就要从日用动静中思考是否有乖戾方面的问题，求得事物之所以应该如何做的道理，长此以往就知道做事的规律。二是讨论孔子五十知天命问题。李侗说，圣人对天地万物之理的认识深浅的程度不同，如果 50 岁行为还糊涂就不应该了。

七月十六日，李侗给朱熹的信则说，想谈谈朱熹对道理方面还不能豁达贯通问题，但自己来不及解说，邀请朱熹等天气凉的时候到剑浦，两人就复杂的地方相互辩驳，对彼此都有些许补益。

十月十日给朱熹回信说，看文字要觉得有味、静而后能定。寄来教示《韦斋记》，追忆过去的事让人觉得凄怆。我曾举《中庸》说诚是物之始终的说法，元晦认为"肫肫其仁，渊渊其渊，浩浩其天，即全体，是未发底道理，只有圣人尽性才能这样"。如果这么看，全体不都是这种气象。李侗认为"肫肫其仁"以下三句只是体认到天德，在喜怒哀乐未发时存养，就能见此气象，才算达到体认的地位。李侗强调，大概读书一定要深潜缜密，才不会走错路。

内容最多的是二月二十四日写的信。这封信中李侗回答朱熹五个问题：即性近习远、公山弗扰佛肸，孔子"予欲无言"，殷有三仁及太极。

天命之性、气质之性是宋代理学家频繁讨论的命题，这一命题源自孔子的"性相近也，习相远也"。二程对"习相远"的解释属气质之性，不是与生俱来的本性。但是，尹和靖（尹焞的号）则说："性一也，何以言相近？"所以朱熹认为，尹和靖所说的"性一"有性之本之意，导致气质之性含糊不清。李侗在信中说，要从二程说的气质之性来理解，并且要探究本源，否则难以理解习相远的蕴意。

"殷有三仁"讲的是微子、箕子、比干。这三位都是商代的贵族：微子居商王帝乙长子之位，也是商纣王帝辛的同母庶兄；箕子是帝乙的弟弟，纣王的叔父，位居太师；比干也是帝乙的弟弟，商纣王帝辛的叔父（一说是纣王的兄弟），位居少师。但他们对商纣王暴政作了不同的选择，导致命运迥然不同。微子谏商纣王不听，选择投到武王门下，做了卿士；箕子屡谏商纣王无果，披发佯狂，被商纣王贬为奴；比干强谏商纣王三日不去，被商纣王剖心。尹和靖说，他们三人不是选择有利还是有害，只是做了仁者所做的事。此外，苏东坡、胡明仲对三人的选择也有各自的看法，朱熹则无法确定哪种说法最为恰当。李侗告诉朱熹，他们三人都尽力而为，不是有意的选择有利还是有害，这是求仁而得仁的表现。从义的角度说，微子应当离开，箕子被囚又被贬为奴正好逃过一死。比干死谏，或许能让商纣王有所感悟。李侗强调，仁只是理，持守义理而没有私心就是仁。

太极是李侗信中讨论的重要话题。朱熹认为动而生阳，与复卦一阳生而见天地之心没有区别，而且动而生阳，天地之喜怒哀乐由此而发，天地之心二气交感化生万物，人物之喜怒哀乐也由此而发。所以，朱熹提出天地之心与人物之心可作两段看。李侗为此作了详细解答，概括起来就是强调人与天地同为一理。他说，从本源上说，天地人物有别，但天地只是一理，如果把天地人物分作两段看就错了。李侗说，人与天是一个理，有此理则可与天地合其德、与日月合其明、与四时合其序、与鬼神合其吉凶。当然，李侗没有要朱熹完全认同他的说法。他在信中最后说，只是自己妄自推测而已，如果有疑问日后相见时可以激切论辩。李侗还谦虚地说，自己语言粗劣，又没文采，好像写不出来。元晦可以意会揣摩，看看道理是否可通。

绍兴三十二年（1162），李侗写给朱熹的信有七封，分别是四月二十二日、五月十四日、六月十一日、七月二十一日、八月七、八月九日、十月一日。其中四月二十二日讲习气、五月十四日讲不要被外事干扰、八月九日讲涵养深潜。内容较多的是六、七月两封。

李侗在六月十一日的信中对朱熹对仁的理解表示赞同，说朱熹进学努力，很是欣慰。李侗说，曾经认为仁字很难解释，只看天理是天地的全体就可以了。心字也很难解释，只能说运用是心。仁、心二字要理解得十分明白，才可以下工夫。仁字很难说，比如孔圣人回答颜子、仲弓问仁，都是强调要在紧要的地方用功；孟子说仁是人心。心体囊括了有形、无形的事物，是指示人们在紧要用功的地方求索。

李侗又说，仁便是人，人的全体便是天理，既能萌发仁，又能从紧要用力的地方开始。就像胎儿包含着生气一样，没有不纯正完备的，所以有流动发生的自然机理，且没有一刻停息，充盈宣泄所到之处都能贯通，仁之体、体之用循环反复，从开始就没有间断。这个说法扩展得很好。但这只是说，人之所以为人而与禽兽不同罢了，如果说犬之天性、牛之天性与人之性不相干，恐怕有滞碍。因为天地所生之物的本原都是同一个理。虽然禽兽草木生生之理也没有顷刻停息间断，但人得天地之秀最灵，而仁、义、礼、智、信之气聚于一身，禽兽得到的气却偏，这是所以人与禽兽不同的地方。如果说流动发生的自然机理，与无顷刻停息间断，就是禽兽的本体，也是对的。如果认为只有人独自得到天理，那么以此推测体察就不精到，用在别的事物上就会出现差池。李侗说，要体察纯一不杂的境界，才能发现人与物完全同为一体气象，才没有毛病。李侗还说，从这里推演出分殊合宜的地方就是义。仁要贯穿始终。这是因为"五常"各种品行德行无论到哪里没有不是仁。这种说法大概是对的，但仔细推究，又不像已经体察到程颐所说的理一分殊。杨时说知道天下一个理是仁，知道分殊之用所以是义的意思。因为全在知字上用力。《上蔡语录》说，没有仁就是死人，不知道痛痒了。仁字只是能会意明白这个本体，如果在这方面不下工夫理解透彻，又如何发现本原细微方面的差别呢？如果不完全明白这个道理，就是体用不能二者并举。人道的确立，就在这里。仁是正理，而仁、义两个字正像天道的阴阳、地道的柔刚，都是包括在这两个字里面的。大概读书人多被私欲分隔了，所以用功不精到，不然也只是说说而已，要仔细地思考。

　　和与战蔓延南宋数十年。因为边事不断引发朝廷和战之争，针对这一重要问题，朝中大小官员几乎陷入无休止的争论。就理学家而言，也有不同观点，有的主战，有的主和；有的主张战是为了和，有的认为和是为了战。总之，和与战说不清、道不明。晚年的李侗，愈发关注朝廷时局。因为头一年，李侗收到朱熹寄来上疏朝廷的封事，李侗作了仔细修改，又在这封信中提起此事。不过，李侗不是朝廷命官，他不知道主战的人未必就是君子，不知道主和的人未必就是小人，只是从义理的角度认为北宋江山不应该是这种结局。李侗说，封事读了几遍，立意很好。今天朝政之所以不振，立志不坚定，事业没能成功，在于朝廷大臣们以和议为名坐而论道。但封事中提到朝廷赦罪的文书既有和义一词，又有事穷势迫允许斟酌的语句，完全是持守游移二者的态度，让人心生疑窦，重要的是坚决不允许议和。从整顿纲纪开始，用大义来断处这件事，以此诏告世人明白朝廷的态度，把它作为国家的大事才行。李侗谦虚地说，我不会写不能落笔。封事中有少许疑问的地方，已用纸贴出来了，可以详细看。程颢说，治国的道理在于修己，在于求贤。我生活在山野，担忧国家的命运之心没地方申说，早发出去为好。

李侗外出养老是艰难的。八月七日的李侗从建安回到剑浦之后在给朱熹写的信中说《谢上蔡语录》很值得品味，因为谢良佐说的都是从日用上下工夫，而且语言平实，尤其能看出气味深长。现已抄了一本，奉寄给你，应该也是很好看的。同时，向朱熹倾吐整修房屋之事。

隆兴元年（1163），李侗给朱熹也写了四封信，分别是五月二十三日、六月十四日、七月十三日、七月二十八日。五月二十三日的信只有 36 个字，讲的是涵养要在体用上下工夫，长久之后才能熟练精通，就会在应事接物方面自然而然。

暮年的李侗心情越来越不爽快，但他无处申说，好在有一个朱熹可以倾吐心声。铅山奉养回来的李侗，于七月十三日给朱熹写了简短的信，说他在铅山大致安定，但终究不太想在铅山。①

半个月之后的七月二十八日李侗给朱熹写信，把朝廷纷乱的政局归咎于儒家礼制的衰微。他说当今君为臣纲、父为子纲、夫为妻纲"三纲"不振，义利不分。因为"三纲"不振，所以人心乖谬不正，难以胜任国事，导致朝野上下之气间隔，中国之道衰微而远方的金人强盛；义利不分，是因为过去王安石主政，陷溺人心，至今朝廷不自知觉。就像昨天有人得到朝廷擢升差遣一样，因为有利益的诱惑，导致人们趋利而不顾及义理，正义的力量薄弱。这两件事都是当今的急务，人君要留意此事，二者不能敷衍了事。否则，就会像齐景公说的，即使粮食再多，我能吃到吗？

去世之前的李侗，留给朱熹最后的不是未能养老的倾诉，而是振"三纲"、辨义利的儒者情怀。

---

① 李侗不喜铅山史实载于《延平答问》隆兴元年（1163）七月十三日与朱熹书，"在此粗安，第终不乐于此"。

应辰邀帅府传道　三尺台与世长辞

　　人生有六阶段：婴儿、孩提、少年、青年、中年、老年，且天地公平，都给万物以生的机会，而对人类也算优渥，给了百年之寿。隆兴元年（1163），李侗进入老年中的晚年。这年正月，传来一件喜事：弟子罗博文被江淮都督张浚召为属僚，虽然此时朱熹还不认识罗博文，但他对李侗说："张公高明宏大，宗礼精明干练，以宗礼协助张公，大概政事就没有过失了。"

　　时光晃到七月底，李侗给朱熹写了最后一封信之后，闽北大地渐起秋风。

　　没人知道风烛残年的李侗还要做什么，只有天知道。因为天就是理。一年前与李侗相遇的汪应辰记着这个理，并且要付诸实践。

　　十月的一天，福州通往剑浦 300 里的驿道上，一份请约性书信在 13 个递铺或步递或马递或急脚递轮番传送，沿途的村民猜测，或许闽江上游有一桩十分紧迫的公务……

　　阳光暖洋洋的，李侗在门口享受着日光的温暖，时间久了打起盹来。一个府吏模样的人叫醒了李侗，并递过一封帖子。李侗谨小慎微地拆阅，发现文中眉头有"不才汪应辰稽首百拜"八个字，心下一惊。仔细阅读，原来是聘函。汪应辰在信中称，他受命来闽，早就听说南剑州李先生潜心修炼，学业通达而贤明，继承周濂溪所承儒家统绪，薪火相传，伊洛"二程"继承圣人之学，不追求名声利禄。（先生）隐居竹林间，不媚世俗。朱熹得授先生之门，所读之书有《春秋》《中庸》《论语》《孟子》，纠正了南传圣人之学的弊端，都是李先生像及时雨般的教化。他多次想到先生门下受学，只因政事繁忙，难以如愿。奉朝廷谕旨，鉴修武夷冲佑观，有幸同游神仙所居之山不期相遇，一睹尊颜，因军务催促紧迫，分别东南，但情谊难断，相信后会有期。一晃数月，就像过了三年。想靠近先生讲堂的门墙上，敬仰倾听先生高深的讲论，如同饿了想充饥、渴了想喝水，向往仰慕之情难以抑制。尊敬地写了这份函片命差使恭敬地呈送给您。期望先生开心愉快地到来，只是尊崇道学而已，请不要见外。先生住的地方都打扫好了，就等您的到来，不胜翘首伫立您的到来写了上面这些文字。末尾是"愿中李先生函丈"。

李侗手捧聘函，反复读了好几遍，越读心里越内疚。汪应辰是朝廷命官不说，并且科举高中状元，何等出色，给名不见经传的自己写信，文中还如此谦卑，真是让人惊诧。

汪应辰派的马车来了。71 岁高龄的李侗不知老之将至，仍然怀着桃花依旧是春风的心情应邀前往。

隆兴元年（1163）十月中上旬，李侗来到具有"东南之会"的福州。福州地处东南沿海，夏商隶属扬州，周为七闽地。秦属闽中郡。汉属闽越，称冶县。东汉称侯官。此后，有建安郡、晋安郡、晋平郡、闽州、泉州、长乐郡等称呼。唐开元十三年（725）闽州改为福州。古代，福州还有福唐、闽县之名，所以人们也称汪应辰为福唐守或闽帅。

虽为府衙，但不浮华，不过还是庄重森严，井然有序。中轴线两侧左文右武，前堂后寝。其间，绿水穿绕，亭榭掩映，草木扶疏。李侗住的眉寿堂外有幽深小径沟通内外。

"如何讲？"

"所思所想。"

开讲之前，李侗请教汪应辰，但提问与回答都简单，没有高谈阔论。

李侗心想，朝廷召对天下之士，自己虽然没有进谏的资格，但古人有"天下非一人之天下"，而是"天下人之天下"之言，自己就有向朝廷进谏的理由。李侗理了理头绪，确定每堂讲一个主题。

李侗讲儒家圣人。李侗在进入主题之前，概要地讲述理学的由来。他说，理学的本质是以理讲述圣人之学。儒家的圣人只到孔庙里的四配，即复圣颜渊、述圣子思、宗圣曾参、亚圣孟轲。再往前则有唐尧、虞舜、夏禹、商汤、周文公、周武公、周公、孔子、孟子，汉代以后的儒家人物只能称先贤或先儒。所以，周敦颐说："圣人之道闻乎耳，存乎心。"这里的"圣人之道"就是上述所说的那些圣人学说，或者称先王、先圣的学说。当然，圣人有不学而能的圣人，孟子以上的圣人就是此类；有学而能的圣人，且占多数。李侗说，所谓圣人就是心理合一。他举孟子回答曹交"人皆可以为尧舜"的故事说，曹交说自己的身高与文王、商汤不同，只会吃饭罢了，如何能成为尧、舜？李侗说曹交心与理相隔，他只见身高，未见身高之理。人的身高有高有矮、有胖有瘦，但理却同一。孝、悌与人高矮何干？不能说要像周文王身高十尺、像商汤身高九尺才会孝悌，身高七尺就不会孝悌；不能说能举三千重的人才会孝悌，不能举三千重的人不会孝悌，关键的问题是有没有就眼前的事去做。因为孝悌是古今共由之理，既不以人的身高论，也不以贫富贵贱论。更重要的是，心理合一在我不在人。尧、舜是圣人，是人；夏桀、商纣王是人，但不是圣人，区别不在身高，也不在于贵贱。尧、舜以德化民，天下太平，合理；桀、纣暴民虐民，民生水火，悖理。

李侗讲格物致知。他说，《礼记·大学》开篇说："大学之道，在明明德，在亲民，在止于至善。"在这个纲领下，用"物有本末，事有始终。知所先后，则近道矣"概括探究万事万物的方法。意思是说无论是物还是事物，都有本末，有始终，必须知道事物的先后，才算是接近于客观的天理。探究事物的具体方法是格物、穷理、致知。

这是一个递进的过程："格"是"至"的意思，即达到的深度。穷理就是在广度上探究万物，就像程子说的"今日格一物，明日格一物"，事物之理才明白透彻。李侗引谢良佐之语："所谓有知识须是穷物理，只如黄金天下至宝，先须辨认得他体性始得，不然被人将鍮石换作黄金，辨认不过便生疑惑，便执不定……所谓天理者，自然底道理，无丝毫杜撰。"意思是说，穷理是穷尽物之理，比如要识得黄金的本体之性，否则人家把黄色的矿石当黄金，辨认不清就会生疑，生疑就拿捏不定。所谓天理，是自然而然的道理，没有丝毫的人为杜撰。致知是知至，就是知的程度。只有日积月累，达到知之至，道理才会融会贯通。所以谢良佐说："学者直须明天理为是，自然底道理移易不得。"意思是说，客观存在的自然道理不可更改，学者要以明天理为目标。

李侗讲道德。他说，道与德原来是两个词，道是道路，引申为做人的准则；"得"字在上古时代同"德"。"道德"二字就是做人做事心有所得。但是，心有所得是得之善，不是得之恶。得之善也不是个人之善，而是众人之善。比如，盗贼盗窃他人财物也是心之所得，也是得之善，并且可能一家以之为善。所以，评价善恶须以义理为标准，只有众人之善、天下之善才是善。

李侗讲学问要落实在实践。李侗引孟子之语："道在尔而求诸远，事在易而求诸难。人人亲其亲，长其长而天下平。"意思是说，不能道近在身边而向远的地方寻求，事本来就容易而向难的方面寻求。人人事奉自己的亲人，敬重自己的长辈，就能天下太平。李侗说，府吏与常人不同，他们是人伦的倡导者，更是人伦的表率。此外，他们还有近在身边的为政之道，那就是秉公行政。府吏多少是有文化的人，有的还是举人、进士之类，更应该身先士卒，以上率下，表率天下。李侗说，侯师圣说邵雍有一首诗写得极好："天向一中分体用，人于心上起经纶，天人安有两般义，道不虚行只在人。"强调的是道既要知物之本体，又要贯彻于实践之用。天与人本来就是一体的，道之所以无中生有，关键的作用是人。所以，读书人不能物是物，我是我，物与我两不相干；不能书是书，我是我，书与我两不相干。

李侗讲鬼神。他说，子思所撰《中庸》一书中讲到鬼神，讲的是天地万物造化，而不是讲人间的鬼神。所谓鬼神，说的是天理神秘莫测，就像老子说的道无形无影，无影无踪，难以知晓。但道又确实存在，庄子说道"在坑满坑，在谷满谷"，无处不在，无时不有。道无端无方，无二无杂。天地显微无间，只是一理。李侗强调，理像鬼神无形无迹，人们对它要有敬畏之心。李侗说，其实张载说草木无知，只是相较于人说的，事实上草木比人更有知。比如春风一到，万物生长；秋风一吹，树叶凋零。我们种稻、种菜、种花都要锄草、浇水、施肥、灭虫等等，人不知稻、菜、花如何在阴阳造化中生长，但它们也感知人的"关怀"，充分吸收营养，满足人们的需求。如果没有按照天命之性"侍候"，它们常常死给你看。《中庸》有参赞化育之说，万物本自生自灭，自灭自生，无需人类参与调节。但人一刻离不开物。据说，建阳马伏附近的金沟岭有学者从种菜中得出感悟，说他们种瓜搭棚、种豆插杆，瓜、豆感而遂通，在道理的规定下消化吸收、育出新生，长得既多又好。概而言之，参赞天地是为了人类的自身需要，万物生生，民有食，国有财。

李侗讲得起劲，把此前的约定忘得一干二净。原来，李侗到福州后，跟汪应辰说，自己只是师从罗从彦而已，无科举功名，称讲学不妥。汪应辰想了想说，那就聊聊天吧！叫"坐语"。李侗高兴地点了点头。

李侗讲治学。李侗说，周濂溪以主静为宗，传到二程各有旨要，程颢宗周濂溪主静说，程颐则以敬代静，说"只用敬，不用静"。原因是当时的学者认为，专一于静有静虚、空寂之弊，恐流于佛氏，提出既主静，又持敬的主张。但是，杨时、罗从彦祖述师说，只求一心，认为静坐方是善学。他们递相授受，先后一辙，成为杨时以下门人弟子的要诀。李侗强调，杨时之学，以身体之，以心验之，所以要在静中体认大事的根本，未发时气象分明，处事应物才能自然符合节义。李颙反复阐述他一生重视的八个字，即"默坐澄心，体认天理"。他解释说，"默坐澄心"就是存养，"体认天理"就是省察。李颙说，存养、省察自有本末，正是儒家戒惧慎独之学。李颙举例说，佛氏静坐，远世绝物；儒家静坐，动中有静，静中有动。他告诉人们，读书的时候要把自己放在书内，要知道书中所讲的就是我的事，要在自己身上体察，这样就能发现自己与圣贤的差距。如果只是了解文中字义，喜欢把解释词义当作学问的工具拿来传述解说，跟玩物丧志没有什么区别。李颙提醒府吏，人最不可透支的是私欲，一毫私欲，都要听命于义理。李颙还强调，最后一口饭是哲学饭，最后一滴雨是哲学雨。他举例说，任何事都有一个限度，跨过这个限度就走向事物的反面。即使是吃自己的饭，也须止于至善，否则可能被撑死。听说乡间有一人家，儿孙返乡，祖母高兴，杀鸡给孙子吃。十来岁的孙子一个人吃了大半头，中午睡觉再也没能醒过来。虎、豹虽凶猛，但也能临渊履薄，只是它们不会在道德面前如履薄冰、如临深渊。这是人与动物的区别。

李颙讲中和。李颙一生讲"中和"最多最详。李颙说，今人说"中和"只就字义上解说，所诵经文也像佛徒念经："喜怒哀乐之未发，谓之中；发而皆中节，谓之和。中也者，天下之大本也；和也者，天下之达道也。致中和，天地位焉，万物育焉。"如此诵经，何人不会？只是不知中和用于何处。李颙说，中和须默会心通，更于事事物物有所发明：体用一原，体用兼举，是中和；阴阳相推，动静相磨，是中和；天理节文，人事仪则，是中和；道理一贯，是中和；物与心为一，是中和；理一分殊，是中和；慎独，也是中和……概而言之，儒家所说"止于至善"皆是中和；扩而大之，天下无一事、无一物不求中和。今人说中和，是非不分，善恶莫辨，凡事皆以"和为贵"相劝，以"低头不见抬头见"作为口头禅。殊不知，"政者，正也，正天下之不正"。如果凡事以和为贵，刑政作何用？李颙强调，中和是事之和，更是理之和；理之和，才是事和之本，是天下之和。

李侗有些头晕……

"讲完了？"汪应辰问。

"完了。"李侗回答。

"治道呢？"汪应辰问。

"有横议之嫌。"李侗回答。

"无理叫横议，有理叫谏议。"汪应辰说。

"那好。"李侗说。

李侗关注治道始于投入罗从彦门下义理性命之学之后，自"靖康之变"以来，他的命运似乎就与朝廷、与天下融为一体。别看他虽然生活在樟岚，平常好像无意于当世，但他伤时忧国，议论治道，感激动人，同时以明天理、正人心、崇节义、厉廉耻为先。只是没有机会而已。这次汪应辰邀请他来，李侗觉得是一个机会，因为朝廷有召天下直言的胸怀，汪应辰也是朝廷命官，有机会入对。所以，李侗把数十年积在心中的所思所想一股脑地倒给了汪应辰。李侗说，天下兴亡，在于三纲。三纲不正，义利不辨；三纲不正，人心邪曲；义利不辨，人心邪辟。北宋之所以政息人亡，原因就在于此。"靖康之变"后，天下期待人君振兴朝政，收复失地，恢复中华基业。可是，数十年朝廷陷入战和之争的泥潭不能自拔，关键的关键是朝廷不能明辨是非，人君不能即物观理。天子乃至权臣诵读儒家经典，只是解释文辞，作为加官晋爵的资本，这种风气无异于玩物丧志。李侗说，夏桀、商纣王之所以政息人亡，在于不能顺应天命，这个天命是民命。民命不是民的命令，而是民的呼声。

李侗欲罢不能……

汪应辰感觉李侗有些激动，再看李侗脸色有些微红，于是把话题引入理学，希望缓和李侗的情绪。

汪应辰问："理在万物之先，那么万物之先是否只有理而无物？"李侗回答："万物之先有物有则，无物何以有则。"汪应辰说："如此说应该是物与物之理在万物之先。"李侗说:"可以这么说。所谓理在万物之先,是指在一定条件下,此物过渡到彼物,而此物需是有物有理。也就是说,此物与物之理在彼物与物之理之先。比如为人之子要成为为人之父,需要为人之子在先,无为人之子之事、无为人之子之理,何以能为人之父?但是,为人之子需遵守为人之子的职分和人之所以为人之理,杀人越货,身陷囹圄,甚至处以极刑,岂能从为人之子过渡到为人之父?"

李侗还举天地说明物和物之理。他说:"天地之所以有天地,是因为有构成天地的质料,古人说清气上升以为天,浊气下降以为地,无气何以有天地?"

李侗最后强调,理学实际上讲的是人心。罗从彦说,杨时南传圣人之学,传的是圣人心法之秘。李侗说,天心即民心,天命即民命,国家富强、百姓富裕、社会安定,就是天之所命,也是民之所命。顺天民之命是正命,逆天民之命非正命。正命、非正命都在我,更在心。

李侗还想说,但头晕目眩,好像快要跌倒,汪应辰急忙上前搀扶,问李侗哪里不适。李侗只说:"没事,没事。"大家把李侗抬到床上,汪应辰再问,李侗已不能视、听、言、动……

郎中来了,不能问,不能闻,只能望,只能切。

李侗是有病的,但他不知老之将至:求生畏死是人的本能,但不能担心死就等死。

心力衰竭,脉搏微弱,呼吸困难……

"不可误,快快救治!"汪应辰神色紧张地对郎中说。

帅府上下手足无措,汪应辰心急火燎。他看着床上的李侗,心里无比内疚:想当初,要不是听了同年友任希纯和表侄朱熹在自己面前夸奖许多李侗的事迹,也不至于有今天。但他又想,也不怪他们二人,是自己疏忽了古稀之年随时可能变故的天地之理。疏忽就是未曾想到,未曾想到就是无,道家说有生于无。

"唉……"汪应辰长长地叹了一口气。

郎中抓了几帖药，但不能入口。汪应辰叫来家人喂服，但李侗嘴都不能张……汪应辰一边搓揉李侗的手脚，一边在李侗耳边轻声呼叫。李侗没有丝毫反应，只是偶尔看到李侗微弱的喘气。

汪应辰命府吏除当值职守外，其他府吏轮守陪护在李侗身边。

到了第三天，李侗忽然醒了过来，汪应辰急忙叫来郎中。李侗微微睁开双眼看了看左右，喃喃而语："顺死安生。有幸……有幸……"郎中再切脉，不见声息。

李侗从人生的舞台走到了幕后，走得安然……天地给他的生命长度是71年，那是隆兴元年（1163）十月十五日。

汪应辰乱了分寸，他一边遣使告知李侗家人，一边搭起临时灵堂。同时，命参议王伯序、观察使谢做料理丧事。汪应辰亲自参加李侗的棺殓仪式，丧礼的气氛和丧具都很周全。

数日后，在建安任主簿的友谅带着一拨人扶柩北归。①

汪应辰命差使一路护送，闽江之畔驿铺的役夫和沿岸乡亲又猜测，南剑州可能又有一件要事。

---

① （宋）汪应辰《文定集》卷十五《与朱元晦》记载李侗到福州讲学和病逝过程的史实："李愿中先生，十月半间见访，馆于眉寿堂。方说话间，忽觉欲仆（扑），急扶之，问其无所苦否，则曰：'无事，无事。'寻即不省人事，舁之就榻，则已蜕矣。后事皆亲为料理，似可无悔。建安簿已扶获归乡。想闻之，必增恻楚也。"

十年教泽恩似父　哀哀号诉恸悲天

天河坊的李宅哀乐低鸣，气氛肃杀。厅堂中央悬挂着李侗遗像，案上香烛幽暗，青烟绕梁，民间俗信烟气上升能祖孙感格。人们还发现，厅堂一角的木壁上，贴着一张黄纸，上书"泣状"，告知亲友李侗去世的年月日及下葬的时间。其中主持丧事的"总理"是长房李灌的孙子。这是闽北的习俗：母亲去世，由舅舅主持；父亲去世，由伯、叔或堂兄弟主持，表示宗亲一脉。

但是，朱熹没来。在哪？在廷对。

原来，朱熹在武夷山告别李侗后，于当月二十四日到了铅山候命，而后启程前往临安。

一个多月后的十一月六日，朱熹在垂拱殿朝见孝宗，连上三札，奏论格物致知之道，献抗金复仇之计及任贤修政之策，向孝宗进言"随事以观理，即理以应事"。同时，严厉谴责主和派。

朱熹的进言得到孝宗的充分肯定，也得到张浚和刘珙的赞赏，但却遭到右丞相汤思退及其党羽的排挤，他们向孝宗建议只能给朱熹武博士的官职。但是，朱熹不是到朝廷要官的，朝廷给他的武博士他也没要，只请得一个监潭州南岳庙的闲职。

在京期间，朱熹拜访了抗金名将张浚，结识了他的儿子张栻。

突然有一天，朱熹收到福唐守汪应辰的信函，朱熹拆阅发现是一纸李侗去世的噩耗——汪应辰在信中告诉朱熹，李侗应邀福唐讲学去世的经过。

朱熹泪如悬泉……

回到五夫的朱熹，把李侗去世的消息告诉家人，全家号哭；告诉李侗的弟子刘平甫，刘平甫一家也号哭。

对朱熹一家来说，甲申年春节注定是一个郁郁寡欢的节日。但是，时不我待，没有时间悲痛，必须抓紧时间把《延平答问》整理出来。早在八九月间，朱熹就已开始着手这部书的编订，只是后来忙于其他事情导致进展缓慢。于是，朱熹利用年关的空余时间，加紧编订。

一日为师，终身为父。十年教养，恩重如山。大年三十的年夜饭之前，朱熹一家老小在厅堂祭祀祖先后，特地为李侗设了一个牌位，摆上一双筷子，斟上酒茶，而后向李侗跪拜。

次年正月，正是天寒地冻的时节，朱熹早早打点行装，准备到剑浦，但大雪封住了五夫通往外界的山道。直到正月十五过后，冰雪渐渐融化，朱熹才往剑浦而来。友直三兄弟见到朱熹，面容憔悴、眼含泪珠跪在门前，朱熹上前一一扶起。

朱熹走进厅堂，看见棺柩，三步并作两步，跪在地上号哭。友直兄弟两扶起长跪不起的朱熹。他们的媳妇为朱熹端来热水，让他洗尘；给朱熹端来热茶，让他温暖身体。

长吁短叹无益，当下的急务是料理李侗的后事。友直告诉朱熹，李侗下葬的时间定在八月，但墓地还没选好。朱熹说，落叶归根，但李丈生前心心念念收复失地，墓地选在闽江南岸瓦口，坐南朝北，寓意恢复中原之志。友直兄弟赞同。友直又说，当下要做的还有三件事：一是祭文，二是行状，三是墓志铭。友直对朱熹说："郎弟承父亲之教时间最久，能知道父亲理学蕴奥的也只有郎弟，此事就请郎弟操劳。"朱熹略有所思后对友直说："李丈和汪帅也是深交，我写祭文和行状，墓志铭请我表叔执笔。"友直说："这样也好，只是有些勉为其难。"朱熹说："没事，我亲自前往福州请汪帅。"

诸事商定后，朱熹操起笔来写《祭延平李先生文》《延平先生李公行状》，因为朱熹知道，汪应辰对李侗的生平不完全了解，必须写出草稿供汪应辰参考。十多天的时间，朱熹用泪水写成了初稿，然后动身前往福州。

"朱先生脸色何以如此苍白，莫非家里有事？"驿铺的铺长和役夫看到一脸悲愁的朱熹，关心地询问他是不是家里有什么难事。

这些年，朱熹多次前往福州，与驿铺的铺长役夫熟络，但以往朱熹见到他们总是有说有笑，这次却沉默不语。铺长再三询问，朱熹才告诉他们自己要去福州请汪应辰为恩师李侗写墓志铭。铺长役夫这才知道，原来官府急递公函、帅府遣使护送棺柩都与李侗有关。

那是隆兴二年（1164）二月间的事。

在闽帅府馆舍内，朱熹向汪应辰禀报了李侗后事的安排情况，然后对他说："李先生的墓志铭有劳表叔了。"汪应辰说："李先生来福唐，是我考虑不周啊！"朱熹说："表叔别在意，古稀之年，随时可能。人无法违背天理。"之后，朱熹把《祭延平李先生文》《延平先生李公行状》交给汪应辰，并对他说："李先生生平我都写了，表叔可以参考。"

从福州回到五夫后，朱熹的情绪渐渐安定了下来。但他辗转反侧，想起去年九月二十六日在铅山候命时，还给李侗写了《与延平李先生书》，期望回来后再到剑浦受教。岂料，几个月之后，竟是阴阳两隔。

李侗的去世，给朱熹精神上莫大的打击，从三月到六月的四个月，朱熹常常想起李侗的教泽，也常常想起在剑浦求学的生活。朱熹清楚地记得，李侗多次提起与父亲受教于罗从彦的往事。因为李侗与朱松同窗，朱熹在剑浦得到李侗无微不至的关爱。李侗叫朱熹郎侲叫得亲切。朱熹清楚地记得，他在剑浦时，李侗冬送棉袄、火笼，夏送扇子、瓜果、鱼腥草、仙草冻等等。朱熹清楚地记得，李侗知道西林寺斋饭清淡，经常叫他到家里吃饭，为他增加营养。朱熹清楚地记得，晚年的李侗生活拮据，但每次朱熹上门，李侗总是想方设法为他准备一些可口的饭菜。朱熹也不拒绝，因为他们可以边吃饭边探讨学问。在14岁就失去父爱的朱熹眼里，李侗俨然就是父亲。

朱熹清楚地记得师从李侗的经过。朱熹在五夫接受刘子翚、胡宪之教，但对天理的内涵并不清楚，于是找李侗问学。朱熹清楚地记得，李侗说先贤先儒所传之学是传心的要法；朱熹清楚地记得，李侗不否认世间动静真伪善恶有对，但这种有对不是性之所谓动静真伪善恶；朱熹清楚地记得，李侗不强求自己做费力事，也不强求别人做为难之事，只要尽心就好。所以，朱熹也把李侗的学问称之为澄心之学。朱熹记得最清楚的是李侗讲侯师圣说周敦颐的太极："万物一太极""一物各具一太极"。李侗用通俗的语言跟朱熹解释阴阳动静："阴阳非道，阴阳相推才是道；动静非道，动静相磨才是道；五行非道，五行相荡才是道。八卦也是如此，八卦相重可至万卦，只有八卦相错才是道，才能化生万物。"或者说："独阳不是道，独阴不是道；独静不是道，独动不是道。只有阴阳、动静互为其根才是道。"

民间有言："福不双至，祸不单行。"这边还在哀痛李侗，那边又听说张浚遭贬，朱熹的精神连连遭受打击。

祝夫人对儿子说："我儿振作。"妻子刘清四对丈夫说："夫君勿躁。"

祝夫人还说，学问是终生之事，李丈不在了，想想闽北还有哪些名儒，以后再到他门上求学不迟。朱熹听了母亲的话，心情稍稍平静，但是李侗如影随形，一合上眼，李侗的音容笑貌仿佛就在眼前。

朱熹想起李侗讲侯师圣说的"北宋五子"的学术和故事。周敦颐是理学宗祖、理学首倡，他的太极图讲太极无极、阴阳、动静、五行，讲乾坤、天地、两仪、四象，天道也是人道，人道效法天道。更重要的是周敦颐画太极图，为的是探究圣人之心。侯师圣讲张载崛起于关西，他与同母异父兄长的儿子"二程"相互讲切究心之学。张载理学以气为本，实际上是以理为本。因为太极生阴阳动静，阴阳相感，动静交错，八卦相荡才能生万物。侯师圣讲邵雍也很有趣。他师事共城令李之才，受河图、洛书、宓羲八卦图像，以诗酒为乐，写诗两千余首，人们称他为"诗狂"。邵雍玩心高明，提出以物观物、以我观物的主张，观物的目的是穷理，穷理的目的是尽性，尽性的目的是至命，就是达到顺死安生的境界。更有趣的是，他把自家称为安乐窝，自号安乐先生。他在洛阳每次外出乘小车，小童牵引缰绳，走到哪吃到哪、住到哪，还把外出常住的 12 个地方称为"行窝"。士大夫听到街上车子的声音，争相迎候，家里的子弟用人甚至直接说"我家先生来了"。邵雍的住宅和田园都是友人提供的，王宣徽任洛阳府尹在天津桥建房 30 间请邵雍居住。王安石实行买官田之法，司马光等20 多家争相出钱重新买下这片豪宅让邵雍居住；宰相富弼买下园林供邵雍游乐；王不疑、周乡买延秋庄田园让邵雍耕种，后来王朗中重新买下这片田园为邵雍提供生活资费。邵雍 45 岁娶王允修之妹为妻。

朱熹羡慕李侗生而逢时，既能亲炙二程表弟、门人侯师圣，又能听到伊洛人物的精彩故事。

唉，美好的场景已成追忆。未来的求学路径呢？何人可以为师？朱熹的脑海里想着建宁、南剑、邵武三府（州、军），希望能找到像李侗这样的老师。可是崇安没有，建阳没有，建安、瓯宁没有，剑浦也没有。富屯溪畔的顺昌、邵武呢？哦，邵武有一个叫黄中，是游酢的外甥，也是游酢的门生，但在朝为官。朱熹的内心燃起了一丝希望。

汪应辰没有忘记朱熹请托之事，公务之余，他参考朱熹为李侗写的祭文和行状，写了《李延平先生墓志铭》。正好，七月汪应辰要进京入对，路过五夫时把墓志铭交给了朱熹。

李侗下葬的日期近在咫尺，朱熹从头到尾仔细阅读汪应辰写的李侗墓志铭，觉得文字流畅，文采横溢。更重要的是墓志铭的最后 24句铭文，高度概括李侗传播圣人之学的要义：李侗读书是为己之学，不是为炫耀学问而学；寻理的办法是反身而诚，内求诸心；道在物，更在我。"独使一乡，化为善良"是汪应辰对李侗一生的总结，李侗传播文化的目的是为了整齐风俗、化为善良。

友直三兄弟看了汪应辰写的《李延平先生墓志铭》和朱熹写的《祭延平李先生文》《延平先生李公行状》后，抱头痛哭。他们没想到与自己相伴一生的父亲会得到如此高的评价。

八月的一天，闽江南岸的崇仁里瓦口上井笼（今福建省南平市延平区炉下镇瓦口村），青山肃穆，绿水沉吟，草木含悲。在这里，人们为一代宗师李侗举行下葬仪式。人们看到，墓地的一旁立着汪应辰写的《李延平先生墓志铭》。当人们读到"独使一乡，化为善良"的时候，异口同声称赞李侗传播文化、传递文明、引领风尚。

朱熹既担负协助召集人的角色，又担负诵读祭文的角色。他诵读祭文，几度哽咽，当读到"失声长号，泪落悬泉""坠绪茫茫，谁知我悲""伏哭枢前，奉奠以赞"时，在场的亲友失声恸哭。朱熹在《又祭延平李先生文》中说："山颓梁坏，岁月不留。即远有期，亲宾毕会。柳车既饬，薤露怀悲。生荣死哀，孰不推慕？熹等久依教育，义重恩深。学未传心，言徒在耳。载瞻緫綍，弥切痛伤。筑室三年，莫酬宿志。举觞一恸，永诀终天。呜呼哀哉！"朱熹哀哀号诉悲天恸地。为此，他决定要为这位具有父师双重身份的李侗心丧三年。

李侗下葬了，但朱熹还是哀痛不已。这一年，朱熹回想李侗，又作《甲申挽延平李先生三首》。甲申是隆兴二年（1164）。其一曰：

> 河洛传心后，毫厘复易差。
>
> 淫辞方眩俗，夫子独名家。
>
> 本本初无二，存存自不邪。
>
> 谁知经济业，零落旧烟霞。

河洛之学是圣人传心之学，圣人之学体用无间，与浮夸不实的言辞形成鲜明的对照。道体本无二致，时常操存涵养就会不歪邪。隐居民间的处士李侗知道儒家的经典是用来溉济德业的，但在朝廷却凋落为世俗中人们卖弄的口耳数诵之学。

其二曰：

闻道无余事，穷居不计年。

箪瓢浑谩兴，风月自悠然。

洒落濂溪句，从容洛社篇。

平生行乐地，今日但新忏。

朱熹称赞李侗没有把准则当作茶余饭后之事，他隐居在乡间不知多少年，在困顿的生活中浑厚朴实地传播圣人之学，在清幽风月中悠然自得。他洒脱地朗诵周濂溪的名句，从容不迫地诵读伊洛的理学著作。剑浦是作者一生中所去过的最快乐的地方，今天只能看到西林寺寺僧讽诵经文的忏礼。

其三曰：

歧路方南北，师门数仞高。

一言资善诱，十载笑徒劳。

斩板今来此，怀经痛所遭。

有疑无与析，挥泪首频搔。

朱熹说天下的岔路分出东西南北，李侗的学问高深。他凭借简单的话就能诱导弟子进学，但朱熹十年从师却没有进展。虽然不再迷恋佛氏之学，但怀揣儒家经典向李侗求教却遭遇师生阴阳两隔之痛。有疑问找不到老师求教，挥洒泪水直是搔首挠耳，不知未来路在何方。

朱熹参加了李侗的下葬仪式后，回到西林寺，感谢惟可禅师多年来为他提供的帮助。他在回顾居住西林寺和师事李侗往事时，作《用西林旧韵二首》，其一曰："一自篮舆去不回，故山空锁旧池台。伤心触目经行处，几度亲陪杖屦来。"意思是说故山依旧，寺中的池苑楼台依旧，但物是人非。眼过处都是自己和李侗的身影，让作者伤心。其二曰："上疏归来空皂囊，未妨随意宿僧房。旧题岁月那堪数，惭愧平生一瓣香。"以前朱熹每次到剑浦，行囊中装满书册，登对之后再来，已是行囊空空了。但不妨碍再留宿于僧房，因为西林寺的僧房是朱熹求师的一个难以抹去的记忆。过去在西林寺所题诗岁月日深，但惭愧的是一生只有崇敬的心意。

朱熹从迷恋佛学到一心向道、一心向儒，人们用"逃禅归儒"形容朱熹，但这是十年之功。朱熹在西林寺所题"鸢飞鱼跃"源出《诗经·大雅·旱麓》："鸢飞戾天，鱼跃于渊。"人们解释是万物各得其所，实际上本义是仰观俯察。即人像鱼那样仰观天象，像鸢那样俯察人事，这更是朱熹多年磨砺的心得。

多年后，朱熹回忆绍兴二十八年（1158）正式拜师和绍兴三十二年（1162）从建安护送李侗回剑浦两次进住西林寺的经过。其中，绍兴三十年（1160）作《题西林可师达观轩》和《再题并序》。诗曰："古寺重来感慨深，小轩仍是旧窥临。向来妙处今遗恨，万古长空一片心。"朱熹回忆当年曾经住过的达观轩，心中仍存佛氏观心的余意，认为千秋万古佛法永在。《再题并序》中，朱熹还透露一个鲜为人知的信息——达观轩是李侗儿子所题。朱熹说，惟可禅师的僧舍原在西林寺左侧，后来搬到东南方向，可以流连远望，李侗的长子端父为惟可僧舍题"达观轩"。这是取汉代贾谊所说的豁达的人目光远大，大度能容万物之意。好在李侗没有看到这篇序文，否则可能和儿子又有一番舌战。

34岁的朱熹彻底无师了，但他没有就此停下脚步，李侗去世后四年，即乾道三年（1167），38岁的朱熹果然投到黄中门下。

过世后的李侗留下三个儿子和四个孙子、八个孙女。长子友直一直在铅山任上；次子友谅先在建安，后来出知衢州、德州、汀州、广东宪知，升监察御史，但因具有独立的志向和操守而不为朝廷所容；三子友闻，李侗在世时未出仕。后来，在两位兄长的资助下中了武举，初居古田南门外南浦巷，任校尉有功，升福唐大都府、长乐郡威武将军，迁福州。

李侗无名，至死都无名。因为他不著书、不作文，但无名而又有名，且更为长久。历史上，他成为与杨时、罗从彦并称的道南学派人物，成为"南剑三先生"之一。李侗去世84年后的淳祐七年

（1247），官府想起李侗，向朝廷疏请给他赐谥号，朝廷果真赐其"文靖"。

剑浦人铭记几位理学家游学九峰山的事迹，将山坳间延平书院横翠楼右侧一眼泉水称为"育德泉"，用以比喻先儒作育人才。

巧的是，后来杨时、游酢、罗从彦、李侗的后裔聚到了一起，他们谈论祖先的那段历史，个个兴高采烈，说是我们的祖先授受心法之精微，而且行道、明道、卫道，提出四家各作一副对联，其中后联要以"吾道"开头。大家一致同意。杨氏先出一联曰："斯文上续三千载，吾道南来第一家。"

大家鼓掌。

游氏也出一联："程门北面惟双士，吾道南来占一家。"

大家鼓掌。

杨氏对游氏说，我们两家都在程门立雪求学，理当并列第一，何以说"占一家"？游氏说，还是有所区别更好。杨氏说，随你便了，只要有"吾道"二字即可，反正在我们杨家人心里，游氏与杨氏是并列第一的。

罗氏说，我家祖先罗从彦写《圣宋遵尧录》，我以此为题出一联："遵尧录上传千古，吾道南来第二家。"

有人说，"上传"应该改成"上溯"更好，罗氏说不妨，"上传"指的是从千古之前传下来的。

大家又鼓掌。

李氏听了之后也出一联："斯文上续数千载，吾道南来第三家。"

掌声响彻山野。

杨、游、罗、李四家作对联的事传到郡城，一位自称好读书的人笑着说，他们四人如何敢说"吾道"？有乡贤对他说，不懂就不要装懂。"吾道"是他们站在儒家立场上说，我们儒家之道向南传播。儒家之道是圣人之道，圣人之道是尧舜以下至孔孟的学说，不是指他们个人的学说。你看罗氏对联中的"尧"指的是唐尧，李氏对联中的

"数千载"，是孔子之前先王的学说，这几副对联讲的是他们的祖先从河南二程那里接续儒家道统，把圣人学说传到以南剑州剑浦县和建宁府崇安县为中心的南方。杨时、游酢从学二程，南传圣人之学，是第一家；罗从彦是杨时的弟子，是第二家；李侗是罗从彦的弟子，是第三家。

那个人听了之后，脸红了半边，悻悻而去。

有人说："有龟山（杨时）不可无延平（李侗），有豫章（罗从彦）不可无延平，无延平，是无朱子也。"意思是"南剑三先生"在阐发圣人之学的洛学到朱熹的闽学过程中，统系相接、师传弟习、前后一源、继继不已，其中最重要的是上承罗从彦，下启朱熹的李侗。因为李侗对朱熹的十年教育，使其从沉迷佛学向儒学转变，最终集儒释道之大成，朱熹也因此与"南剑三先生"并称为"延平四贤""闽学四贤"，那是37年之后的事。

李侗的人生落幕了，但在人们的心里李侗还在。宋代，在朝为官的杨栋、陈协、周坦常常想起李侗化民成俗，南剑州、建宁府、邵武军一带呈现出彬彬然道义之乡的人文气象，向朝廷疏请把罗从彦、李侗二人列入孔庙从祀。后来，又有翁正春、熊汲、孙慎行、林铷等官员以及州学、县学的学子想起李侗，一再向朝廷奏疏在孔庙设罗从彦、李侗牌位。最终师生二人并肩"走进"孔庙从祀。那是明万历四十八年（1619）的事。到了清康熙四十五年（1707），康熙帝更赐"静中气象"额于道南祠。李侗不知道，也不必知道。

因为"往昔皆是序曲"。

附　录

一、（宋）朱熹《祭延平李先生文》

道丧千载，两程勃兴。有的其绪，龟山是承。龟山之南，道则与俱。有觉其徒，望门以趋。惟时豫章，传得其宗。一箪一瓢，凛然高风。猗欤先生，早自得师。身世两忘，唯道是资。精义造约，穷深极微。冻解冰释，发于天机。乾端坤倪，鬼秘神彰。风霆之变，日月之光。爰暨山川，草木昆虫。人伦之正，王道之中。一以贯之，其外无余。缕析毫差，其分则殊。体用混员，隐显昭融。万变并酬，浮云太空。仁孝友弟，洒落诚明。清通和乐，展也大成。婆娑丘林，世莫我知。优哉游哉，卒岁以嬉。迨其季年，德盛道尊。有来抠衣，发其蔽昏。侯伯闻风，拥篲以迎。大本大经，是度是程。税驾之初，讲议有端。疾病乘之，医穷技殚。呜呼先生，而止于斯。命之不融，谁实尸之。合散屈伸，消息满虚。廓然大公，与化为徒。古今一息，曷计短长。物我一身，孰为穷通。嗟惟圣学，不绝如线。先生得之，既厚以全。进未获施，退未及传。殉身以殁，孰云非天。

熹也小生。丱角趋拜。恭惟先君，实共源派。闾闾侃侃，敛袵推先，冰壶秋月，谓公则然。施及后人，敢渝斯志？从游十年，诱掖谆至。春山朝荣，秋堂夜空。即事即理，无幽不穷。相期日深，见励弥切。蹇步方休，鞭绳已掣。安车暑行，过我衡门。返旆相遭，凉秋已分。熹于此时，适有命召。问所宜言，反覆教诏。最后有言，'吾子勉之。凡兹众理，子所自知。奉以周旋，幸不失坠'。归装朝严，讣音夕至。失声长号，泪落悬泉。何意斯言，而诀终天！病不举扶，殁不饭含。奔赴后人，死有余憾。仪刑永隔，卒业无期。坠绪茫茫，孰知我悲？伏哭柩前，奉奠以赞。不亡者存，鉴此诚意。

（录自朱杰仁、严佐之、刘永翔主编，上海古籍出版社、安徽教育出版社《朱子全书》第二十四册）

二、（宋）朱熹《延平先生李公行状》

先生讳侗，字愿中，姓李氏，南剑州剑浦人。曾祖讳幹，屯田郎中致仕，赠金紫光禄大夫。妣清源郡太夫人朱氏。祖讳繢，朝散大夫，赠中奉大夫。妣永嘉郡太君胡氏，咸宁郡太君朱氏。父讳涣，朝奉郎，赠右朝议大夫。妣太恭人饶氏。先生朝议公之季子也。生有异禀，幼而颖悟。少长，孝友谨笃，朝议公、太恭人特所钟爱。

既冠，游乡校，有声称。已而闻郡人罗仲素先生得河洛之学于龟山杨文靖公之门，遂往学焉。罗公清介绝俗，虽里人鲜克知之，见先生从游受业，或颇非笑。先生若不闻，从之累年，受春秋、中庸、语、孟之说，从容潜玩，有会于心，尽得其所传之奥。罗公少然可，亟称许焉。于是，退而屏居山田，结茅水竹之间，谢绝世故余四十年，箪瓢屡空，怡然自适。中间，郡将学官闻其名而招致之，或遣子弟从游受学，州郡士子有以矜式焉。晚以二子举进士，试吏旁郡，更请迎养。先生不得已为一行，自建安如铅山，访外家兄弟于昭武，过其门弟子故人于武夷潭溪之上，徜徉而归。会闽帅玉山汪公以书礼车乘来迎，盖将相与讲所疑焉，先生因往见之。至之日疾作，遂卒于府治之馆舍，是年七十有一矣，隆兴元年十月十有五日也。汪公为遣参议官王君伯序、观察推官谢公做护丧事，躬视棺殓，礼意丧具，无不周悉。居数日，诸子毕至，遂以丧归。先生娶同郡吴氏，子男三人：友直，左修职郎、信州铅山县尉；信甫，左修职郎、建宁府建安县主簿；友闻，未仕。女一人，早亡。孙男四人，女八人，皆幼。

初，龟山先生唱道东南，士之游其门者甚众。然语其潜思力行、任重诣极如罗公，盖一人而已。先生既从之学，讲诵之余，危坐终日，以验夫喜怒哀乐未发之前气象为如何，而求所谓中者。若是者盖久之，而知天下之大本真有在乎是也。盖天下之理，无不由是而出，既得其本，则凡出于此者，虽品节万殊，曲折万变，莫不该摄洞贯，以次融释而各有条理，如川流脉络之不可乱。大而天地之所以高厚，细而品汇之所以化育，以致于经训之微言，日用之小物，折之于此，无一不得其衷焉。由是操存益固，涵养益熟，精明纯一，触处洞然。泛应曲酬，发必中节。故其事亲诚孝，左右无违。仲兄性刚多忤，先生事之致诚尽敬，更得其欢心焉。闺门内外夷愉肃穆，若无人声，而众事自理。与族姻旧故恩意笃厚，久而不忘。生事素薄，然处之有道，量入为出，宾祭谨饬，租赋必为邻里先。亲戚或贫不能婚嫁，为之经理，节衣食以振助之。与乡人处，食饮言笑，终日油油如也。年长者事之尽礼，少者贱者接之各尽其道。以故乡人爱敬，暴悍化服。其接后学，答问穷昼夜不倦，随人浅深，诱之各不同，而要以反身自得而可以入于圣贤之域。故其言曰："学问之道不在多言，但嘿坐澄心体认，天理若见，虽一毫私欲之发，亦退听矣。久久用力于此，庶几渐明，讲学始有力耳。"又尝曰："学者之病，在于未有洒然冰解冻释处，纵有力持守，不过苟免显然悔尤而已。若此者，恐未足道也。"又尝曰："今人之学与古人异，如孔门诸子，群居终日，交相切磨，又得夫子为依归，日用之间，观感而化者多矣。恐于融释而脱落处，非言说所及也。不然，子贡何以言'夫子之言性与天道，不可得而闻也'耶？"尝以黄太史之称濂溪周夫子胸中洒落，如光风霁月云者，为善形容有道者气象。尝讽诵之而顾谓学者曰："存此于胸中，庶几遇事廓然而义理少进矣。"其语中庸曰："圣门之传是书，其所以开悟后学，无遗策矣。然所谓喜怒哀乐未发谓之中者，又一篇之指要也。若徒记诵而已，则亦奚以为哉？必也体之于身，实见是理，若颜子之叹，卓然见其为一物，而不违乎心目之间也，然后扩充而往，无所不通，则庶乎其可以言中庸矣。"其语春秋曰："春秋一事各是发明一例，如观山水，徙步而形势不同，不可拘以一法。然所以难言者，盖以常人之心推测圣人，未至圣人洒然处，岂能无失耶？"其于语、孟他经无不贯达，苟有疑问，答之必极其趣，然语之而不惰者或寡矣。盖尝曰："读书者，知其所言莫非吾事而即吾身以求之，则凡圣贤所至而吾所未至者，皆可勉而进矣。若直以文字求之，悦其词义以资诵说，其不为玩物丧志者几希。"以故未尝为讲解文书，然其辨析精致，毫厘毕察。尝语问者曰："讲学切在深潜缜密，然后气味深长，蹊径不差。若概以理一而不察乎其分之殊，此学者所以流于疑似乱真之说而不自知也。"其开端示人，大要类此。

先生资禀劲特，气节豪迈而充养完粹，无复圭角精纯之气达于面目。色温言厉，神定气和，语默动静，端详闲泰，自然之中，若有成法。平居恂恂，于事若无甚可否。及其酬酢事变，断以义理，则有截然不可犯者。早岁闻道，即弃场屋，超然远行，若无意于当世。然忧时论事，感激动人。其语治道，必以明天理、正人心、崇节义、厉廉耻为先。本末备具，可举而行，非特空言而已。异端之学，无所入于其心，然一闻其说，则知其诐淫之邪遁之所以然者。盖辨之于锱铢眇忽之间，而儒释之邪正分矣。熹先君子吏部府君亦从罗公问学，与先生为同门友，雅敬重焉。尝与沙县邓迪天启语及先生，邓曰："愿中如冰壶秋月，莹彻无瑕，非吾曹所及。"先君子深以为知言，亟称道之。其后熹获从先生游，每一去而复来，则所闻益超绝。盖其上达不已，日新如此，呜呼！若先生之道德纯备，学术通明，求之当世，殆绝伦比。然不求知于世，而亦未尝轻以语人，故上之人既莫之知，而学者亦莫之识，是以进不获施之于时，退未及传之于后，而先生方且玩其所安乐者于畎亩之中，悠然不知老之将至。盖所谓依乎中庸，循世不见知而不悔者，先生庶几焉。比年以来，学者始益亲敬，而方伯连帅之贤者，又乐闻其道而邀致之，其意岂徒然哉！不幸天丧斯文而先生殁矣，龟山之所闻于程夫子而授之罗公者，至是而不得其传矣。

呜呼痛哉！

诸孤方谋窆穸之事，谓熹承学之久，宜知先生之蕴，使具其事以请铭于作者，将勒诸幽堂，以告后世知德者，有以考焉。熹愚不肖，蒙被教育不为不久。听其言、观其行而服膺焉不为不详，然未能有以得其远者，大者，故悉取凡闻见所及一二书之。词若繁而不敢杀者，盖有待于笔削云耳。谨状。

（录自朱杰仁、严佐之、刘永翔主编，上海古籍出版社、安徽教育出版社《朱子全书》第二十五册）

三、（宋）汪应辰《延平李先生墓志铭》

先生讳侗，字愿中，姓李氏，南剑州剑浦人。曾祖讳翰，屯田郎中致仕，赠金紫光禄大夫。妣，清源郡太夫人、朱氏。祖繍，朝散大夫，赠中奉大夫。妣，永嘉郡太君、胡氏，咸宁郡太君、朱氏。父涣，朝奉郎，赠右朝议大夫。妣太恭人、饶氏。先生幼警悟，既冠游乡校有声。已而闻郡人罗仲素先生得河洛之学于龟山杨文靖公之门，遂往学焉。受春秋、中庸、语孟之说。不事科举，屏居山田，结茅水竹之间，自适者余四十年。其始学也，默坐澄心，以验夫喜怒哀乐未发之前气象为何如。若是者，盖久之而知天下之大本真有在乎是也，盖天下之理无不由是而出。既得其本，则凡出于此者，虽品节万殊，曲折万变，莫不该摄洞贯以次融释，各有条理，如川流脉络之不可乱。大而天地之所以高厚，细而品汇之所以化育，以至经训之微言，日用之小物，折之于此，无一不得其衷焉。由是操存益固，涵养益熟，汎应曲酬，发必中节。其事亲从兄，有人所难能者。闺门内外，怡愉肃穆，若无人声，而众事自理。与族姻旧故，恩意笃厚，久而不忘，乡党爱敬，悍暴化服。其接后学，答问不倦，随其气质诱之各不同，而要以反身自得，而可以入于圣贤之域。尝谓读书者，当知其言莫非吾事，而即吾身以求之，则凡圣贤所至，而吾所未至者，皆可勉而至矣。若直以文字求之，悦其词义以资诵说，其不为玩物丧志也，几希。以故未尝为讲解文字，而其辩析精微，尤谨于毫厘之间，以为千里之谬，必自此始。盖先生资禀劲特，气节高迈，而充养粹厚，无复圭角。精纯之气，达于面目。色温言厉，神定气和。语默动静，端详闲泰。自然之中，若有成法，异端之学，无所入于其中。然一闻其说，则知其诐淫邪遁之所以然者。虽超然远引，若无意于当世，而忧时论事，感激动人。其语治道，必以明天理、正人心、崇节义、厉廉耻为先。本末备具，可举而行，非特崇空言而已。娶同郡吴氏。子男三人，友直，左修职郎，信州铅山县尉。信甫，左修职郎，建宁府建安县主簿。友文（闻），未仕。女一人，早亡。孙男四人，孙女八人，皆幼。先生以隆兴元年十月壬申卒于福州府治之馆舍，年七十有一。其门人左迪功郎、武学博士朱熹元晦，状先生之行如此。元晦之为人，审于择善，严于卫道，遗佚贫困，而不以外物易其所守之锱铢。其师事先生久益不懈，以为每一见，则所闻必益超绝，盖其上达不已，日新如此也。某守福唐，闻先生之言行于元晦为详。他日移书屈致，先生不余鄙，惠然肯临，窃庶几闻所未闻焉。至之日，方坐语，忽疾作，顷之已不救矣。其孤护丧以归，将以二年八月庚申葬于所居山之左，而以铭见属。某于先生虽不获从容扣请，以毕其所欲见之志，而其慕向之诚，非苟然者。且元晦之贤，某所畏也。铭曰：

学以为己，己则安在。嗟世之人，以外为内。

挟策读书，无异博塞。先生之学，有原有委。

端居静虑，以究天理。是中澹然，尘垢不止。

真积力久，道乃在我。大本既立，施无不可。

世莫之知，老于布衣。独使一乡，化为善良。

我为铭诗，以俟君子。有欲求之，其考诸此。

（录自中华书局出版汪应辰《文定集》卷十五）

四、罗小平《重修李延平先生年谱》

李侗的年谱版本较多，但内容较简单，尤其是六十岁之前的行迹基本空白，以故人们研究李侗文化大多侧重于收纳朱熹为弟子之后。因撰《李侗传》，考证李侗行迹；又因三明友人出版延平四贤诗集，拟附李侗年谱，遂以入闽始祖李邺第三十二世（李侗第二十五世）裔孙兰升《延平公年谱》为底本（简称兰本），参证方彦寿辑校的《延平先生李侗的三篇年谱》，即清李孔文编《延平李先生年谱》（简称李本）、清毛念恃编《延平四先生年谱·延平李先生年谱》（简称毛本）、清张伯行编《李延平集·年谱》（简称张本），以及王云五主编、台湾商务印书馆发行的《李侗撰：宋李延平先生侗年谱》和宋罗从彦《豫章文集》、朱熹《延平答问》、汪应辰《文定集》、黎靖德《朱子语类》，明黄仲昭《八闽通志》，清《延平府志》、李清馥《闽中理学渊源考》修纂而成本谱。

诸本李侗年谱大体相同，其中以毛本内容为多，但多为史料所载，故录入不多。本谱重点是根据李侗年谱以外的史料，发掘李侗鲜为人知的行迹，并对事件发生的时间作合理的推断或辨正，以期对人们认识了解李侗有所裨益。

宋哲宗元祐八年癸酉（1093）八月十八日，生于南剑州剑浦县崇仁里樟林乡（今福建省南平市延平区炉下镇下岚村樟岚自然村），名侗，字愿中。因晋太元四年（379）南平改称延平县，学者遂称其为李延平先生。

是年冬，南剑州（今福建省南平市延平区）将乐县杨时、建州（今福建省建瓯市）建阳县游酢在河南洛阳程颐府上拜师求学，留下"程门立雪"典故。此前元丰四年（1081）杨时与游酢在颍昌（治在今河南许昌市）向程颢求学，游酢对杨时说，听程颢先生讲学如坐春风，比朱光庭汝州听程颢讲学"如坐春风"心得早两年。杨、游学成返闽，程颢目送之，曰"吾道南矣"。意为我们儒家的圣人学说将向南传播了，而不是说程颢个人的学说将向南传播。原因很简单，春

秋时期孔子就说过"吾道",而且山东曲阜孔庙所立明成化年间
（1465—1487）石碑碑文说"盖孔子之道，即尧、舜、禹、汤、文、
武之道"。宋代"吾道"一词用得更多。其中讲得最透彻的当属陆九
渊所言"李白杜甫陶渊明皆有志于吾道"。此为常识：李白、杜甫、
陶渊明不可能有志于还没出生的陆九渊之道。（参见拙作《"吾道南
矣"本义辨析》，福建省南平市地方志编纂委员会《方志南平》，
2016年第1期、《杨时：圣学南传的使者》，福建省将乐杨时研究会
编《千年杨时》，2021年11月）

绍圣元年甲戌（1094），2岁。

元符元年戊寅（1098），6岁。

徽宗建中靖国元年辛巳（1101），9岁。

崇宁元年壬午（1102），10岁，以警悟称。

大观元年丁亥（1107），15岁。宋黎靖德编《朱子语类》卷一百
三"罗氏门人·李愿中"载："常闻（李侗）先生后生时，极豪迈，
一饮必数十杯。醉则好驰马，一骤三二十里不回。"从年龄分析，当
在15至17岁之间。

大观四年庚寅（1110），18岁。吴觌提出择婿条件为"道学之正
传"当在此年前后，李侗婚姻受挫。

从罗从彦《勉李愿中五首》其一"圣道由来自坦夷，休迷佛学
惑他歧。死灰槁木浑无用，缘置心官不肯思"考察，李侗有过一段禅
定的经历。

政和元年辛卯（1111），19岁。按，先生行实云：幼警悟，既冠
游乡校有声，虽不志其岁，约在政和初也。

与吴觌之子吴方庆（一称吴芳庆）相识当于是年前后。

政和二年壬辰（1112），20岁，由《上舍辞先生》推测李侗入南
剑州学数年，由外舍升内舍，内舍升上舍。清李清馥《闽中理学渊源
考》卷五载，李侗投书罗从彦称"徒以祖父以儒学起家，不忍坠箕
裘之业。孳孳矻矻，为利禄之学……"说明李侗有州学童生科场之

经历。

政和五年乙未（1115），23岁，或因元祐党禁未除，科举落第。是年，投书罗从彦请纳为弟子。

政和六年丙申（1116），24岁，受业于罗源南斋书院（又称豫章书院）罗从彦先生之门，受《中庸》《论语》《孟子》之说。同学者有罗从彦堂弟罗革等。

毛本称是年："先生于是退而屏居山田，结茅水竹之间，谢绝世故。《志》云：'于是不事科举'。按，先生以簪缨之胄，以常情言之，禄利之溺人久矣。乃年甫逾冠，而志于绝学，不复萦心世故，真非常人也。"也就是说，李侗出身显宦之家，按常理说人们沉迷科举利禄之学很久了。但李侗弱冠之年，就有志于圣人绝学，不为科举世俗牵累，不是一般人所能做到的。但是，"《志》云：'于是不事科举'"为转折语气，由此分析李侗"屏居山田，结茅水竹之间"前有过科场的经历，李侗给罗从彦的信中就说自己曾经"孳孳矻矻，为利禄之学……"之所以未能进入仕途，或因元祐党禁未除而李侗科试犯忌落第。此时，又逢李侗择偶，吴觐提出"道学之正传"条件，才有李侗"于是不事科举"之说。

知晓罗从彦与沙县陈渊、光泽李郁（陈渊、陆棠、李郁是杨时的三个女婿）、将乐廖仲辰、浦城萧顗、顺昌廖用中、晋陵胡德辉为杨时弟子。陈渊，沙县人，字默堂，杨时大女婿。清李清馥《闽中理学渊源考》卷五载：罗从彦《与陈默堂书》称，遵从陈渊所言，着意寻访能接续儒家道统之人，"近有后生李愿中者，向道甚锐，曾以书求教，趋向大体近正。"是年，朱松尚未入闽，可知李侗与朱松非此年为同门友。

与陈渊书信往来。清李清馥《闽中理学渊源考》卷五载，《陈渊答李先生》称赞"吾友独能自拔流俗而师尊之"（"吾友"指李侗，"之"代指罗从彦）。

政和七年丁酉（1117），25岁。兰本称李侗屏居山田，结茅水竹间，志于绝学。

罗从彦往来剑浦、沙县、汀州、毗陵之间求学、讲学。

重和元年戊戌（1118），26 岁。

是年前后与李纲、邓肃相识。李纲，邵武人，与吴方庆相识。吴方庆考乡贡，李纲擢其为第一。邓肃，沙县人，太学生，吴方庆内兄，比李侗大 4 岁。李、邓往来途经剑浦，李侗当与二人交往。

宣和元年己亥（1119），27 岁。

李纲因论京都水灾，贬为沙县监税摄武平县事。

宣和三年辛丑（1121），29 岁，吴方庆中进士，李侗从学罗从彦六年之久，入"道学"之门，吴觏应充嫁女，双喜临门。

是年，父丧，作《上舍辞先生》辞别罗从彦。罗从彦作《用韵送延平行》《再用韵送延平行》二首相赠。守孝三年，婚事延后。

宣和五年癸卯（1123），31 岁，娶吴觏女、方庆妹为妻。据李侗之子出生时间推算，李侗娶妻不早于此年。

宣和六年甲辰（1124）32 岁。与罗革及沙县邓迪、尤溪朱松师从罗从彦，罗从彦作《示诸生》，又作《勉李愿中五首》。

史料记载，政和六年（1116）李侗 24 岁与朱松为同门友，但此时朱松尚未入闽。比较可信的是罗从彦写《韦斋记》：宣和五年（1123），朱松任尤溪县尉的次年（1124），设书室，取名"韦斋"，叫人到罗源求取罗从彦写的《韦斋记》。由此推测朱松得知罗从彦在罗源讲学，到罗源从学罗从彦，与李侗为同门友。是年李侗 32 岁。元脱脱《宋史·道学传二·李侗传》记载"沙县邓迪尝谓松曰：'愿中如冰壶秋月，莹彻无瑕，非吾曹所及也'"之事当发生于是年。

宣和七年乙巳（1125），33 岁，生一女，不久夭折。宋汪应辰《延平李先生墓志铭》、朱熹《延平先生李公行状》称，李侗"有一女，早亡"，推测为此年之事。

钦宗靖康元年丙午（1126），34 岁。

高宗建炎元年丁未（1127），35 岁。长子生，名友直，字端父。

建炎三年己酉（1129），37岁，次子生，名友谅，字诚父、信甫。

建炎四年庚戌（1130），38岁，南剑州学焚毁，知事刘子翼迁址城南。太守周绾请石公辙（一称石公徽）负责重建。南剑州学建于天圣三年（1025），创建者为郡守曹修古，比朝廷下诏全国立州学早20年。

绍兴元年辛亥（1131），39岁。程颢、程颐表弟、弟子侯师圣至剑浦访亲。宋黎靖德编《朱子语类》卷一百一载："侯师圣太粗疏，李先生甚轻之。来延看亲，罗仲素往见之，坐少时不得，只管要行。""罗仲素往见之"说明侯师圣至剑浦的时间最迟在此年。同卷载："李先生云：'侯希圣尝过延平，观其饮啖，粗疏人也。'"这里的"侯希圣"为"侯师圣"之误。因为这条内容是"侯希圣"第二条，第一条为"胡氏记侯师圣语曰：'仁如一元之气，化育流行，无一息间断。此说好。'""二程"著作也可证实为侯师圣。《二程集·河南程氏遗书·附录·伊川先生年谱》载："初，明道先生尝谓先生曰……"小字注："侯仲良曰：'朱公掞见明道于汝州，逾月而归，语人曰：光庭在春风中坐了一月。'"此为"如坐春风"成语的由来。"侯仲良"即侯师圣之名，"程门立雪"典故也出自他之手。

是年，受罗从彦之邀陪侯师圣一同前往沙县。宋黎靖德编《朱子语类》卷一百三载："李先生好看论语……其居在山间，亦殊无文字看读辨正，更爱看春秋左氏。初学于仲素，只看经。后侯师圣来沙县，罗邀至之，问'伊川如何看？'云'亦看左氏。要见曲折，故始看左氏。'"

是年，泰山吴觌病逝。邓肃、吴方庆两家交好，吴觌病逝时邓肃作《仪郑堂记》，由此推测吴觌逝于是年。

是年，与罗从彦、廖仲辰及罗革相聚于罗源南斋书院，廖仲辰赠《二程语孟解》。廖仲辰，名廖衙。将乐人，杨时侄女婿，此书即其所编，罗革作《题集二程语孟解卷后》，记载此次师生相聚史实：

"廖仲辰于龟山门下与仲素为友，得其本（指罗从彦所作《语孟二解》），录之庚戌（1130 年）。辛亥中（1131 年），来聚生徒于南斋书院，授予此本。"时李侗 39 岁，师事罗从彦前后达 15 年。

绍兴二年壬子（1132），40 岁，季子生，名友闻，字季父。

八月上丁，罗从彦受太守周绾之命主持南剑州学释菜礼，李侗观摩，与教授石公辙相识。

是年，邓肃避乱病逝福唐（唐末称福唐，五代闽改称福清，今福州市）。

是年，罗从彦中特奏名进士，授广东博罗县主簿。其后，罗从彦入罗浮山静修。

绍兴五年乙卯（1135），43 岁，罗从彦返乡病逝于汀州武平（一说卒于官），汀州教授罗革至武平主持丧事。因寇乱，寄枢武平开平寺。

隐居山水间，乡人称之为处士。

长乐刘嘉誉（生卒年不详）、沙县罗博文（1113—1168，殿撰罗畸之孙，字宗礼，罗从彦从孙）约此年前后来学。

绍兴六年丙辰（1136），44 岁，李侗致书朱松，告知已托吴方庆购买大字本《论语》《孟子》之事："侗再拜，上问韦斋监税朱友：向来所求大字《语》《孟》，闻少琳在严州印归，遂以应命。别寄人求之，谅不易得也。"此信载于李侗所作《吴方庆先生行状》。时吴方庆任遂安军（治所在严州）节度推官。《语》《孟》二书为朱松教子之用，"监税"为朱松曾任泉州石井镇（今属南安）的官职。故此信大致为绍兴六年（1136）至绍兴十三年（1143）二月朱松建州庐墓、朱熹寄居萧家、朱松父子定居环溪精舍时期所作。

绍兴十年庚申（1140），48 岁，与罗从彦继子罗永等宗亲往返千里至武平，为罗从彦扶枢归葬，葬于剑浦县罗源里黄漈坑（今福建省南平市延平区水南街道办事处横际）。作《豫章罗先生墓志铭》。

与陈渊书信往来，陈渊回信，即《答李延平先生书》。信中称：

"自仲素老友之亡，龟山先生继迹，旧学无所就正，获罪于往日从游之贤者多矣。方兹待尽丘壑，朝廷不知其愚，置在要地，平日自诳，一旦暴露，益复难处。想虽如吾愿中之恕，亦不能掩其恶也。用是日念在朝，转求外补，以毕余境，尚赖忱诲，洗涤积垢，而来教奖，何以当之？行亲杖履远，纸言不能尽。"

宋黎靖德编《朱子语类》卷一百三载李侗向陈渊借理学著作："李问陈几叟借得文定传本，用薄纸真谨写一部。易传亦然。""文定"为胡安国谥号。"几叟"为陈渊之字，"文定传本"应指胡安国《春秋传》和曾恬、胡安国所编《上蔡语录》。《易传》为程颐所作。

绍兴十一年辛酉（1141），49岁，搜集罗从彦遗文，抄《语孟师说》，并请陈渊撰跋。正月初三日陈渊作《语孟师说跋》称："今日李君愿中以其遗书质予，其格言要语，自为一家之书。阅其学益进，诵其言亦可喜，信乎自心害而去之也。自仲素之亡，传此书者绝少，非愿中有志于吾道，其能用心如此之专乎？既录一本以备玩味。今录其书，并以仲素之所受于龟山者语之，以俟异日观其学之进，则此语不无助焉。"

绍兴十二壬戌（1142），50岁。石公辙于绍兴五年乙卯（1135）任南剑州学教授，数年后离任调往外地，李侗与石公辙书信往来。李侗作《与教授公书》说："侗顿首再拜鼎元秘教尊兄座前，侗不见颜范甚久，咫尺时闻动静，深以自慰。梅雨方郁，伏惟燕居爽垲颐神尊候万福。侗块处山樊，绝无曩昔师友，不闻道义之训，朝夕兀坐。赖天之灵，尚得以旧学寻绎，以警释贫惫而已。其他亦何足言！苦于无侣，可以纵步前造斋馆，以承近日余论。临纸驰情未间，伏冀顺序，为远业加卫，以须升用。至叩、至叩，乘便谨上状，不宜。重午后一日，侗顿首再拜上。"信后附《又小简借遵尧台衡录》称："侗向承见谕，旧写得罗先生《遵尧》《台衡》二录，欲望颁示一观。若蒙寄附便来，甚望。盖兀坐绝无过从，正赖师友之说，散胸中溃溃耳。有昔日唱和佳篇，亦冀不外相示。看毕即上纳也。侗再拜。"

石公辙给李侗回信，即《鼎元教授答李先生书》。信中说："仲辰诗甚佳，不谓志趣如此，乃不永年。天于善人何如邪？可叹可叹！《遵尧》《台衡》二书，乃为八一哥取去，可惜忘录。此子近闻其为绝世也。既趋向异途，存存罔知，但可太息耳。""仲辰"即廖仲辰，名叫廖衔，将乐人，杨时的侄女婿，与罗从彦为同门友。"八一哥"是罗从彦独子敦叙的小名，绍兴三年（1133）去世，年三十八。次年遗腹子生，名振宗。此时，罗从彦去博罗第二年。

李侗收到石公辙的回信后，又给他回了一封信，即《又与教授公书》。信中说："侗顿首再拜鼎元秘书契旧，昨便中传示诲幅，并录示盛制，一睹心画，如见颜角。玩味以还，慰感未易可言，区区欲即嗣状，窃聆车马近与日者他适，以故未果于奉书，惟积倾仰耳。秋暑尚炽，远惟即日以还，庆侍候尊，动止万福。侗块处山间，绝无过从，赖有经史中古人心迹，可以探赜。虽粗能遣释朝夕，然离群索居，不自知其过者亦多矣。尚何敢疏一二于吾兄者邪？忽得不外，指示所志，一一谛思，足见别后造道之深。钦服、钦服。侗文采鄙拙，未尝辄敢发一语。近为朋游见迫，有一二小诗，辄不揆录去求教，取笑而已，非敢以报来辱也。便次有以警诲者，千万勿吝。至恳、至恳。咫尺未期会合，且冀勉励，以赴省闱大敌。行席巍科，为交游庆。此外加爱为祷。七月十四日，侗顿首再拜。"

从"绝无曩昔师友""朝夕兀坐""兀坐绝无过从"看，推测两封书信为李侗知天命前后数年所作。

绍兴十五年乙丑（1145），53岁。西山原址重建州学。十七年丁卯（1147）六月竣工，立《南剑州重建州学记》碑。

绍兴十八年戊辰（1148），56岁，任希纯荐其任南剑州学学正。清李清馥《闽中理学渊源考》卷五载："李丈独深得其（指罗从彦）闻奥，经学纯明，涵养精粹。延平人士甚尊事之，请以为郡学正。"又说：李侗"制行不异于人，亦常为任希纯教授延入学作职事。"任希纯任州学教授约在绍兴中期末，由此推测李侗于是年至绍兴二十年（1150）入职州学。此时李侗56—58岁。

迁居郡城，扩建祖屋，办法是以祖屋为中心进行拼接，形如建安的竹笕厝。清李清馥《闽中理学渊源考》卷五、宋黎靖德编《朱子语类》卷一百三载："（李侗）所居狭隘，屋宇卑小。及子弟渐长，逐间接起，又接起厅屋，亦有小书屋。"李侗有《柘轩》诗二首，推测"柘轩"即书屋之名。

延聘州学后，郡中官宦或名望人家延请李侗讲学，或让子弟跟随李侗读书。朱熹《延平先生李公行状》称："中间，郡将学官闻其（指李侗）名而招致之，或遣子弟从游受学，州郡士子有以矜式焉。"从游之地多在九峰山。延平书院即为纪念延平地名和李延平双重之意而建，甚至延平书院亦以人名称。明人李天同《延平先生书院纪原》称，"嘉定二年（1209，方彦寿考证为嘉定十五年〈1222〉）陈复斋宓来守是邦，遂仿白鹿洞书院规式，创书院于南山之下，以为奉祀讲学之地"，有讲堂、四斋、风雪桥等。端平元年（1234）十月，赐"延平书院"额。二年（1235），毁于水，迁建于闻猿洞旁，距原书院旧址百步。书院建于左，礼殿建于右。清《延平府志》卷之二"方舆志"载："育德泉，延平书院横翠楼之右。其泉寒冽。宋罗从彦、李侗、朱熹三先生讲道于此……"

绍兴二十一年辛未（1151），59岁。任希纯调离州学，李侗留任州学职事。

绍兴二十三年癸酉（1153），61岁。四月二十五日申时，妻吴氏卒，年五十有八。

夏，朱熹赴同安主簿任途经剑浦访李侗，推测此次为朝廷公事，可宿递辅驿站。

绍兴二十七年丁丑（1157），65岁，子友直、信甫同登王十朋榜进士。是年有六月二十六日答朱熹书，言涵养存养之事。

《与刘平甫书》："学问之道，不在于多言，但默坐澄心，体认天理。若真有所见，虽一毫私欲之发，亦自退听矣。久久用力于此，庶几渐明讲学，始有力也。"《又与刘平甫书》："大率有疑处，须静坐体究，人伦必明，天理必察，于日用处着力，可见端绪在。勉之尔。"以上二书，推测是年前后所作。刘平甫即刘坪，崇安五夫刘子翚继子。

吴方庆去世，往昭武（昭武，南唐时即已改名邵武，此是用古称，下同）外家吊唁，为其作《行状》。

绍兴二十八年戊寅（1158），66岁，因李侗有功于名教，朝廷就近为其二子放官：友直任江西铅山县尉，友谅任建州建安县主簿。

春正月，朱熹访剑浦，执弟子礼，正式拜师李侗。朱熹《题西林壁》二首当为是年所作。

是年七月十七日，与朱熹书（春秋论语答问七条）；冬至前二日，与朱熹书（春秋论语答问十一条）；十一月十三日，与朱熹书（答孟子放心夜气之说）。李侗视朱熹为通家子，将身体微恙告之朱熹。如七月十七给朱熹的信就说："朝夕无事，齿发皆已迈，筋力渐不如昔……"说明李侗年迈。此后，多有提及，或表示心情"愦愦不快"，或说冥然兀坐村头，生活孤独。

绍兴二十九年己卯（1159），67岁，是年六月二十二日，长至后三日，与朱熹两书。

史料记载李侗有沙县（治所在今三明市沙县区）讲学之经历。清乾隆十七年修、同治六年刊本影印《福建省汀州府志》卷之三十五《流寓》的概述中记载李侗在沙县讲学史实："汀非衣冠辐辏地，然如郑监门、李忠定、李延平、朱徽国、文信国诸贤，或以谪，或以游，或以讲学，或以募兵，皆于汀乎信宿焉。"《流寓》则说："李侗，字愿中，延平人。尝受业于罗仲素之门，寓归化之沙阳讲学焉。"另《建置》述沙县行政区划变更："明成化六年（1470），同知程熙以地当将乐、沙县、宁化、清流之交，民梗难治，请于巡抚滕昭奏析四县地为归化县。"故有李侗"归化之沙阳讲学"之说。讲学的时间推测于是年至绍兴三十一年（1161）之间。

绍兴三十年庚辰（1160），68岁，朱熹见李侗于剑浦，寓居舍旁西林院阅月。《考亭紫阳朱氏总谱》载：绍兴三十年，冬，朱熹"前往延平就学李侗先生，再次寓居西林禅寺月余"，说明这是朱熹第二次寓居西林寺，有赠僧诗并序。朱熹第一次居西林寺当为绍兴二十八年（1158）。

是年五月八日与朱熹书三则；七月后八则。

李侗猜测西林寺"达观轩"三字为长子友直所题。明黄仲昭修纂《八闽通志》卷之八十三录朱熹《再题并序》说：绍兴庚辰（1160），朱熹到延平求学陇西先生（李氏以陇西为郡望，这里指代李侗，"阅数月而后去。可师尝为一室于其居之左，轩其东南，以徙倚瞻眺，而今铅山尉李兄端父名之曰'达观轩。'"端父为友直之字。友直比朱熹大三岁，故朱熹称其为兄。由此分析，"达观轩"之匾为友直任铅山尉之后所题，李侗生前当有所知。

《考亭紫阳朱氏总谱》与朱熹所言寓居西林寺时间不同，前者说"月余"，后者说"数月"，当以朱熹所言为是。

绍兴三十一年辛巳（1161），69岁，是年上元日与朱熹书，二月二十四日答问五条，五月二十六日答问二条，中元后一日书，八月七日答问五条，十月十日书三则。但《延平答问》将"八月七日"书信列于"壬午七月二十一日书"后，称"辛巳八月七日书"。从"某归家，凡百只如旧"看，应指建安之行返剑浦后之事，故此信移"壬午年"更为合理。

绍兴三十二年壬午（1162），70岁。辞州学职事。

春正月，友谅迎养李侗至建安〔宋英宗治平三年（1066）设瓯宁县，此为建州"一府二附郭"之始；建安为建州治所，设县更在东汉建安初（196）〕。初夏，朱熹至建安迎谒李侗，遂与其俱归剑浦，居西林寺。明黄仲昭《八闽通志》卷之八十三录朱熹《再题并序》称："壬午春，复拜先生于建安而从以来，又舍于此者几月，师不予厌也。"据此可知，史料明确记载朱熹居西林寺共有三次。"鸢飞鱼跃"源自《诗经》，子思作《中庸》引此语："鸢飞戾天，鱼跃于渊。言其上下察也。君子之道，造端之夫妇，及其至也，察乎天地。"朱熹西林寺题"鸢飞鱼跃"四字，当不早于此年。因为需多年求学磨砺，方可仰观俯察、喜有所得。

是年四月二十二日、六月十一日、七月二十一日、八月九日、十月朔日与朱熹书，共十一则。加上"辛巳八月七日书"移此，则共为十二则。

时孝宗即位，朱熹以封事质正于李侗。

李侗自建安返剑浦后于七月二十一日给朱熹写信，表达心情不乐："某在建安，竟不乐彼，盖初与家人约，二老只欲在此。继而家人为儿辈所迫，不能谨守，遂往。某独处家中，亦自不便，故不获已往来，彼此不甚快。"

李侗八月七日信中说整修了破败之屋："某归家，凡百只如旧，但儿辈所见凡下，家中全不整顿，至有疏漏欲颓敝处，气象殊不佳。既归来，不免令人略略修治，亦须苟完可尔。家人犹豫未归，诸事终不便，亦欲于冷落境界上打叠，庶几渐近道理。他不敢恤，但一味窘束，亦有沮败人佳处，无可奈何也。"此事发生于壬午年合理，因为辛巳年未见李侗外出的记录。

《与罗博文书》："元晦进学甚力，乐善畏义，吾党鲜有。晚得此人，商量所疑，甚慰。又曰：'此人极颖悟，力行可畏，讲学极造其微处。某因此追求有所省，渠所论难处，皆是操戈入室，须从原头体认来，所以好说话，某昔于罗先生得入处，后无朋友，几放倒了。得渠如此，极有益。渠初从源头善处下工夫来，故皆就里面体认。今既论难，见儒者路脉，极能指其差误之处。自见罗先生来，未见有如此者。'又云：'此人别无他事，一味潜心于此。初讲学时，颇为道理所缚，今渐能融释于日用处一意下工夫。若于此渐熟，则体用合矣。此道理全在日用处熟，若静处有而动处无，即非矣。'"朱熹从师李侗在绍兴二十三年（1153）至隆兴元年（1163）11年间，由此推测此信作于其中某年。

孝宗隆兴元年癸未（1163），71 岁，五月二十三日、六月十四日、七月十三日、七月二十八日与朱熹书，答其趋召所宜言。

七月十三日，与朱熹书称，在铅山长子友直家也是"在此粗安，第终不乐于此"。

八、九月间，朱熹搜集史料，将与先师论学及往来书信编订成书，取名《延平答问》。

是年初夏，以二子更请迎养，自建安如铅山，访外家兄弟吴方庆于昭武［小字注：公娶同邑吴㮲（觏）之先生女］。李本则注（先生娶同郡吴之女，时，子方在昭武）。但毛本、张本、王本只说"访外家兄弟于昭武"。诸本说李侗访外家兄弟吴方庆或访外家兄弟，甚至朱熹的《延平先生李公行状》也说，李侗"自建安如铅山，访外家兄弟于昭武"。这句话显然有误：铅山位于建安北面，邵武位于建安西面，从建安至邵武有两条路径：一是下行回到剑浦，再沿西溪上溯，经顺昌抵达；二是从建溪、崇阳溪上行到建阳，再西折经顺昌抵达。两条路径重复许多路程，显然不是 71 岁李侗的选择。事实上，吴方庆早在李侗二子考上进士那年就已去世。《延平先生李侗画传》说，吴方庆逝于绍兴二十七年（1157）。陈国代《朱子诸师考释》也说："吴方庆（1089—1157）"。

"二子更请迎养"应该是同一行程的两个阶段：先到建安友谅家歇脚数日再北上经建阳、武夷山到铅山。故李侗有诗曰"一年两过武夷山"，即来回两趟都经过武夷山。史实载于崇安《黄土李氏宗谱》卷一"延平公诗"，诗名《题武夷》，五首。其五曰："一年两过武夷山，翠壁丹崖叹莫攀。药宠烟消人已老，櫂歌声断水流闲。虹桥未许秦皇识，鹤驭空随汉使还。会是隐屏峰下客，谩教猿鸟笑诗悭。"

李侗"遂游武夷而归，会闽帅汪应辰迎公至福唐"，这句话省略了武夷山汪、李之会。汪应辰《聘延平先生书》言："上谕鉴修武夷冲佑观幸睹尊颜同游仙岳邂逅得以相遇"，表明李侗自铅山返剑浦时在武夷山与汪应辰相识，故有李侗应邀福州之事。

李侗往返经武夷山，朱熹将入朝召对所宜言质正于李侗。

十月中旬，汪应辰迎李侗至福唐，居帅府眉寿堂。疾作，十月十五日卒于府治。后数日诸子至以丧归。宋汪应辰《文定集》卷十五《与朱元晦》载："李愿中先生，十月半间见访，馆于眉寿堂。方说话间，忽觉欲仆，急扶之，问其无所苦否，则曰：'无事、无事'。寻即不省人事，舁之就榻，则已蜕矣。后事皆亲为料理，似可无悔。建安簿已扶获归乡。想闻之，必增恻楚也。"宋黎靖德编《朱子语类》卷一百一"程子门人·杨中立""李先生言……"后注曰："汪书延李，初至，见便问之，未竟，李疾作。"

孝宗隆兴二年甲申（1164）正月，朱熹至剑浦哭吊李侗，并为李侗撰行状。至福州请闽帅汪端明（汪应辰）为李侗撰墓志铭。八月，李侗下葬，朱熹复至剑浦。传云：李侗墓为朱熹所卜，在郡崇仁里瓦口乡。

宁宗绍熙五年甲寅（1194）十二月，朱熹竹林精舍告成，释菜先师孔子，从祀周、程、张、郡司马（指司马光）及李侗。

理宗淳祐六年丙午（1246），福建提刑杨栋具状请谥，太常寺丞通直郎太常博士兼景献府教授陈协议谥文靖，朝散郎尚书考功员外郎兼礼部郎周坦覆议。七年丁未（1247），赐谥文靖。但李本、毛本、兰本皆称"时先生殁二十五年矣"，只有张本、王本说"七年丁未，赐谥文靖"。事实上，李侗去世后经过了孝宗、光宗、宁宗、理宗四位皇帝，至理宗淳祐七年（1247）朝廷赐谥号，李侗已殁八十四年。

元顺帝至正十九年己亥（1359）十一月，浙江行省申据胡瑜牒请封爵并从祀。二十一年辛丑（1361）七月，翰林集贤太常三院会议，俱唯所言，回呈中书省。二十八年戊申（1368）八月，奏准送礼部定拟，赠太师，追封越国公，给祠头宣命，遣官赍往福建省访问子孙，给付施行（元顺帝七月离开大都跑到漠北，八月初一明军占领大都。这个政策实际上没来得及实行）。

明宪宗成化二十一年乙巳（1485）七月，南京行人司行人周水（木）疏请从祀。世宗嘉靖二十四年乙巳（1545）八月，福建提学熊汲疏请从祀。神宗万历二十三年乙未（1595），福建巡抚徐学聚、御史方良彦疏请从祀（张本、王本此条时间与兰本同，李本则称此条时间为"万历三十三年"）。三十三年乙巳（1605）三月，福建提学熊尚文疏请从祀（李本称此条为"万历三十七年三月二十七日"，六月十五日礼部复题目）。四十五年丁巳（1617）六月十五日，允礼部覆题从祀孔庙［李本称此条为"四十二年甲寅（1614）六月从祀"；毛本称"四十二年甲寅（1614），从闽学臣熊尚文疏请从祀"］。

清康熙四十五年丙戌（1706），允福建提学沈涵疏，赐御书祠额曰"静中气象"悬于延平府道南祠。

李侗著作有《萧山读书传》《论语讲说》《读易管见》，弟子辑有《延平答问》《语录》。

谨按：《南平县志》载：李侗著作如上，今考全集，只登答问两卷，及书八则，行状一篇，三首。未附语录。其《萧山读书传》《论语讲说》《读易管见》均入刻，恐系年久遗佚，志以俟考。

后 记

写书不难，难的是读书；读书不难，难的是理会。"两难"克服了，写书就不难。

本书八九年前就已酝酿，作者数人，但门调不一，知名作家看过之后，要我单挑，肩上顿时犹如千斤之重。原因是当初我只写李侗中年部分，对其少年、晚年只知梗概。

2020年的春节刻骨铭心。原本计划正月十五后迁居，但一场疫情打乱了阵脚，更打乱了思维。直到同年3月11日，才把家安顿下来。然而，虽安了家，心却难安，还是迟迟无法动笔。不过，不能写书却可以读书，因为读书可以用零碎的时间，锅碗瓢勺之余都能看上几行。两三年下来，《周敦颐集》《张载集》《邵雍集》《二程集》《陆九渊集》《胡宏集》《文定集》《朱子语类》《四书章句集注》《北溪大全集·北溪字义》《大学衍义》《王阳明全集》一一猎过。之后，上溯被称"最伟大的文化现象"——"百家争鸣"春秋战国诸子百家的《老子》《庄子》《荀子》《管子》《列子》《韩非子》《商君书》《鬼谷子》《孟子》以至原始儒家经典之一的《尚书》。

数年读书，在梳理儒家道统脉络的基础上，还有以下几点认识：一是宋代的理学也称道学，道学也称义理之学。这个道是贯穿先秦以来儒家的一根主线。道的含意包括自然法则和社会准则。但道家之道偏向自然法则,儒家之道偏向人事准则。二是宋代理学把原始儒家的仁、义、礼、智、信上升到天理的高度,认为人类社会的五常如同自然界的五行,是与生俱来不可更易的。三是宋代理学的本质是唯物之学。无论是主张以理为本还是以心为本的理学家,都没有否定物质的客观实在性。比如程颢就说:"凡眼前无非是物。"心学家邵雍则说"人不负物,物不负人",甚至写出观物内外篇,人们称其"玩心高明"。陆九渊的"宇宙便是吾心,吾心即是宇宙",也没有否定物,同时他提出要"以物观物""观物得理"的主张。四是古代只有主客的说法,没有唯物唯心的说法。他们说"理在万物之先",强调的是理的重要性,因为有物未必见理,有理则一定有物,所以理学家提出的物我一体、心理合一,就是主观要符合客观。五是人心道心是宋儒探究的核心。"心即理"不等于心就是理,而是强调心的重要性,就像今天我们说的"心里要有群众"。人会做事的本质是心会做事。程颢说:"一心可以丧邦,一心可以兴邦。"元代的虞集说:"延平四贤"是"授受心法之精微"。明代的范来贤说:"唯豫章罗先生实独得其(杨时)心传之秘。"理学家认为,理像工具,不同的心选择不同的处事之道。六是春秋战国是中华文化的源头,诸子百家不仅知道天地万物和物之理,更强调人事之理。比如,宋代理学家讲的"天道""天命""民命""人心道心",都可以在诸子百家那里找到根源。概括宋代理学是六个字:读书、理会、践行。

有了读书心得,写书就不难。古人把写作雅称为"笔耕"。犹如现代农业一样,写作则在弹指之间。2021 年 3 月开始,谋划、构思、布局，考证、参酌、衍义，顺叙、倒叙、插叙，风俗、地理、形胜，事迹、故事、传说，天命、义理、虚静，一一斟酌，反复修改。半年之后，行列整齐，初稿成篇。其后两年，反复润色、修改，终成定稿。

说时间仓促是托辞，问题在于不能穷尽理学之书，且理解也可能有偏差，书中疏漏或不妥之处在所难免，敬请读者不吝赐教。

最后，要对关心支持帮助此书写作、审读、出版的南平市政协、南平市延平区政协、南平市李侗文化研究会、武夷山（南平）朱熹研究中心以及各位文友表示诚挚的感谢！

罗小平

壬寅年冬于南林

编者的话

　　李侗是宋代理学家，他求学问道、阐明义理，把儒家的学说转化为社会实践，对朱子理学思想的形成影响至深。为深入贯彻落实习近平文化思想，推动中华优秀传统文化创造性转化创新性发展，我们征编出版了《李侗传》，旨在让人们了解李侗求师、问学、论道、交友的曲折历程。

　　本书由南平市政协文化文史和学习委员会、南平市延平区政协、南平市李侗文化研究会共同组织编撰出版。南平市政协主席林斌关心支持，南平市政协副主席余建坤、黄苏福具体指导。福州理工学院朱子文化研究所所长、研究员方彦寿先生为本书作序；武夷山（南平）朱熹研究中心邀请马照南、张品端、陈国代、祝熹四位知名专家对书稿进行评审，提出修改意见，并提供大力支持；李国柱、吴吉民、程楷、骆一峰、叶梦婷等同志为书稿提出宝贵意见；中书协会员、南平市书协副秘书长张剑峰题写书名，中书协会员、南平市书协副主席谢辉旺提供封底篆刻。在此一并致谢！

　　由于水平所限，书中难免不当之处，敬请读者批评指正。

编者

2023 年 12 月